Jules William Press JWP

Questo libro

Norreno – Antico islandese: manuale di base è un'introduzione allo studio della lingua norrena, parlata dai popoli scandinavi nel periodo medievale, e per la lettura in originale delle saghe islandesi. Non viene data per acquisita alcuna conoscenza grammaticale pregressa, ed è concepito sia per lo studio autonomo sia sotto la supervisione di un insegnante.

Il metodo utilizzato è il cosiddetto metodo "naturale", poco seguito in Italia per lo studio delle lingue antiche, ma molto comune nel Nord-Europa: anziché proporre dense tabelle grammaticali da memorizzare fuori contesto, seguite da una massiccia dose di esercizi composti dagli autori, con il presente metodo, si inizierà immediatamente con la lettura di brani originali dalle saghe islandesi, assieme ad episodi dei miti scandinavi e da altre fonti medievali. Soluzioni su www.oldnorse.org

La lingua e la mentalità del mondo nordico medievale prendono appunto vita in questi testi. Per le soluzioni agli esercizi, si visiti il sito: www.oldnorse.org.

Questo manuale è accompagnato da un eserciziario per il consolidamento delle competenze acquisite: *Norreno – Antico islandese: Eserciziario*.

www.oldnorse.org e juleswilliampress.com

Sugli autori

JESSE BYOCK è Professore Illustre di Studi medievali scandinavi all'Università della California, Los Angeles (UCLA). Ha conseguito il dottorato all'Università di Harvard ed è specialista del periodo delle incursioni vichinghe: i suoi interessi includono la lingua norrena, le saghe, nonché la storia e l'archeologia del periodo. È inoltre professore al Cotsen Institute of Archaeology, alla UCLA. In Islanda, è direttore del *Mosfell Archaeological Project* (MAP) e docente all'Università d'Islanda (Háskóli Íslands) nel dipartimento di storia e nei corsi di laurea magistrale in studi medievali nordici.

RANDALL GORDON è uno specialista di linguistica celtica e germanica specializzato nello sviluppo della grammatica del norreno e dell'antico irlandese. Ha conseguito il dottorato in studi indoeuropei alla UCLA.

ROBERTO LUIGI PAGANI ha svolto gli studi magistrali e di dottorato presso l'Università d'Islanda, dove si è specializzato in storia della lingua islandese e manoscritti ed è stato docente di linguistica e paleografia nel corso di laurea in studi medievali islandesi alla stessa università.

Jules William Press è una casa editrice specializzata nel periodo vichingo. La sua serie di volumi didattici sulla lingua norrena, testi originali e registrazioni risponde ai bisogni dello studente di oggi e fornisce un prezioso aiuto all'insegnante. I volumi e i materiali supplementari sono volutamente offerti a prezzi accessibili. JWP pubblica inoltre una serie di romanzi e eBook, assieme a resoconti archeologici sul periodo vichingo.

Norreno – antico islandese
Manuale di base

di
Jesse Byock e Randall Gordon

Traduzione e adattamento di Roberto Luigi Pagani

Volume della serie
Norreno – Islandese e saghe

Jules William Press JWP

www.oldnorse.org
www.juleswilliampress.com

Jules William Press

www.juleswilliampress.com
www.oldnorse.org

Norreno – antico islandese: manuale di base

Volume della serie Norreno – Islandese e saghe

Paperback ISBN: 978-1-953947-11-6

Copertina: Basil Arnould Price
Stampato con il carattere *Cambria*

Termini chiave: Norreno, Antico islandese, Saghe islandesi, Islendese, Nordico, Vichingo, Lingue scandinave, Lingue germaniche, manuale, grammatica, saga, Altnordisch, Old Norse, Old Icelandic.

Introduzione all'edizione italiana

L'interesse per la storia e la cultura dei Paesi nordici non fa che aumentare, nel pubblico italiano. Uno studio parziale del norreno, e in particolare dell'islandese antico, è parte integrante dei programmi di filologia germanica, ma sono assai più rari i corsi o i laboratori didattici dedicati a questa lingua, a dispetto del fascino esercitato dal suo retroterra culturale.

Ancor più difficile è accedervi al di fuori del panorama universitario, in particolare per la carenza di materiale didattico in lingua italiana adatto all'apprendimento pratico per studenti non specialisti di filologia germanica. È in quest'ottica che si è pensato di proporre questo volume al pubblico italiano: si è voluto fornire uno strumento moderno e accessibile per soddisfare il desiderio sempre crescente di poter accedere al patrimonio culturale nordico attraverso la chiave costituita dalla sua lingua.

Questa edizione non è una mera traduzione di quella inglese, ma un adattamento pensato per le diverse esigenze dello studente italiano. I frequenti rimandi alla lingua inglese sono stati eliminati o sostituiti da spiegazioni volte a far comprendere al lettore italiano le caratteristiche grammaticali per lui più inusuali, mentre le spiegazioni tese a far comprendere al lettore inglese elementi della grammatica islandese inesistenti nella sua lingua sono state eliminate laddove – per quanto possa sembrare impossibile! – la grammatica italiana si avvicina maggiormente a quella islandese, contemplando le stesse identiche forme o i medesimi costrutti.

È stato inoltre aggiunto un capitolo con versioni di media lunghezza tratte dalla *Magnússona saga*, una delle numerose saghe dei re norvegesi contenute nella monumentale raccolta denominata *Heimskringla*. In particolare, sono stati selezionati da brani dai capitoli che trattano del viaggio di re Sigurðr il Crociato verso la Terra Santa attraverso il Mediterraneo.

IL METODO

In ambito italiano, riguardo all'apprendimento linguistico, esiste ancora una certa resistenza al metodo naturale, resistenza che si fa più forte quando si tratta di studiare lingue morte: a un apprendimento graduale basato sull'assimilazione progressiva tramite la fruizione di testi reali, si preferisce ancora lo studio schematico di poderose serie di tavole grammaticali supportato da massicce dosi di esercizi ripetitivi tesi a far memorizzare nel minor tempo possibile l'intero impianto morfologico della lingua.

Questo volume prende le distanze da tale metodo, perché esso tende a dare per scontata la padronanza di nozioni grammaticali che

far accelerare l'accesso ai testi risolvendo immediatamente l'incombenza gravosa dello studio della grammatica.

Tuttavia, con questo metodo, si rischia spesso di soverchiare lo studente, di spaventarlo o di scoraggiarlo con una mole complessiva di informazioni che può di primo acchito sembrare impossibile da padroneggiare. Il metodo naturale offre invece un apprendimento più dilazionato che segue una logica, la quale parte dagli elementi più frequenti (e dunque necessari), per poi toccare man mano quelli più rari e meno pressanti.

Non si tratta di stabilire quale dei metodi sia il migliore o il più efficace, perché ciò dipende in larga misura dalle preferenze del singolo rispetto al metodo di studio, ma di fornire una via alternativa per coloro i quali potrebbero trarne maggiore beneficio. La speranza è che questo volume permetta ad un maggior numero di studenti e appassionati di poter acquisire una conoscenza pratica dell'antico islandese tale da rendere possibile la lettura dei testi originali in edizioni moderne standard.

NORRENO O ANTICO ISLANDESE?
Nonostante sia uso comune, quantomeno in ambito accademico, riferirsi alla lingua che è oggetto di questo volume chiamandola *norreno*, essa è propriamente l'antico islandese classico, in una forma standardizzata a partire dal XIX secolo che riflette grosso modo lo stato della lingua all'inizio del XIII secolo, ovvero il periodo in cui si avviò la stupefacente produzione delle saghe islandesi.

Tale lingua discende dall'antico norvegese parlato dai coloni che si sono stabiliti in Islanda a partire dal IX secolo, ma nel periodo in cui inizia appunto la stesura del grosso della produzione letteraria islandese, le due lingue hanno già sviluppato significative differenze dialettali.

Sebbene il termine *norreno* derivi dall'aggettivo che descriveva in modo esclusivo il *norvegese*, esso è usato spesso per definire la costellazione linguistica del mondo medievale scandinavo, includendo dunque l'antico danese e l'antico svedese sotto il medesimo ombrello. Non esistono metodi o libri di testo per lo studio dell'antico svedese o danese, e chi desidera concentrarsi su queste aree inizia sempre con lo studio dell'antico islandese, il quale costituisce una vera e propria base per esplorare il mondo letterario nordico.

Similmente, in tutto il mondo è uso definire insegnare il greco antico, che era anch'esso un insieme di varietà a volte anche considerevolmente divergenti, attraverso lo studio della varietà attica, per la copiosa produzione testuale che essa ha alle spalle, imparando all'occorrenza le differenze tipiche di altre varietà

imporsi come varietà standard e classica per lo studio linguistico del medioevo nordico è da ricercarsi nella stupefacente produzione letteraria islandese, che non ha eguali nella Scandinavia continentale. Essendo dunque l'antico islandese classico l'oggetto effettivo di questo volume, si è deciso di riferirsi ad esso con il suo nome, anziché attraverso i termini ad ombrello come *norreno* o *antico nordico*, i quali godono pur di una certa diffusione in ambito italiano, ma sono imprecisi rispetto all'oggetto di questo volume che appunto la forma standardizzata dell'islandese del primo '200.

Le saghe

Le saghe islandesi sono uno dei capisaldi della letteratura universale. Si tratta di narrazioni in prosa o prosimetro (prosa accompagnata da testi poetici), ma dalle caratteristiche inusuali, per il periodo medievale. Esse sono il risultato di una complessa e, spesso, difficilmente districabile, interazione tra la tradizione orale e la creatività letteraria scaturita dall'avvento della tecnologia della scrittura su pergamena.

La loro stesura cominciò probabilmente a partire dal XIII secolo, quando la già avviata tradizione di copia e trasmissione di codici latini in ambito ecclesiastico fu applicata anche per la stesura di materiale in antico islandese, inclusa la storia e le storie del passato e del presente nordico. Il termine *saga* è etimologicamente collegato al verbo *segja* 'dire', e dunque 'raccontare'. Proprio come il termine 'storia' in italiano, 'saga' designa sia la storia come successione di eventi storici, sia come racconto.

Nel corso del XIII secolo, la composizione delle saghe raggiunse il suo picco, ed è appunto questo secolo ad essere considerato l'età dell'oro per il genere. In questo periodo furono composte gran parte delle *saghe degli islandesi*, ovvero saghe incentrate sulle vite delle prime generazioni di islandesi, e delle *saghe contemporanee*, ovvero saghe sulle vicende politiche del periodo dello Stato libero, fino al 1264, anno in cui l'Islanda si assoggetta politicamente alla Norvegia.

Le **saghe degli islandesi** (*Íslendinga sögur* in islandese), come la *Egil's Saga*, la *Njal's Saga*, la *Laxdæla Saga*, e la *Grettir's Saga*, sono il gruppo di saghe più famoso e studiato. Esse si concentrano sulle prime generazioni di islandesi, dalle loro origini familiari in Norvegia o nelle isole britanniche, fino ai primi decenni dopo la cristianizzazione, avvenuta nell'anno 1000. Il fulcro della narrazione è costituito, appunto, dale vite dei colonizzatori, i *landnámsmenn*, i loro conflitti, i loro amori, le loro avventure e i loro intrighi, ma essa

sfondo, anche se questo può anche essere costituito da rotte di viaggio attraverso regioni più ampie, addirittura attraverso continenti diversi..

Le **saghe contemporanee** (*samtíðarsögur*) possono essere divise in due gruppi, da un lato la compilazione denominate **Sturlunga Saga**, dall'altro le **saghe dei vescovi** (*biskupa sögur*). La prima raggruppa saghe ambientate in Islanda, in particolare, tra il XII secolo e il XIII, essa prende il nome dagli *Sturlunghi*, una potente dinastia islandese che acquistò considerevole potere tra il XIII secolo e il XIV. Le saghe dei vescovi, invece, si concentrano sulle gesta e sull'attività politica dei vescovi islandesi. Queste saghe sono dette 'contemporanee' dagli studiosi moderni perché registrano vicende avvenute in un passato molto vicino alla loro stesura, a differenza di quanto avvenuto con le *saghe degli islandesi*, ambientate due o tre secoli prima della loro stesura. Sebbene anche i personaggi delle saghe contemporanee si spostino, talvolta, al di fuori dei confini islandesi, esse sono molto più legate all'Islanda. (*samtíðar sögur*).

Oltre **alle saghe degli islandesi** e **alle saghe contemporanee**, gli studiosi hanno individuato altri 'generi' in cui classificare il monumentale corpus delle saghe, il quale include anche:

Saghe dei re (*konunga sögur*), incentrate sulle vite dei re scandinavi e, particolarmente, di quelli norvegesi. Una delle più grandi compilazioni di saghe dei re è la famosa *Heimskringla*;

Saghe del tempo antico (*fornaldar sögur*), le quali includono racconti leggendari e, talvolta, storie mitologiche la cui ambientazione è il passato germanico e i personaggi sono eroi dell'epica antica, come nel caso di Sigurðr, l'uccisore del drago Fáfnir (Sigurðr Fáfnisbani), tra i protagonisti della *Saga dei Volsunghi* (*Vǫlsunga saga*), o il guerrieo-orso Bǫðvarr Bjarki della *Saga di re Hrólfr Kraki* (*Hrólfs saga kraka*);

Agiografie (*heilagramanna sögur*), sono vite di santi, sopratutto stranieri, e spesso traduzioni e adattamenti di testi latini;

Saghe dei cavalieri (*riddara sögur*), queste sono traduzioni e adattamenti di romanzi e poemi cavallereschi europei.

CULTURA

Le saghe degli islandesi sono una letteratura molto incentrata sul conflitto. Si concentrano su dettagli della vita privata dei personaggi che sono spesso ignorati dalla letteratura di altre parti d'Europa del periodo. I conflitti sono scatenati da una serie di azioni quali insulti, rifugio a dei fuggitivi, la volontà di appropriarsi di balene spiaggiate, l'abigeato. La composizione di versi offensivi e scurrili, magari a sfondo erotico, e molto altro. Individui e famiglie competono costantemente per il prestigio, l'onore e la sopravvivenza in una società rurale che faceva ricorso alla faida come strumento per regolare le dispute e riscattare l'onore.

Le saghe degli islandesi possono variare, nella loro lunghezza, da semplici novelle con relativamente pochi personaggi a monumentali narrazioni epiche articolate su diverse generazioni. Ad esse si affiancano i *þættir*, racconti generalmente brevi concentrati su episodi o aneddoti particolari incastonati nelle narrazioni più ampie delle saghe stesse.

Anche la compilazione detta **Sturlunga saga** si concentra su faide e conflitti, ma le sue saghe differiscono da quelle degli islandesi nell'enfasi sociale e nella collocazione temporale. Se le prime ruotano attorno al periodo di poco più di un secolo a partire dalla colonizzazione, le seconde pongono l'accento sulle dispute tra grandi signori islandesi del XII secolo e di quello successivo, i cosiddetti *stórgoðar*, ovvero i capi più potenti, che si distinguono per sfera di influenza e accentramento di potere da quelli del periodo precedente, oggetto della narrazione delle saghe degli islandesi.

Le saghe della *Sturlunga* descrivono le aspirazione di individui e famiglie che competono per il controlli di vaste regioni del Paese, con alcuni signori che tentano addirittura di estendere la loro autorità sull'Islanda intera. I conflitti tra questi potenti signori trascinarono l'Islanda in una guerra civile. Alcuni di questi coinvolsero il re norvegese nella speranza di farne un alleato, ma questo risultò poi in una presa di potere da parte di questi, così che l'Islanda venne incorporata nel regno di Norvegia tra il 1262 e il 1264.

Questo volume intende rispondere alla necessità di un'introduzione concisa e accessibile alla lingua norrena. Non presuppone alcuna conoscenza grammaticale pregressa e prepara, in modo diretto e progressivo, alla lettura della prosa norrena e delle saghe in lingua originale. Le lezioni contengono tutte le informazioni necessarie (grammatica, vocabolario ed esercizi) e sono pensate per l'autodidatta o per l'apprendimento guidato dal docente, sia a distanza sia in presenza. È dunque una risorsa tanto per lo studente quanto per il docente.

Soluzioni su www.oldnorse.org

Per le soluzioni agli esercizi proposti, visita il sito: www.oldnorse.org.

Struttura del volume

Norreno – Antico islandese si articola su 17 brevi lezioni. Ognuna di esse si apre con un passo tratto dalle saghe o da fonti mitologiche. Le lezioni si concentrano poi sugli aspetti di grammatica e vocabolario necessari a padroneggiare i testi proposti. In tal modo, lo studente apprende gli elementi grammaticali in funzione della necessità create da ogni data lettura, così che l'apprendimento della grammatica è sempre supportato dal lavoro pratico sul testo. Per agevolare lo studio, ogni lezione contiene una breve lista di vocaboli ed espressioni linguistiche, nonché alcuni esercizi specifici per il consolidamento delle nozioni grammaticali. Le letture sono estrapolate dai seguenti testi in antico islandese.

Egils saga Skalla-Grímssonar (*Saga di Egill*)
Fóstbrœðra saga (*Saga dei fratelli giurati*)
Gísla saga Súrssonar (*Saga di Gísli Súrsson*)
Gunnlaugs saga ormstungu (*Saga di Gunnlaugr Lingua di serpente*)
Hávarðar saga (*Saga di Hávarðr*)
Heimskringla (*Storia dei re di Norvegia*)
Hrafnkels saga Freysgoða (*Saga di Hrafnkell sacerdote di Frey*)
Landnámabók (*Sturlubók*) (*Libro delle colonizzazioni*)
Magnúss saga Erlingssonar (*Saga di Magnús Erlingsson*)
Njáls saga (*Saga di Njáll*)
Óláfs saga Tryggvasonar (*Saga di Óláfr Tryggvason*)
Ragnars saga loðbrókar (*Saga di Ragnarr*)
Snorra Edda (*Edda di Snorri* [*Edda in prosa*])
Vápnfirðinga saga (*Saga degli abitanti di Vápnafjǫrðr*)
Ynglinga saga (*Saga degli Ynglingar*)
Þorsteins þáttr stangarhǫggs (*Racconto di Þorsteinn il bastonato*)

Appendici

Il volume contiene inoltre le seguenti appendici:

- Esercizi di lettura con estratti dalla Saga di Sigurðr il Crociato

- Tavole grammaticali riassuntive complete,
- Un vocabolario che include ogni termine o espressione utilizzata nel volume.

Volumi pubblicati da Jesse Byock e Randall Gordon

Old Norse – Icelandic: Concise Introduction to the Language of the sagas. (JWP)

Norreno – antico islandese: Manuale di bas. Traduzione e adattamento di Roberto Luigi Pagani. Jules William Press (JWP)

Supplementary Exercises for Old Norse – Old Icelandic. JWP

The Tale of Thorstein Staff-Struck (Þorsteins saga stangarhöggs). JWP

Saga of the People di Weapon's Fjord (Vápnfirðinga saga). JWP

Volumi pubblicati da Jesse Byock

Viking Age Iceland. Penguin Books
   L'Islande des Vikings. Flammarion, Editions Aubier
   La Stirpe di Odino: La Civiltà Vichinga in Islanda. Oscar Mondadori
   Исландия эпохи викингов. Corpus Books (Russia)

Feud in the Icelandic Saga. University di California Press (UC Press)
   サガ ノ シャカイカイシ チューセイアイスラント゛ ノ シュウコッカ. Tokai University Press (Japan)

Medieval Iceland: Society, Sagas, and Power. UC Press
   Island i sagatiden: Samfund, magt og fejde. C.A. Reitzel (Denmark)
   アイスラント゛ サガ Tokai University Press (Japan)

Viking Archaeology in Iceland: Mosfell Archaeological Project. Editors Davide Zori and Jesse Byock. Brepols Publisher, Cursor Mundi

Grettir's Saga. Oxford University Press

The Prose Edda: Norse Mythology. Penguin Books

The Saga of the Volsungs: The Norse Epic di Sigurd the Dragon Slayer. Penguin Books

The Saga of King Hrolf Kraki. Penguin Books

The Viking Language Old Norse Series (JWP)

Viking Language 1: Learn Old Norse, Runes, and Icelandic Sagas, 2nd Edition (JWP)

Viking Language 2: The Old Norse Reader (JWP)

Altnordisch 1: Die Sprache der Wikinger, Runen, und isländischen Sagas (JWP)

Norreno – antico islandese: Manuale di bas. Traduzione e adattamento (JWP)

MP3 Download Pronunciation Albums (www.oldnorse.org)

Viking Language 1 Audio Lessons 1-8: Pronounce Old Norse

Viking Language 1 Audio Lessons 9-15: Pronounce Old Norse

DEDICA

Questo libro è dedicato a Kenneth Chapman, le cui idee, nonché il suo esempio e approccio all'insegnamento dell'antico islandese sono stati l'ispirazione per questo lavoro. Ken era un linguista eccellente, un caro amico e un generoso insegnante che amava condividere il suo vasto sapere aiutando studenti e colleghi. Ken è mancato quando questo progetto era agli inizi, e la sua assenza si è fatta sentire.

Incisione lignea norvegese che si ritiene essere una raffigurazione di Odino, il dio da un solo occhio.

RINGRAZIAMENTI

Ringraziamo Basil A. Price, Chad Laidlow, Kevin Elliott, Ágúst Guðmundsson, Cassandra Ruiz, Jack Hartley, Gunnar Karlsson, Meg Morrow, Helgi Þorláksson, e Ilya Sverdlov, Alex Casteel, Dario Capelli e Giorgio Lucarelli. In un modo o nell'altro hanno contribuito al completamento di questo lavoro. i suggerimenti di Ilya e Basil, nonché il loro aiuto e i loro consigli nell'elaborazione della grammatica e degli esercizi sono stati preziosissimi. Ringraziamo anche Ashley M. Byock, il cui aiuto è stato determinante per la pubblicazione.

L'alfabeto antico islandese

a, á, b, d, ð, e, é, f, g, h, i, í, j, k, l, m, n, o, ó,
p, r, s, t, u, ú, v, x, y, ý, z, þ, æ, œ, ǫ(ö), ø

L'alfabeto latino, adottato dagli islandesi nell'XI secolo, era probabilmente modellato sull'uso che ne veniva fatto in ambito anglosassone, e si era probabilmente diffuso nelle terre del Nord ad opera dei missionari e dei chierici inglesi durante gli ultimi secoli del primo millennio. 1 È appunto da questi ultimi che gli islandesi potrebbero aver appreso le tecniche di produzione e uso dell'inchiostro e della pergamena.

Nel XII secolo, autori e copisti islandesi utilizzavano l'alfabeto latino recentemente acquisito e presero a comporre e copiare testi in volgare ad un ritmo stupefacente. Tuttavia, gli islandesi non seguivano un'ortografia standardizzata come facciamo noi oggi. Anche nei manoscritti italiani del periodo medievale esiste una considerevole oscillazione tra convenzioni diverse, e la standardizzazione ha preso piede soltanto in seguito, dopo la diffusione della stampa.

La varietà dell'ortografia nei manoscritti complicò notevolmente il compito di creare vocabolari e dizionari per l'antico islandese quando le saghe furono riscoperte da studiosi europei e britannici alla fine del 1700. Gli studiosi all'inizio del 1800 affrontarono questo problema adottando un'ortografia e un ordine alfabetico dell'antico islandese normalizzati, ovvero stabilendo uno standard da seguire per la pubblicazione di questi testi antichi.

Gli estratti per la lettura e i vocabolari di questo libro seguono l'ortografia normalizzata che si trova nelle edizioni standard delle saghe islandesi, ovvero quelle edite nella prestigiosa collana *Íslenzk fornrit* "Antichi testi islandesi". Questa convenzione ortografica, la quale è adottata anche dalla maggior parte delle edizioni dei testi e dei dizionari odierni, mantiene la distinzione medievale tra le vocali *æ* ed *œ*, e tra *ǫ* ed *ø*, anche se questa si è persa già nel corso del Duecento, in Islandese.

Nell'alfabeto antico islandese, le vocali lunghe sono distinte da quelle brevi per mezzo di un apice (es., *é* lunga ed *e* breve). Le vocali lunghe *æ* e *œ* e quelle brevi *ø* ed *ǫ* sono inserite alla fine dell'alfabeto islandese, (*ǫ* è la forma medievale della vocale risultata dalla metafonia velare di *a*; *ø* ed *ǫ* confluiscono in unico suono nel corso

---

1 I popoli scandinavi e gli anglosassoni, potevano con tutta probabilità comprendersi, seppur con qualche difficoltà, pur parlando ciascuno nella rispettiva lingua.

ma non sono incluse nell'alfabeto standard.

Abbreviazioni

acc.	accusativo	num.	numerale
agg.	aggettivo	ogg.	oggetto
avv.	avverbio	ogg. dir.	oggetto diretto
art.	articolo	ogg. ind.	oggetto indiretto
comp.	comparativo	ord.	ordinale
cong.	congiunzione	part.	participio
congiunt.	congiuntivo	pass.	passato (preterito)
Dan.	danese	pers.	personale
dat.	dativo	pl.	plurale
det.	determinato	poet.	poetico
dim.	dimostrativo	poss.	possessivo
es.	(ad) esempio	part. pass.	participio passato
fem., f.	femminile	pref.	prefisso
gen.	genitivo	prep.	preposizione
impers.	impersonale	pres.	presente
indecl.	Indeclinabile	pret.	preterito
indef.	indefinito	pron.	pronome
indet.	indeterminato	rifl.	riflessivo
indic.	indicativo	rel.	relativo
inf.	infinito	E.L.	estratto per la lettura
int.	interrogativo	sing., sg.	singolare
intrans.	intransitivo	sogg.	soggetto
lett.	letteralmente	superl.	superlativo
masc., m.	maschile	trans.	transitivo
NB	Nota Bene	var.	variante
neut., n.	neutro	vb.	verbo
nom.	nominativo	+	con

Guida alla pronuncia del norreno
(Con una discussione sulla pronuncia islandese moderna)

La ricostruzione dell'antico islandese è per sua natura un'approssimazione: nella maggior parte dei casi possiamo dedurre il valore dei suoni dalla grafia dei manoscritti o da rime e allitterazioni nelle poesie. Non esisteva una grafia standard come oggi, e pronunce regionali o variazioni dialettali, oltre alle naturali evoluzioni della lingua, penetravano tranquillamente nella grafia,

La pronuncia ricostruita per l'antico islandese solitamente utilizzata per l'insegnamento da coloro i quali scelgono di farne uso è essenzialmente la lettura fonetica dell'islandese classico standardizzato, ovvero uno standard artificiale creato dai filologi e basato sull'aspetto della lingua nel primo '200, con alcuni dettagli più arcaici.

L'**accento,** in islandese, antico e moderno, cade sempre sulla prima sillaba. Ad esempio, *kona, gerði,* e *konungr* sono pronunciati **kò-na, gèr-ði,** e **kòn-ungr.** Le parole composte esibiscono un accento secondario (leggermente meno intenso) sulla prima sillaba del secondo elemento che le costituisce. Ad esempio, la sillaba *-móð-* di **konungamóðir** ('madre di re) ha un accento secondario.

Vocali dell'antico islandese

Le vocali sono suoni prodotti dal passaggio libero dell'aria attraverso la bocca. Le vocali dell'antico islandese sono classificate in brevi e lunghe. Per la maggior parte delle vocali, la lunghezza è indicate da un apice (comunemente detto "accento acuto"), *á, é, í, ó, ú, ý*. Costituiscono un'eccezione le vocali *æ* e *œ* (che alcuni indicano con i simboli *ǽ* ed *ø̌*) sono sempre lunghe.

Le vocali lunghe sono, logicamente, una versione più lunga delle vocali brevi corrispondenti. Ad esempio, nella fase più antica *a* e *á* avevano la stessa qualità, ma *á* aveva una durata leggermente superiore. Qui sotto viene riportata una tabella con la pronuncia approssimativa delle vocali dell'antico islandese all'inizio del XIII secolo. In questo periodo, *á* aveva acquisitor anche il tratto di rotondità, per questo veniva pronunciata come una *ò* italiana ("aperta"), come in 'còtto'.

au, ei, ed *ey* sono dittonghi, ovvero sequenze di due vocali pronunciate con una singola emissione di fiato e con la lingua che scivola dalla posizione della prima vocale verso quella della seconda. Per comprenderne il meccanismo, pronunciate *ei* osservate il movimento compiuto dalla lingua nel passaggio da *e* ad *i*.

Vocale	Pronuncia antico islandese	Esempi
a	Simile alla *a* italiana, ma più arretrata	*faðir*
á	come una *ò* italiana (*ò* "aperta"); a dispetto dell'aspetto grafico, questa vocale era la versione lunga di *ǫ*, non di *a*.	*láta*
e	come la **e** di s**e**nno (breve)	*bekkr*
é	Come la **e** di impr**e**sa (lunga)	*þér*
i	**i** in s**i**n	*sinn*
í	come la **i** di v**i**no	*líta*
o	come la **o** in p**o**zzo (breve)	*kona*

ú	come la **u** di fu**mo** (fumo)	*búa*
y	come la **u** lombarda, o francese (breve); per produrla si pronunci una *i* tenendo però le labbra arrotondate come nella *u*	*systir*
ý	come ***u*** lombarda, o francese (lunga)	*býðr*
æ	come una **è** aperta (sempre lunga)	*lætr*
œ	come la **ö** lombarda o tedesca, o come l'*eu* francese (sempre lunga)	*dœl*
ø	come la **ö** lombarda o tedesca, o come l'*eu* francese; breve; per produrla si pronunci una *e* tenendo però le labbra arrotondate come nella *u*.	*søkkva*
ǫ	come la **o** di co**l**la. Nel corso del '200, questa vocale si fonde con ø.	*kǫttr*
au	come il dittongo **au** di c**au**sa	*nauð*
ei	come il dittongo **ei** di s**ei**	*heita*
ey	sequenza di *e* + *y* (o forse di *ø* + *y*)	*heyra*

Consonanti dell'antico islandese

Le consonanti sono suoni prodotti tramite la restrizione o la chiusura del tratto vocale, il che ostacola il libero passaggio di aria. Le consonanti dell'antico islandese *b*, *d*, *k*, *l*, *m*, *n*, *s*, e *t* corrispondevano probabilmente alle loro omologhe italiane, mentre la *h* veniva aspirata.

Come in italiano, e diversamente da lingue come l'inglese o il francese. Anche le consonanti potevano essere brevi o lunghe e, nel secondo caso, vengono indicate con lettere doppie.

In antico islandese *f* e *v* erano probabilmente pronunciate con l'avvicinamento delle labbra, e non avvicinando il labbro inferiore agli incisivi superiori come nell'islandese moderno o in italiano. Il suono *b* o *v* dello spagnolo attuale è probabilmente molto più simile a una *f* dell'islandese antico (Sonora), mentre la *v* era inizialmente un suono semi-vocalico come la *u* italiana di 'quando'.

Qui sotto viene fornita una lista delle consonanti antico islandesi che più si discostano dalla pronuncia italiana.

Consonante	Pronuncia antico islandese	Esempi
f	1) a inizio parola: come la *f* italiana	*faðir*
	2) in corpo di parola tra vocali: come la **v** italiana	*hafa*
g	1) a inizio parola o dopo *n*: come la **g** di **g**ara	*góðr*, *langr*
	2) prima di *s* o *t*: come il **ch** aspirato del tedesco Ba**ch**	*lagt*

k	come la **c** di **c**aro, ma seguita da aspirazione, come in certe varietà calabresi	*kunna*
p	come la **p** italiana, ma seguita da aspirazione, come in certe varietà calabresi	*penningr*
	Prima di *s* o *t*: come una *f*	*eptir*
r	come la **r** italiana	*rauðr*
s	come **s** di **s**ano, mai come quella di **s**baglio	*sitja*
v	come la **u** di q**u**ando	*vestr*
þ	come la cosiddetta "**s** moscia", o "zeppola" (sigmatismo), in **s**empre	*þing*
ð	come la cosiddetta "**s** moscia", o "zeppola" (sigmatismo), in **s**baglio	*bróðir*
t	come la **t** itasliana, ma seguita da aspirazione, come in certe varietà calabresi	*taka*
x	come una **h** fortemente aspirate seguita da **s**	*Øx*
z	come in pa**zz**o, mai come in **z**enzero	*brauzk*

Pronuncia islandese moderna

È un uso consolidato ormai in molti contesti, quello di utilizzare la pronuncia dell'islandese moderno per la lettura dell'islandese antico. Questo uso è parallelo a quello convenzionale nell'insegnamento del latino in Italia, per il quale si usa la pronuncia italiana moderna, e non quella ricostruita che doveva avere il latino classico.

Usare una pronuncia moderna viva ha il vantaggio di fornire un riferimento inequivocabile e facilmente accessibile: qualsiasi pronuncia ricostruita ha giocoforza limiti di natura geografica e temporale; ad esempio, l'islandese del '300 aveva già subito alcuni mutamenti significativi rispetto al secolo precedente. Le modifiche che hanno portato alla pronuncia moderna non sono avvenuto da un giorno all'altro, ma in un lunghissimo arco di tempo iniziato già nel periodo dei primi testi.

Per le regole della pronuncia dell'islandese moderna, si vedano le due tabelle qui sotto. Gran parte della grammatica e del lessico di base dell'antico islandese sono mantenuti nell'islandese moderno, nonostante alcune importanti evoluzioni, e utilizzare la pronuncia attuale significa creare una base per l'apprendimento dell'islandese moderno, lingua tramite la quale è passibile accedere ad una quantità impressionante di pubblicazioni di ambito storico, linguistico e letterario sul medioevo nordico.

richiederebbe una trattazione che andrebbe ben al di là dell'ambito di questo volume.

Vocali dell'islandese moderno

A partire dal 1200, la vocale lunga œ si fonde con æ, il quale poi si sviluppa nel dittongo [ai], mentre la vocale breve ǫ confluisce in ø. Quando si utilizza la pronuncia moderna, dunque, sia "œ" sia "æ" si pronunciano [ai], mentre ǫ ed ø si pronunciano entrambi con il suono di ø. Nel XIV secolo, le vocali lunghe presero a mutare e alcune di loro assunsero il valore di dittonghi (ovvero sequenze di due vocali).

A partire dal XVI secolo, la distinzione tra vocali lunghe e brevi tradizionale si perde del tutto, con il risultato che ogni vocale e ogni dittongo possono essere lunghi o brevi a seconda del contesto, generalmente secondo le stesse regole dell'italiano: ovvero sono brevi se accompagnate da consonanti doppie, ma lunghe se accompagnate da consonanti singole.

Leggendo l'islandese con un accento italiano, la pronuncia corretta della lunghezza vocalica viene prodotta naturalmente come automatismo: la distinzione tra la vocale *a* di *tak* e *takk* è la stessa che si ha in italiano tra *taco* e *tacco*.

Le vocali brevi *a*, *e*, ed *o* hanno mantenuto una qualità simile a quella dell'islandese antico, mentre le lunghe sono mutate. L'antica *á* lunga è pronunciata come il dittongo **au** di **au**reo, la *é* ha la pronuncia **ie** di **ie**ri, mentre la *ó* è diventata il dittongo **ou**.

Nel Corso del XV secolo, *y* ed *ý* hanno perso l'arrotondamento, diventando indistinguibili da *i* e *í*. Anche il dittongo *ey* si è dunque fuso con *ei*. D'altro canto, il dittongo *au* ha acquisito arrotondamento labiale, ed è pronunciato come **öi**.

Vocale	Pronuncia islandese moderna	Esempi
a	Come la **a** italiana	*faðir*
	prima di *ng* e *nk*: come **au** di **au**reo	*langr*
á	come **au** di **au**reo	*láta*
e	come la **e** italiana,	*Bekkr*
	prima di *ng* e *nk*: come **ei**	*engi*
é	come **ie** in **ie**ri	*þér*
i	una via di mezzo tra una **é chiusa** e una **i**;	*sinn*
	prima di *ng* e *nk*: come una **i** italiana	*þing*
í	come una **i** italiana	*líta*
o	come una **o** italiana	*kona*
ó	come il dittongo **ou**	*bjóða*
ö	come una **è**, ma pronunciata tenendo le labbra arrotondate	*Köttr*

u	una via di mezzo tra una **é chiusa** e una **i**, ma pronunciata tenendo le labbra arrotondate prima di *ng* e *nk*: come una **u** italiana	*su*mar *u*ng*u*r
ú	come una **u** italiana	*bú*a
y	una via di mezzo tra una **é chiusa** e una **i**; prima di *ng* e *nk*: come una **i** italiana	*sy*stir *y*ngri
ý	come una **i** italiana.n	*bý*ðr
æ	come **ai** in m**ai**	*læ*tr,
au	come la sequenza **ei**, ma pronunciata tenendo le labbra arrotondate	n*au*ð
ei, ey	come **ei** di s**ei**	*hei*ta, *hey*ra

Consonanti dell'islandese moderno

Le consonanti *k*, *l*, *m*, *n* sono pronunciate generalmente in modo simile a quello italiano. La lettera *h* è sempre aspirata.

Le consonanti *p*, *t*, *k* sono pronunciate con una post-aspirazione a inizio parola (si pensi ad un accento calabrese stereotipato), e come in italiano senza aspirazione in corpo di parola o alla fine. *b*, *d*, *g* sono pronunciate come *p*, *t* e *k*, ma senza aspirazione.

Le due serie di consonanti *p*, *t*, *k* e *b*, *d*, *g* sono distinte solo a inizio di parola dal fatto che le prime presentano questa leggera aspirazione.

La lettera *f* ha mantenuto i valori dell'antico islandese (inclusa la pronuncia di *v* italiana tra vocali), mentre la *v* non si pronuncia più come la *u* italiana di q**u**ando, ma come la *v* italiana.

Consonante	Pronuncia islandese moderna	Esempi
f	1) a inizio parola o prima di consonante: come una **f** italiana	*fa*ðir
	2) prima di *n* o *l*: come una p italiana	na*fn*, ka*fl*i
	3) prima di vocale: come una **v** italiana	ha*fa*
g	1) a inizio parola o dopo *n*: come la **c** di **c**aro	*g*óðr, lan*gr*
	2) prima di *s* o *t*: come una **h** fortemente aspirata	la*gt*
	3) dopo vocali e prima di *a*, *u*, *ð*, *r*: come una **g** pronunciata senza chiudere completamente la glottide	flu*ga*
	4) tra una vocale e una *i* o *j*: come la **j** di Jacopo.	ei*gi*, se*gj*a
	5) tra *ó*, *á*, *ú*, e una *a*, *u*: muta	fljú*ga*
	6) nelle sequenze -*angt* e -*angs*: scompare	lan*gt*, lan*gs*

	aspirazione, come in certe varietà calabresi	*penningr*
	prima di *s* o *t*: come una *f* italiana	*eptir*
r	come una **r** italiana	*rauðr*
s	come **s** di **s**ano, mai come quella di **s**baglio	*sitja*
v	come una **v** italiana	*vestr*
þ	come la cosiddetta "**s** moscia", o "zeppola" (sigmatismo), in **s**empre	*þing*
ð	come la cosiddetta "**s** moscia", o "zeppola" (sigmatismo), in **s**baglio	*bróðir*
x	come una **h** fortemente aspirata seguita da **s**	*øx*
z	come in pa**zz**o, mai come in **z**enzero	*brauzk*
hv	La pronuncia più diffusa è **kv**	*hvítr*

Alcune consonanti doppie hanno mutato la loro pronuncia.

- *pp*, *tt*, e *kk* sono pronunciate con una *h* aspirate che le precede. Ad esempio, *upp*, *dóttir*, e *ekki* sono pronunciati [uʰpp], [dóʰttɪr], e [eʰkkɪ]. È la cosiddetta **pre-aspirazione**. *pp* è pronunciato come una *f* se preceduto da *t*: *keppti* [keftɪ].

- *nn* suona come [tn] quando segue una vocale accentata o un dittongo a fine parola: *einn* [eitn].

- *ll* suona generalmente come [tl]: *kalla* [katla], *allr* [atlur] [2].: *mikill* [mɪkɪtl]. Davanti a *t*, *d*, ed *s*, la doppia *ll* ð pronunciata come una *l*: *alls* [als], *allt* [alt]. Nei prestiti e nei soprannomi *ll* si pronuncia come la *ll* dell'italiano pa**ll**a : *mylla* 'mulino' [milla] e *Kalli* [kallɪ] 'Carletto'.

- Le sequenze *rn* e *rl* sono solitamente pronunciate [rtn] e [rtl]: *Bjarni* [bjartnɪ], o *karlar* [kartlar].

Le sequenze di tre consonanti sono spesso semplificate al termine di una sillaba. Ad esempio, la *b* in *kumbl* è muta e la parola è pronunciata [kuml]. Quando però la sequenza di tre consonanti si articola su due sillabe, essa viene mantenuta: es., *landnám* (le due sillabe sono *land-* e *-nám*).

---

[2] A partire dal XIV secolo, quando una parola islandese termina in *-r* , sia essa la desinenza o parte della radice, e questa è preceduta da una consonante (tranne r), l'islandese inserisce una *-u-* di appoggio: es. *maður*, *hendur*, *áður* etc. Nella lettura ad alta voce, inseriamo questa *u* nella pronuncia.

Indice

Introduzione all'edizione italiana 5

Le saghe 7

Sul presente manuale 10

L'alfabeto antico islandese 13

Abbreviazioni 14

Guida alla pronuncia del norreno (Con una discussione sulla
    pronuncia islandese moderna) 14

LEZIONE 1 28
    Ór *Gunnlaugs sǫgu ormstungu* (1. kap.) (Dalla *Saga di Gunnlaugr Lingua-
        di-serpente*, cap. 1) 28
    1.1. Radici e desinenze. 28
    1.2. Casi in norreno. 28
    1.3. Nessun articolo indeterminativo. 30
    1.4. Sostantivi e aggettivi forti: il nominativo singolare maschile. 30
    1.5. Sostantivi forti: genitivo singolare maschile. 30
    1.6. Aggettivi forti: genitivo singolare maschile. 30
    Ór *Fóstbrœðra sǫgu* (2. kap.) (Dalla *Saga dei Fratelli giurati*, cap. 2) 31
    1.7. Concordanza di nomi e aggettivi, apposizioni. 31
    1.8. Ripasso della flessione: nom. e gen. sing. di sostantivi e aggettivi
        maschili forti. 32
    1.9. Preposizioni: un primo sguardo. 32

LEZIONE 2 36
    Ór *Hrafnkels sǫgu Freysgoða* (2. kap.) (Dalla *Saga di Hrafnkel goði di
        Freyr*, cap. 2) 36
    2.1. Regole particolari per le radici. 36
    2.2. Altri usi del genitivo. 38
    2.3. Sostantivi forti: accusativo e dativo singolare maschile. 38
    2.4. Aggettivi forti: accusative e dative singolare maschile. 38
    2.5. Ripasso dei paradigmi: desinenze dei sostantivi forti e degli aggettivi
        maschili singolari (cfr. 1.8). 38
    2.6. Il sostantivo *maðr*. 39

LEZIONE 3 42
    Ór *Egils sǫgu Skalla-Grímssonar* (50. kap.) (Dalla *Saga di Egill Skalla-
        Grímsson*, cap. 50) 42
    3.1. Articolo determinativo: maschile singolare. 42
    3.2. Aggettivi deboli: maschile singolare. 42
    3.3. Sostantivi deboli: maschile singolare. 42
    3.4. Il sostantivo *sonr* (-*son*). 43
    3.5. Sostantivi e aggettivi disillabici. 43
    3.6. Pronomi personali: prima e seconda persona. 43
    3.7. Uno sguardo ai verbi: l'infinito. 43
    3.8. La particella *at* dell'infinito. 43
    3.1. Lettura ulteriore. 44
    Ór *Þorsteins þǽtti stangarǫggs* (1. kap.) (Dal *Racconto di Sigurðr il
        bastonato*, cap. 1) 44

LEZIONE 4 47
    Ór *Egils sǫgu Skalla-Grímssonar* (36. kap.) (Dalla *Saga di Egill Skalla-*

4.2. Ripasso dei paradigmi: desinenze forti del masc. e neut. sing. (Cfr. 2.5). 47

4.3. Articolo determinativo: neutro singolare. 47

4.4. Ripasso dei paradigmi: masc. e neut. sing. dell'articolo (cfr. 3.1, 4.3)............48

4.5. Aggettivi forti e deboli: neutro singolare. 48

Ór *Magnúss sǫgu Erlingssonar* (16. kap.) (Dalla *Saga di Magnús Erlingsson*, cap. 16)..48

4.6. Ripasso dei paradigmi: sing. masc. e neut. degli aggettivi forti e deboli (cfr. 2.5, 3.2, 4.5). 48

4.7. Sostantivi deboli: neutro singolare. 48

4.8. Articolo determinativo enclitico. 49

4.9. Usi di dativo e accusativo. 49

LEZIONE 5...**53**

Ór *Snorra Eddu, Gylfaginning* (6. kap.) (Dall'*Edda di Snorri* [*Edda in prosa*], *Inganno di Gylfi*, cap. 6)...53

5.1. Pronomi personali: III persona...53

5.2. Verbi: forti e deboli. 54

5.3. Verbi deboli: formazione del passato. 54

5.4. Verbi deboli: variazioni nel suffisso in dentale.......................................55

5.5. Verbi deboli: desinenze di III persona singolare del passato. 56

5.6. Verbi deboli: alternanze vocaliche nelle radici brevi con suffisso in *j*. 57

LEZIONE 6...**61**

Ór *Ragnars sǫgu loðbrókar* (3. kap.) (Dalla *Saga di Ragnar Lodbrok*, cap. 3)...61

6.1. Verbi forti: formazione del passato. 61

6.2. Verbi: desinenze di III persona del passato..62

6.3. Ripasso dei paradigmi: desinenze verbali della III persona singolare..........62

6.4. Verbi forti: radici del passato singolare e plurale (cfr. 6.1)........................62

6.5. I verbi *vera* e *hafa*. 62

6.6. Lettura ulteriore. 63

Ór *Vápnfirðinga sǫgu* (1. kap.) (Dalla *Saga degli abitanti di Vápnafjǫrðr*, cap. 1)..63

6.7. Ulteriori aggettivi. 64

LEZIONE 7...**72**

Ór *Snorra Eddu, Gylfaginning* (22. kap.) (Dall'*Edda di Snorri* [*Edda in prosa*], *L'inganno di Gylfi*, cap. 22)...72

7.1. Sostantivi forti: neutri con radice in -*i*. 72

7.2. Sostantivi e aggettivi: il genitivo plurale. 72

7.3. Articolo determinativo: il genitivo plurale. 72

Ór *Egils sǫgu Skalla-Grímssonar* (20. kap.) (Dalla *Saga di Egill Skalla-Grimsson*, cap. 20) 73

7.4. Aggettivi forti: regole per le radici del neutro nominativo e accusativo singolare (Cfr. 4.5). 73

7.5. Formazione degli aggettivi. 73

7.6. Formazione degli avverbi. 73

7.7. Verbi: desinenze della III persona singolare del presente. 74

7.8. Verbi: assimilazione della desinenza della III persona singolare del presente -*r*. 75

7.9. Verbi: desinenze di III persona plurale del presente. 75

7.10. Ripasso dei paradigmi: desinenze di III persona (pres. e pass.) di verbi deboli e forti (cfr. 6.3). 75

LEZIONE 8...**82**

Ór *Gunnlaugs sǫgu ormstungu* (9. kap.) (Dalla *Saga di Gunnlaugr Lingua-*

(1) Ór *Landnámabók* **(*Sturlubók*) (112. kap.)** (Dal *Libro delle colonizzazioni* [*Sturlubók*], cap. 112).. 82

(2) Ór *Egils søgu Skalla-Grímssonar* **(55. kap.)** (Dalla *Saga di Egill Skalla-Grimsson*, cap. 55)... 83

8.2. Articolo determinativo: declinazione completa (cfr. 4.4, 7.3, 8.1)............... 83

8.3. Pronomi: apposizione... 83

8.4. Verbi: desinenze di I e II persona del passato. 84

8.5. Verbi: i modi e il congiuntivo... 85

8.6. Verbi: desinenze della III persona singolare del congiuntivo. 85

8.7. Participi: un primo sguardo. 85

8.8. Participi: il participio passato nei tempi composti. 86

LEZIONE 9 .... **92**

Ór *Egils søgu Skalla-Grímssonar* **(32. kap.)** (Dalla *Saga di Egil Skalla-Grimsson*, cap. 32).. 92

9.1. Sostantivi deboli e aggettivi: il femminile singolare. 92

9.2. Ripasso dei paradigmi: desinenze complete del singolare di sostantivi e aggettivi deboli. (Cfr. 4.7, 9.1). 93

9.3. Sostantivi forti: femminile singolare. 93

Ór *Gísla søgu Súrssonar* **(5. kap.)** (Dalla *Saga di Gísli Súrsson*, cap. 5)......... 93

9.4. Ripasso dei paradigmi: desinenze complete del singolare dei sostantivi forti (cfr. 4.2, 9.3).. 94

9.5. Termini di parentela in *-ir*: declinazione del singolare. 94

9.6. Aggettivi forti: femminile singolare. 94

(1) Ór *Hávarðar søgu* **(1. kap.)** (Dalla *Saga di Havard*, cap. 1) 95

(2) Ór *Snorra Eddu* **(10. kap.)** (Dall'*Edda di Snorri* [*Edda in prosa*], cap. 10) .. 95

9.7. Ripasso dei paradigmi: desinenze complete del singolare degli aggettivi forti (cfr. 4.6, 9.6). 95

9.8. Verbi: desinenze di I e II persona singolare del presente......................... 95

9.9. Ripasso dei paradigmi: desinenze di I e II persona singolare del presente e del passato (Cfr. 7.10, 8.4, 9.8). 96

LEZIONE 10 .... **103**

Ór *Óláfs søgu Tryggvasonar* **(108. kap.)** (Dalla *Saga di Óláfr Tryggvason*, cap. 108)... 103

10.1. Verbi: l'imperativo... 103

10.2. Variazioni delle radici in *-j-* e *-v-*.. 104

10.3. Verbi: formazione del participio passato... 105

10.4. Verbi: funzione dei verbi riflessivi.. 106

10.5. Verbi riflessivi: formazione della III persona.. 107

LEZIONE 11 .... **113**

Ór *Fóstbrœðra søgu* **(23. kap.)** (Dalla *Saga dei fratelli giurati*, cap. 23).......... 113

11.1. Verbi forti: alternanze vocaliche nella radice del presente...................... 113

11.2. Metafonia: una spiegazione. 114

11.3. Sostantivi femminili deboli: alternanza *a~ǫ* nel singolare...................... 116

11.4. Sostantivi femminili forti: alternanza di *a~ǫ* nel singolare..................... 117

11.5. Sostantivi maschili forti: alternanza di *a~ǫ~e* nel singolare. 117

11.6. Il sostantivo femminile forte *hǫnd*: alternanza *a~ǫ~e* nel singolare....... 118

11.7. Aggettivi forti: alternanza *a~ǫ* nel singolare.. 118

LEZIONE 12 .... **123**

(1) Ór *Ragnars søgu loðbrókar* **(7. kap. 'Frá Ragnarssonum')** (Dalla *Saga di Ragnarr loðbrók*, cap. 7 'Circa i figli di Ragnar') 123

(2) Ór *Heimskringlu* **(1. kap.)** (dalla *Heimskringla* o la *Storia dei re di Norvegia*, cap. 1).. 123

12.3. Sostantivi forti: il plurale di tutti i generi. 125

12.4. Sostantivi deboli: il plurale di tutti i tre generi. 126

12.5. Ripasso dei paradigmi: desinenze dei sostantivi, sing. e pl. 126

LEZIONE 13 .... **131**

(1) Ór *Egils sǫgu Skalla-Grímssonar* (25. kap.) (Dalla *Saga di Egill Skalla-Grimsson*, cap. 25) 131

(2) Ór *Egils sǫgu Skalla-Grímssonar* (25. kap.) (Dalla *Saga di Egill Skalla-Grímsson*, cap. 25) 131

(3) Ór *Egils sǫgu Skalla-Grímssonar* (57. kap.) (Dalla *Saga di Egill Skalla-Grímsson*, cap. 57) 131

(4) Ór *Egils sǫgu Skalla-Grímssonar* (66. kap.) (Dalla *Saga di Egill Skalla-Grímsson*, cap. 66) 132

13.1. Aggettivi forti: il plurale. 132

13.2. Ripasso dei paradigmi: desinenze complete degli aggettivi forti (cfr. 9.7, 13.1). 133

13.3. L'aggettivo *annarr* 'altro, secondo'. 133

13.4. Aggettivi deboli: il plurale. 134

(1) Ór *Egils sǫgu Skalla-Grímssonar* (25. kap.) (Dalla *Saga di Egill Skalla-Grímsson*, cap. 25) 134

(2) Ór *Ynglinga sǫgu* (29. kap.) (Dalla *Saga degli Ynglingar*, cap. 29) 134

(3) Ór *Egils sǫgu Skalla-Grímssonar* (36. Kap.) (Dalla *Saga di Egil Skalla-Grímsson*, cap. 36) 134

(4) Ór *Egils sǫgu Skalla-Grímssonar* (77. kap.) (Dalla *Saga di Egil Skalla-Grimsson*, cap. 77) 134

13.5. Metafonia di *u*: alternanza *a~u* 135

13.6. Ripasso dei paradigmi: desinenze complete di sostantivi e aggettivi deboli (Cfr. 9.2, 12.4, 13.4). 135

13.7. Aggettivi: esempi di declinazione completa. 136

LEZIONE 14 .... **143**

Ór *Ynglinga sǫgu* (3. Kap. 'Frá brœðrum Óðins') (Dalla *Saga degli Ynglingar*, cap. 3 'Sui Fratelli di Odino). 143

14.1. Numerali. 143

14.2. Verbi: verbi deboli con alternanza vocalica. 144

14.3. Aggettivi possessive riflessivi. 144

Ór *Egils sǫgu Skalla-Grímssonar* (59. Kap.) (Dalla *Saga di Egill Skalla-Grímsson*, cap. 59) 145

14.4. Declinazione di *sonr* nel singolare e nel plurale. 146

14.5. Articolo clitico: il plurale. 146

14.6. Ripasso dei paradigmi: articolo clitico al sing. e al pl. 146

14.7. Articolo clitico: contrazioni con sostantivi forti monosillabi che terminano invocale. 147

Ór *Njáls sǫgu* (146. Kap.) (Dalla *Saga di Njáll*, cap. 146) 147

14.8. Termini di parentela al plurale. 148

LEZIONE 15 .... **152**

Ór *Egils sǫgu Skalla-Grímssonar* (81. kap.) (Dalla *Saga di Egil Skalla-Grimsson*, cap. 81) 152

15.1. Verbi preterito-presenti: il presente. 153

15.2. *Munu* 'ausiliare per il futuro, essere possibile' e *muna* 'ricordare'. 154

15.3. Verbi preterito-presenti: il passato. 154

15.4. Verbi: dettagli ulteriori di *vera* 155

15.5. Verbi: congiuntivo presente (cfr. anche 8.5, 8.6). 156

15.6. Verbi: costruzioni impersonali per esprimere opinioni o credenze. 156

16.1. Verbi: il congiuntivo passato. 162
16.2. Il verbo *essere*: congiuntivo pres. e pass. 163
16.3. Pronomi personali: I e II persona duale. 163
16.4. Aggettivi: i possessivi. 164
16.5. Il pronome indefinito *hvárrtveggja*. 165

LEZIONE 17 .... **171**
Ór *Snorra Eddu* (15., 17. kap.) (Dall'*Edda di Snorri*, cap. 15, 17) 171
17.1. Aggettivi: declinazione dei comparativi. 172
17.2. Aggettivi: formazione dei comparativi. 172
17.3. Aggettivi e avverbi: comparativi e superlativi irregolari. 173
17.4. Verbi: participi presenti. 174
17.5. Verbs: l'infinito preterito. 175
Ór *Þorsteins þætti stangarhǫggs* (3. Kap.) (Dal *Racconto di Þorsteinn il*
Bastonato, cap. 3) 175
17.6. Sostantivi: plurale dei sost. forti con alternanza di *a~ǫ~e*. 176

Appendici **181**

Appendice 1 Esercizi di lettura dalla *Saga di Sigurðr il Crociato* **182**

Appendice 2 Tavole grammaticali **202**

Appendice 3 Vocabolario di termini ed espressioni **213**

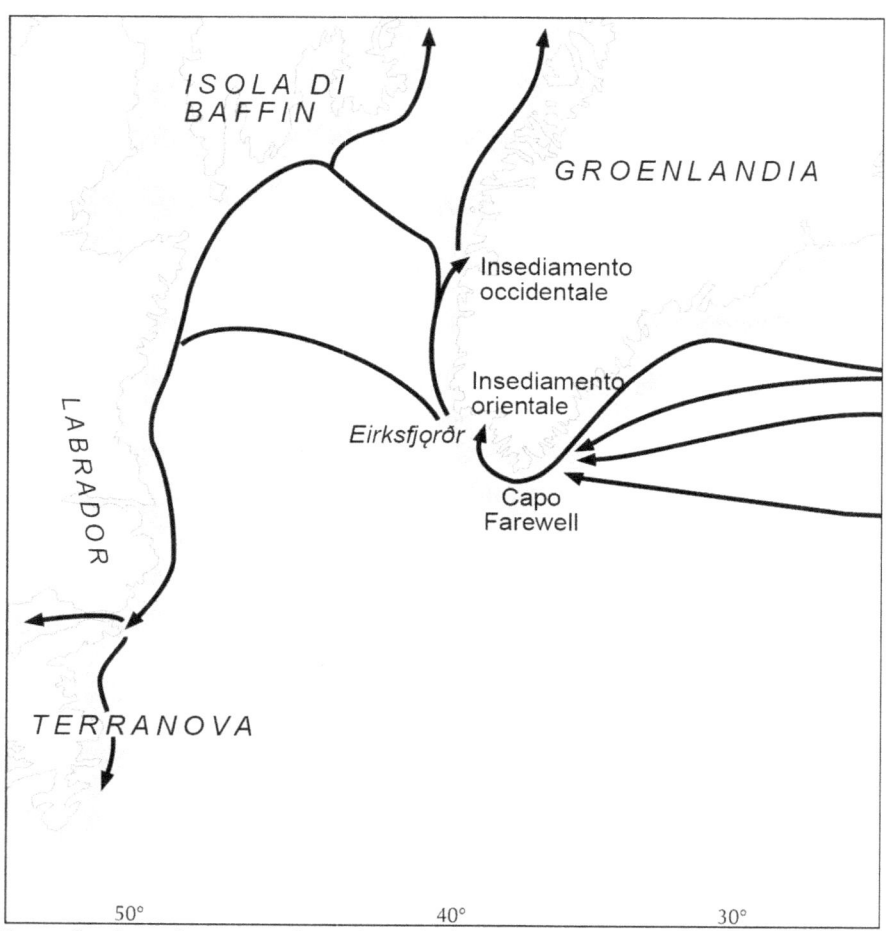

La colonizzazione nordica (*Landnám*) dell'Atlantico settentrionale e l'espansione del norreno. Le isole Shetland, Orcadi e Faroe erano conosciute dai norreni già nel secolo VIII, mentre l'Islanda fu colonizzata dal IX. La maggior parte dei coloni, *landnámsmenn*, termine che include anche le donne, venivano dalla Norvegia, ma altri provenivano da diversi parti della Scandinavia e dalle colonie scandinave nelle isole britanniche. I colonizzatori erano per la maggior parte di lingua norrena, ma tra loro ve ne erano alcuni di lingua gaelica, in particolare tra donne e schiavi.

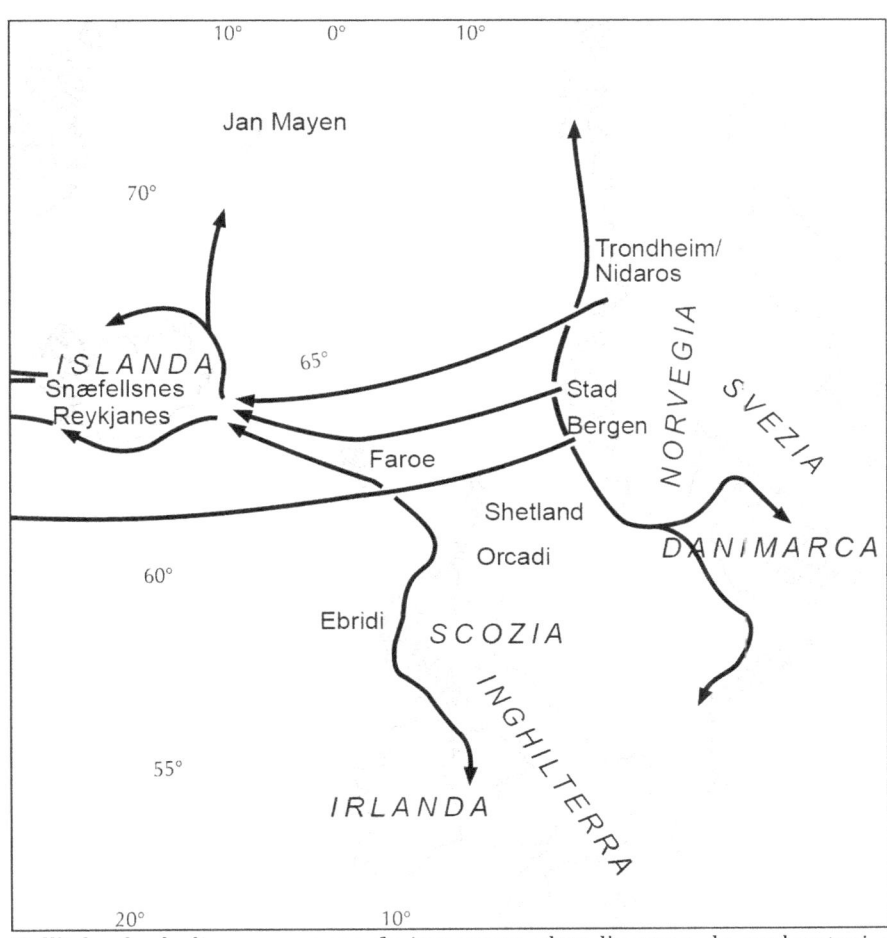

Dall'Islanda, la lingua norrena fu importata oltre l'oceano da esploratori e coloni fino alla Groenlandia e alla Vinlandia (nell'attuale America settentrionale). La mappa mostra le principali rotte di navigazione attraverso l'Atlantico settentrionale, le quali collegavano questa vasta regione attraverso la quale era parlata la lingua norrena. L'antico islandese, la lingua delle saghe, è il dialetto sviluppatosi in islanda della lingua norrena parlata dai colonizzatori nordici.

LEZIONE 1

Ór *Gunnlaugs sǫgu ormstungu* (1. kap.)
(Dalla *Saga di Gunnlaugr Lingua-di-serpente*, cap. 1)

Þorsteinn hét maðr; hann var Egilsson, Skalla-Grímssonar, Kveld-Úlfssonar, hersis ór Nóregi; en Ásgerðr hét móðirÞorsteins ok var Bjarnardóttir. Þorsteinn bjó at Borg í Borgarfirði; hann var auðigr at fé ok hǫfðingi mikill, vitr maðr ok hógværr ok hófsmaðr um alla hluti.

Un uomo si chiamava Þorsteinn; era figlio di Egill, figlio di Skalla-Grímr, figlio di Kveld-Úlfr, un capo dalla Norvegia; mentre la madre di Þorsteinn si chiamava Ásgerðr ed era figlia di Björn. Þorsteinn viveva a Borg nel Borgarfjǫrðr; era ricco di sostanze e un grande condottiero, un uomo saggio e gentile e moderato in tutte le cose.

1.1. Radici e desinenze.

La maggior parte delle parole in norreno è composta da due parti primarie, il **tema** e la

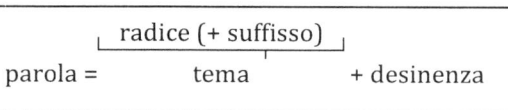

desinenza. Il tema può anche avere due parti, una **radice** e un **suffisso**. La radice è il nucleo della parola stessa. Se nessun suffisso è apposto alla radice, essa corrisponde al tema. Nell'uso corrente in italiano si definisce il tema 'radice'. Per semplicità verrà dunque utilizzato questo termine.

1.2. Casi in norreno.

I casi giocano un ruolo importante nel norreno. Un modo semplice per comprendere i casi è considerare i pronomi italiani. L'italiano di oggi ha ereditato i suoi pronomi dal latino. Prendi ad esempio i pronomi italiani 'io', 'mi' e 'me'. Tutti e tre si riferiscono alla prima persona, cioè la persona che sta parlando o scrivendo, ma non possono essere utilizzati negli stessi contesti. Diremmo '*Io* parlo con un amico', ma 'Un amico parla con *me*', e non '*Un amico parla con io'.

'Io' può essere usato solo come soggetto di una frase, mentre 'me' può essere usato solo come oggetto. Le forme diverse assunte da un dato termine a seconda del suo ruolo nella frase sono dette *casi*: 'io' e 'me' indicano casi diversi della stessa parola: 'io' è nel caso del soggetto e 'me' è nel caso dell'oggetto. Altre coppie di pronomi soggetto-oggetto sono 'tu/te', 'egli/lui', 'essi/loro'.

Oltre ai casi soggetto e oggetto, i pronomi italiani hanno un caso possessivo, che indica l'appartenenza (ad esempio, il pronome

atona di 'a me').

Mentre in italiano, l'uso di modificare una parola in questo modo a seconda del suo ruolo nella frase si è preservato solo per i pronomi, in latino ciò valeva per tutti i sostantivi: termini quotidiani latini come quelli per *casa*, *uomo*, *luce* ecc. venivano alterati a seconda che fungessero da soggetto della frase, complemento oggetto, o altri complementi.

In norreno troviamo lo stesso meccanismo, per cui ogni pronome, sostantivo e aggettivo può trovarsi in uno dei quattro casi esistenti in islandese: nominativo (nom.), accusativo (acc.), dativo (dat.) o genitivo (gen.). Gli usi principali dei quattro casi del norreno sono i seguenti:

- Il **nominativo** viene usato per indicare il **soggetto** di una frase. Ad esempio, nella frase *Þórólfr sýndi Eiríki sk*ip 'Þórólfr mostrò a Eiríkr una nave', *Þórólfr* è il soggetto e si trova dunque al caso nominativo.

- L'**accusativo** indica l'oggetto, o **complemento diretto** di un verbo. Nella frase *Þórólfr sýndi Eiríki skip* 'Þórólfr mostrò a Eiríkr una nave', *skip* è l'oggetto diretto dell'azione del verbo *sýndi* 'mostrò', ed è dunque al caso accusativo.

- Il **dativo** designa un **complemento indiretto** di un verbo, generalmente quello di termine. Ad esempio, in *Þórólfr sýndi Eiríki skip* 'Þórólfr mostrò a Eirik una nave', *Eiríki* 'a Eírikr' è il complemento di termine del verbo *sýndi* 'mostrò', ed è dunque al dativo. Come suggerisce questo esempio, la preposizione 'a' normalmente accompagna il complemento di termine in italiano, ma non in norreno, perché il caso è sufficiente a chiarire quale parte del discorso svolge il ruolo di complemento di termine.

- Il **genitivo** segnala appartenenza, e indica generalmente il **complemento di specificazione**. Ad esempio, se la nave appartiene a Þorsteinn, sarà *Þorsteins skip* 'La nave di Þorsteinn'.

Di norma, ogni volta che si incontra un sostantivo, un pronome o un aggettivo in norreno, è buona cosa determinarne subito il caso per averne chiaro il ruolo nella frase. Ad esempio, consideriamo la frase *Í þann tíma réð fyrir Danmǫrku Sigurðr hringr.*

Anche se non ne capisci il significato, puoi rapidamente determinare che la locuzione *Sigurðr hringr* (*Sigurðr Anello*) è il soggetto della frase (nonostante sia posta alla fine). Questo perché *Sigurðr* e *hringr* sono entrambi al caso nominativo. La frase significa 'A quel tempo governava sulla Danimarca *Sigurðr Anello*'. La tabella qui sotto fornisce la declinazione del nome maschile *hestr* 'cavallo' e le forme maschili dell'aggettivo *góðr* 'buono', al singolare.

	hestr (sost. masc.)	góðr (agg. masc.)
Sing nom	hestr	góðr

Tabelle come queste illustrano il modello, detto paradigma (da una parola greca che significa appunto "modello"), che queste parole seguono nella formazione dei loro casi. Il paradigma di hestr è tipico di molti sostantivi maschili come hringr 'anello' e úlfr 'lupo', mentre il paradigma di góðr è tipico di aggettivi come ágætr 'eccellente' e hvítr 'bianco'.

1.3. Nessun articolo indeterminativo.

L'articolo indeterminativo in norreno non esiste. Quando si traduce in italiano, è necessario però fornirlo, se necessario. Ad esempio, la frase *Hann var hǫfðingi mikill ok vitr maðr* è tradotta con 'Era **un** grande leader e **un** uomo saggio'.

1.4. Sostantivi e aggettivi forti: il nominativo singolare maschile.

Il nominativo singolare di un gruppo di sostantivi e aggettivi maschili (convenzionalmente chiamati nomi e aggettivi maschili **forti**) è formato con la desinenza *-r*. Tale desinenza è aggiunta direttamente alla radice del sostantivo o dell'aggettivo: da cui, ad esempio, ricaviamo *auðig-r*.

Alcuni sostantivi maschili come Þorsteinn ed Egill raddoppiano la consonante radicale finale invece di aggiungere r. Questo raddoppio è il risultato di regole prevedibili discusse nella sezione 2.1.

1.5. Sostantivi forti: genitivo singolare maschile.

Il genitivo singolare dei nomi maschili forti è formato con la desinenza *-s* o con la desinenza *-ar*. La desinenza *-s* è di gran lunga la più comune delle due. Come nel caso della desinenza del nominativo, le desinenze del genitivo sono aggiunte direttamente alla radice: Gunnlaug-**s**, Egil-**s**, Þorstein-**s**, son-**ar**, Bjarn-**ar**.

Il genitivo, in italiano viene espresso usando la preposizione 'di': per esempio, *Gunnlaugs saga* significa 'Saga di Gunnlaugr'. Anziché ricorrere a una preposizione come in italiano, il norreno indica il possesso aggiungendo una desinenza genitiva come *-s* e *-ar* al singolare oppure *-a* al plurale: *Gunnlaugs saga* 'Saga di Gunnlaugr', *Hávarðar saga* 'Saga di Hávarðr', *Fóstbrœðra saga* 'Saga dei fratelli giurati'.

1.6. Aggettivi forti: genitivo singolare maschile.

Gli aggettivi sono termini che descrivono e qualificano i sostantivi, i quali indicano a loro volta persone e cose. Gli aggettivi in norreno, proprio come in italiano, si accordano al nome che modificano per genere grammaticale e numero. Nel caso dell'antico islandese, tuttavia, gli aggettivi devono concordare con i sostantivi che descrivono anche

di aggettivi maschili forti, *-s* è l'unica possibile desinenza genitiva singolare, es.: *gǫfugs* e *ágæts* nel passaggio seguente:

Ór *Fóstbrœðra sǫgu* (2. kap.)
(Dalla *Saga dei Fratelli giurati*, cap. 2)

Hon var dóttir Álfs, **gǫfugs** manns ok **ágæts**.	Era la figlia di Álfr, un uomo **nobile** ed **eccellente**.

1.7. Concordanza di nomi e aggettivi, apposizioni.

Gli aggettivi concordano (ovvero corrispondono) in caso, numero e genere con il nome che descrivono. Ad esempio, nella frase *dóttir Álfs, gǫfugs manns ok ágæts*, i due aggettivi (*gǫfugs, ágæts*) sono entrambi al genitivo, maschile e singolare. Questo perché **concordano** con il sostantivo *manns*, che è maschile, singolare, e al caso genitivo (il suo nominativo è *maðr*). Queste proprietà del sostantivo determinano il caso, il numero e il genere dell'aggettivo che lo descrive. Se il sostantivo fosse stato al dativo, gli aggettivi sarebbero anch'essi al dativo, e così via.

Nell'esempio sopra, il sostantivo *maðr* è al genitivo perché si trova, rispetto al sostantivo *dóttir*, nella stessa relazione logica del nome proprio *Álfs* (nom. *Álfr*). Questa donna era figlia di un uomo di cui ci vengono dette tre cose: (a) si chiamava *Álfr*; (b) era un uomo nobile (*gǫfugr maðr*); e (c) era un uomo eccellente (*ágætr maðr*). Queste tre informazioni sono espresse in tre elementi, con il secondo e il terzo che fungono da **apposizioni** rispetto al primo. Quando un'apposizione è composta da più elementi (come *gǫfugr maðr*), si parla di **locuzione appositiva**. 'Locuzione' è un termine che indica due o più parole le quali svolgono lo stesso ruolo all'interno della frase.

Le **apposizioni** sono molto comuni in tutte le lingue, compreso il norreno. Esse descrivono caratteristiche diverse della stessa persona o cosa. Nel nostro esempio, un sostantivo fornisce il nome di un uomo e le due apposizioni seguenti lo descrivono come nobile ed eccellente. Un'osservazione importante è che, in lingue come il norreno, tutti i sostantivi chiave in una frase appositiva sono sempre nello stesso caso, dal momento che svolgono lo stesso ruolo sintattico all'interno della stessa frase.[3] Qui, le frasi nominali *Álfs*, *gǫfugs manns* e *ágæts* [*manns*] modificano tutte lo stesso sostantivo, ovvero *dóttir*, e quindi sono tutte allo stesso caso, il genitivo.

Le apposizioni possono anche essere impiegate in modo

---

[3] **Sintassi** e il termine che indica l'insieme di regole, principi e processi che governano la struttura della frase in una data lingua. In altre parole, descrive il modo in cui le parole sono assemblate in frasi.

unirsi ad altri in composti. Il primo estratto per la lettura (E.L.) contiene un tipico esempio:

Þorsteinn var Egilsson, Skalla-Grímssonar, Kveld-Úlfssonar hersis.

Questa frase complessa offre tre coppie di apposizioni con sostantivi annidati l'uno nell'altro: (1) *Egils-* in **Egils**son e *-sonar* in *Skalla-Gríms***sonar**; (2) *Skalla-Gríms-* in **Skalla-Gríms**sonar e *-sonar* in *Kveld-Úlfs***sonar**; (3) *Kveld-Úlfs-* in **Kveld-Úlfs**sonar e *hersis*. La struttura funziona in questo modo:

- *-sonar* (gen. di *sonr*) in *Skalla-Grímssonar* è nello stesso caso di *Egils* (gen. di *Egill*), poiché questo primo *-sonar* è apposizione di *Egils-* che si trova al caso genitivo. Þorsteinn era figlio di un uomo che (a) si chiamava Egill, il quale (b) era lui stesso figlio di un altro uomo, Skalla-Grímr. Ci viene perciò detto che Þorsteinn è figlio "di Egil" (Egils-), e dunque "del figlio di Skalla-Grim" (*Skalla-Grímssonar*).

- *-sonar* (gen.) in *Kveld-Úlfssonar* è nello stesso caso di *Skalla-Gríms* (gen.), poiché sia *Skalla-Gríms-* sia questo secondo *-sonar* sono apposizioni rispetto a *Egils-* (gen.). Ci viene perciò detto che *Egill* era figlio di un uomo che (a) era chiamato Skalla-Grímr, il quale (b) era lui stesso figlio di un altro uomo, Kveld-Úlfr. Per chiarire, ci vengono forniti i nomi del padre, del nonno e del bisnonno di questo Þorsteinn.

- *hersis* (gen. di *hersir*) si trova allo stesso caso di *Kveld-Úlfs-* (gen.) dal momento che sia *hersis* sia *Kveld-Úlfs-* sono apposizioni di *Skalla-Gríms-* (anch'esso al genitivo). Il padre di Skalla-Grímr era un uomo che (a) era chiamato Kveld-Úlfr e che (b) deteneva il titolo di *hersir* (signore locale).

Come menzionati in 1.5, *-s* e *-ar* sono le due possibili desinenze del genitivo singolare per i sostantivi maschili forti.

1.8. Ripasso della flessione: nom. e gen. sing. di sostantivi e aggettivi maschili forti.

	Sostantivo	Aggettivo
nom	-r (per le variazioni cfr. 2.1)	-r (per le variazioni cfr. 2.1)
gen	-s, -ar	-s

1.9. Preposizioni: un primo sguardo.

Le preposizioni sono parole come "a", "da", "con", "di", ecc. che precedono un nome o un pronome e indicano il ruolo che quel nome o pronome svolge nel contesto della frase. Una preposizione e il suo oggetto (ovvero il nome o il pronome che segue) formano un **sintagma preposizionale**. La preposizione richiede che il suo oggetto sia in un

Nel titolo dell'estratto, la preposizione *ór* cambia la forma del sostantivo da *saga* (nominativo) a *sǫgu* (dativo): *ór Gunnlaugs sǫgu* 'dalla Saga di Gunnlaugr'. Le preposizioni si trovano in tutte le lingue e verranno discusse nelle lezioni successive.

ESERCIZI

1. Identifica la **radice** e la **desinenza** di ognuno dei seguenti aggettivi, sostantivi e nomi propri.

Es.: ágætr: radice _ágæt-_____ des. _-r_____

    ágæts: radice _____ des. _____

    Gunnlaugr: radice _____ des. _____

    Gunnlaugs: radice _____ des. _____

    hersir: radice _____ des. _____

    hersis: radice _____ des. _____

    hógværr: radice _____ des. _____

    hógværs: radice _____ des. _____

    sonr: radice _____ des. _____

    sonar: radice _____ des. _____

2. Identifica il caso (nom. o gen.) degli aggettivi, sostantivi e nomi propri indicati in grassetto.

Sigurðr (_____) hét **maðr** (_____); hann var Bjarnarson, **Þorsteinssonar** (_____), **hersis** (_____) ór Nóregi, en Ásgerðr hét móðir **Sigurðar** (_____). Hann var **ágætr** (_____) maðr og **hógværr** (_____).

3. Declina i nomi maschili *hringr* 'anello' e *úlfr* 'lupo' al singolare, e gli aggettivi *ágætr* 'eccellente' e *hvítr* 'bianco' al masc. sing., seguendo la declinazione di *hestr* e *góðr* fornita in 1.2.

	Sostantivi masc.		Aggettivi Masc.	
nom	hringr	úlfr	ágætr	hvítr
acc	_____	_____	_____	_____
dat	_____	_____	_____	_____
gen	_____	_____	_____	_____

4. Vocabolario.

Orizzontali
3 visse
4 ricco, facoltoso
6 eccellente

7 signore locale
8 saggio
Verticali
1 figlia

5 grande
7 si chiamava

Norreno – antico islandese: eserciziario

Per chi volesse affinare le proprie abilità, abbiamo ideato un eserciziario, *Antico nordico – islandese: eserciziario*. Questo secondo volume della serie offre una vasta gamma di esercizi aggiuntivi, unitamente alle loro soluzioni e ad un vocabolario completo. Vi sono incluse letture in norreno tratte dalla Saga di *Ragnarr Loðbrók*, che raccontano dell'incursione di Ragnarr in Inghilterra e la sua morte in una fossa di serpenti, oltre a brani dell'*Edda in prosa*, che raccontano degli dèi nordici e del leggendario eroe Sigurðr il volsungo, uccisore del drago Fáfnir. Il volume è attualmente disponibile solo in inglese, ma è prevista la sua pubblicazione italiana.

VOCABOLARIO

alla *acc pl masc di* **allr**
allr *agg* tutto
at *prep* [+ *dat*] a; quanto a
auðigr *agg* ricco, facoltoso
ágætr *agg* eccellente
Álfr *m* ('Elfo') (*nome proprio*)
Ásgerðr *f* (*nome proprio*)
Bjarnardóttir *f* figlia di Bjǫrn
bjó (*inf* **búa**) *vb* visse, abitò
Bjǫrn (*gen* Bjarnar) *m* orso (*anche nome proprio*)
Borg *f* fortezza (*toponimo*)
Borgarfjǫrðr *m* 'Fiordo di Borg', un

fiordo nell'ovest dell'Islanda (*toponimo*)
bróðir *m* fratello
búa (*pass* bjó) *vb* abitare
Danmǫrk (*dat* Danmǫrku) *f* Danimarca
dóttir *f* figlia
Egill (*gen* Egils) *m* (*nome proprio*)
Egilsson *m* figlio di Egill
Eiríkr *m* (*nome proprio*)
en *cong* ma; e (mentre, d'altra parte)
fé *n* proprietà, ricchezza; bestiamo
fóstbróðir *m* fratello adottivo

góðr *agg* buono

Gunnlaugr *m* Gunnlaugr (*nome proprio*)

gǫfugr *agg* nobile

hann *pron* lui (sogg.)

heita (*pass* hét) *vb* chiamarsi, essere chiamato

hersir (*gen* -is) *m* capo locale; un condottiero solitamente alleato di un re

hestr *m* cavallo

hét (*inf* **heita**) *vb* si chiamava, era chiamato

hlutr (*acc pl* hluti) *m* cosa

hon *pron* lei (sogg)

hófsmaðr *m* uomo moderato, morigerato

hógværr *agg* gentile

hringr *m* anello

hvítr *agg* bianco

hǫfðingi *m* condottiero

í *prep* [+ *dat*] in

kveld *n* sera

Kveld-Úlfr (*gen* Kveld-Úlfs) *m* 'Lupo della Sera (*nome proprio*)

Kveld-Úlfssonnar *gen* del figlio di Kveld-Úlfr

maðr (*gen* manns) *m* uomo;

móðir *f* madre

Nóregr *m* Norvegia

ok *cong* e (inoltre)

ormr *m* serpente

ormstunga *f* 'Lingua di serpente' (*soprannome*)

ór *prep* [+ *dat*] da (provenienza)

saga *f* storia

sǫgu *dat sg di* **saga**

Sigurðr (*gen* -ar) *m* (*nome proprio*)

Skalla-Grímr (*gen* Skalla-Gríms) *m* (*nome proprio*)

Skalla-Grímssonar *gen* del figlio di Skalla-Grímr

skip *n* nave

son(r) (*gen* sonar) *m* figlio

sýna (*pass* sýndi) *vb* mostrare

sýndi (*inf* **sýna**) *vb* mostrò

tunga *f* lingua

um *prep* [+ *acc*] circa, a proposito di

úlfr *m* lupo

var (*inf* **vera**) *vb* ero/era

vera (*pass* var) *vb* essere

vitr (*gen* vitrs) *agg* saggio

Þorsteinn (*gen* Þorsteins) *m* (*nome proprio*)

Þórólfr *m* (*nome proprio*)

FRASI ED ESPRESSIONI

auðigr at fé facoltoso

ór Nóregi dalla Norvegia

um alla hluti in ogni cosa/in tutti gli aspetti

í [___]firði nel [___]fiordo (es., *í Borgar*firði 'nel Borgarfjǫrðr')

ór [___] sǫgu dalla saga [___], (es., *ór Gunnlaugs* sǫgu 'dalla saga di Gunnlaugr')

[___]son il figlio di [___] (es., *Egils*son 'il figlio di Egill')

[___]dóttir la figlia di [___] (es., *Bjarnar*dóttir 'la figlia di Bjǫrn')

Note

_____

_____

_____

_____

_____

_____

_____

LEZIONE 2

Ór *Hrafnkels sǫgu Freysgoða* (2. kap.)
(Dalla *Saga di Hrafnkel* goði *di Freyr*, cap. 2)

En þá er Hrafnkell hafði land numit á Aðalbóli, þá efldi hann blót mikil. Hrafnkell lét gera hof mikit. Hrafnkell elskaði eigi annat goð meir en Frey. Hrafnkell bygði allan dalinn ok gaf mǫnnum land, en vildi þó vera yfirmaðr þeira ok tók goðorð yfir þeim. Við þetta var lengt nafn hans ok kallaðr Freysgoði, ok var ójafnaðarmaðr mikill.

E quando Hrafnkell aveva preso possesso del terreno ad Aðalból, eseguì un grande rito sacrificale. Hrafnkell fece costruire un grande tempio. Hrafnkell non amava nessun altro dio più di Freyr.
Hrafnkell occupò l'intera valle e diede della terra alla gente, ma volle tuttavia essere il loro capo eassunse il ruolo di goði su di loro. Con questo il suo nome fu esteso e [lui fu] chiamato il goði di Freyr, ed era un uomo molto ingiusto.

2.1. Regole particolari per le radici.

Due regole particolari influenzano la forma specifica della desinenza nominativa -*r* dei nomi e pronomi maschili forti. Queste regole riflettono i mutamenti naturali dei suoni della lingua che si verificavano soprattutto quando le persone parlavano rapidamente. I mutamenti in questione semplificano le sequenze sonore difficili smussandone l'articolazione. Le modifiche dipendono dalla lunghezza della vocale (ovvero se questa è breve o lunga) che appare nella radice a cui viene aggiunta la desinenza e dal fatto che essa sia accentata o meno.

Brevi	Lunghe
i	í
y	ý
e	é
ø	œ
–	æ
a	á
ǫ	–
o	ó
u	ú

La tabella a destra mostra le vocali brevi e lunghe dell'antico islandese. La vocale lunga era semplicemente una versione più lunga della vocale corta.[4] Le vocali brevi sono rappresentate ciascuna da

---

[4] Le vocali nell'islandese moderno sono considerevolmente mutate; ad esempio, *á* non è più semplicemente una versione allungata di *a* come lo era nel periodo medievale, ma è mutata in un dittongo che corrisponde all'italiano *au* in 'aureo'. Le consonanti sono invece mutate in misura minore dall'islandese medievale all'islandese moderno. Nel complesso, i cambiamenti nella pronuncia dall'islandese antico a quello moderno sono relativamente limitati per un periodo di tempo così lungo. (Per ulteriori informazioni, si consulti l'Appendice 1: Guida alla pronuncia dell'islandese antico.)

legatura (*æ* e *œ*).[5] Non esiste un equivalente breve di *æ* né uno lungo di *ǫ*.

Le regole di **accentazione** sono molto più semplici in islandese rispetto all'italiano. In italiano, la sillaba accentata (ovvero quella pronunciata con più intensità) può essere qualsiasi sillaba di una parola; confrontare le parole «àncora», «ancóra», «prìncipi», «princìpi», «lèggere», «leggére» ecc.

In islandese, l'accento cade quasi sempre sulla prima sillaba della radice della parola: *her*-sir, **mó**-*ðir*, *hǫf*-ðing-*i*, **hófs**-mað-*r*, ecc. Una vocale sarà quindi generalmente accentata se è nella prima sillaba della parola, e non accentato se non lo è. Ad esempio, la vocale -*i*- è accentata in **vin**-*r*, ma non in **E**-*gill*.

Ora possiamo spiegare le due speciali regole di radice che impattano la desinenza nominativa singolare di sostantivi maschili forti e aggettivi che terminano originariamente in -*r*.

Regole particolari per le radici:

1. Se la radice termina in -*l*- , -*n*- o -*s*- preceduta da una vocale lunga (o dittongo) o da una vocale breve non accentata, questa consonante finale viene raddoppiata, così che la seconda consonante prende il posto della desinenza -*r*: *ljós*-**s** (agg. 'chiaro'), *væn*-**n** (agg. 'bello'), *Þorstein*-**n**, *mikil*-**l**, *Egil*-**l**. Nel gergo si dice che la desinenza -*r* si **assimila** alla consonante finale della radice.

La -*r* rimane immutata nelle seguenti situazioni:

- Se -*l*-, -*n*- o -*s*- sono precedute da una vocale breve, la desinenza -*r* si aggiunge normalmente: *dal*-**r** 'valle,' *vin*-**r** 'amico.'

- Se la radice termina in -*r*- preceduta da vocale, la desinenza -*r* viene aggiunta normalmente: *hógvær*-**r**.

2. Se la radice termina in -*r*- preceduta da una consonante, la desinenza -*r* non viene aggiunta. Ad esempio, la -*r* finale dell'aggettivo *vitr* 'saggio' appartiene alla radice, e non è la desinenza maschile singolare nominativa (che viene lasciata cadere). Che la –*r* appartenga alla radice è illustrato dal genitivo singolare *vitr*-**s**, che aggiunge la desinenza –*s*. Un altro esempio è l'aggettivo *fagr* 'bello' (con genitivo singolare *fagr*-**s**). Questa regola

---

[5] Queste legature erano originariamente pronunciate come vocali lunghe singole. Nel corso del '200, però, si sono entrambe fuse in un singolo suono vocale simile alla 'è (aperta)' italiana, la quale si è ulteriormente sviluppata in una combinazione di due suoni vocalici corrispondente all'italiano *ai* di 'm**ai**'. Tali combinazioni di vocali sono dette **dittonghi** e sono trattati come le vocali lunghe per ciò che riguarda le regole oggetto di questa discussione. Altri esempi di dittonghi nell'antico islandese sono *au*, *ei*, *ey*.

2.2. Altri usi del genitivo.

Oltre ad indicare appartenenza o possesso (1.2), il genitivo ha altri due usi piuttosto importanti:

- Alcune preposizioni richiedono che il loro oggetto (il nome o il pronome che le segue) si trovi al caso genitivo. Due di queste preposizioni sono *til* 'a' e *milli* 'tra'. (La prima è di gran lunga la più importante.) Se desideriamo dire "a Þorsteinn" in antico islandese, dobbiamo usare la forma genitiva di *Þorsteinn*: quindi *til Þorstein**s***.

- Alcuni verbi richiedono che i loro oggetti prendano il genitivo invece dell'accusativo. Ad esempio, il verbo *þurfa* 'aver bisogno' prende il genitivo: *þeir þurfa hersi**s*** 'hanno bisogno **di** un capo'. L'oggetto diretto *hersis* 'capo' deve apparire al genitivo, non all'accusativo.

È importante sapere che i verbi che indicano una richiesta richiedono che l'oggetto della richiesta stessa compaia al genitivo; ad esempio, in una proposta di matrimonio, con una persona che chiede la mano dell'altra. *Ásgerðr biðr Þorsteins* "Ásgerðr chiede [la mano] di Þorteinn". Questo verbo appare in un estratto per la lettura nella Lezione 9.

2.3. Sostantivi forti: accusativo e dativo singolare maschile.

- L'accusativo singolare maschile dei sostantivi forti non ha desinenza: *konung* 're' (nom. *konungr*), *dal* 'valle' (nom. *dalr*).

- Il dativo è solitamente *-i*: *konung**i***; abbiamo già incontrato due dativi in E.L. 1, *Nóregi* e *firði*. In alcuni sostantivi, però, anche il dativo non ha desinenza, ed è dunque identico all'accusativo: *bekk* 'alla panca', *dal* 'alla valle'.

2.4. Aggettivi forti: accusative e dative singolare maschile.

- La desinenza dell'accusativo singolare maschile per gli aggettivi forti è *-an*: *ágæt**an***, *góð**an***.

- Il dativo è *-um*: *ágæt**um***, *góð**um***.

2.5. Ripasso dei paradigmi: desinenze dei sostantivi forti e degli aggettivi maschili singolari (cfr. 1.8).

	Sostantivo	Aggettivo
nom	-r (cfr. 2.1)	-r (cfr. 2.1)
acc	–	-an
dat	-i, –	-um
gen	-s, -ar	-s

Il sostantivo *maðr* è irregolare in quanto la sua radice *mann-* cambia in *mað-* al nominativo singolare. È irregolare anche in altri casi. Poiché si tratta di uno dei nomi più frequenti nell'antico islandese, è opportuno che le sue diverse forme si imparino presto. Nella tabella accanto viene fornito il paradigma completo al singolare e al plurale.

	Sg	Pl
nom	maðr	menn
acc	mann	menn
dat	manni	mǫnnum
gen	manns	manna

ESERCIZI

1. Inserisci le desinenze appropriate.

Grím___ var mikil___ mað___. Hann var Þorstein___son, Egil___son___.

2. Riscrivi la frase dell'esercizio **1**, ma apportando i seguenti cambiamenti.

a. Presenta Grímr come figlio di Egill e Egill come figlio di Þorsteinn.

_____

b. Rendi Egill il soggetto, e presentalo come figlio di Grímr, e Grímr come figlio di Þorsteinn.

_____

c. Rendi Þorsteinn il soggetto, presentalo come figlio di Egill, e Egill come figlio di Grímr.

_____

3. Inserisci le desinenza appropriate.

Ásgerðr var dóttir Úlf___, mikil___ mann___ ok auðig___. Hann var hersi___, ágæt___ mað___ ok gǫfug___.

4. Ripeti la frase dell'esercizio **3**, ma apportando i seguenti cambiamenti.

a. Sostituisci *mikill* con *hógværr* e *auðigr* con *vitr*.

_____

b. Sostituisci *mikill* con *ríkr* 'potente' e *auðigr* con *vænn* 'bello'.

_____

5. Ripasso del vocabolario.

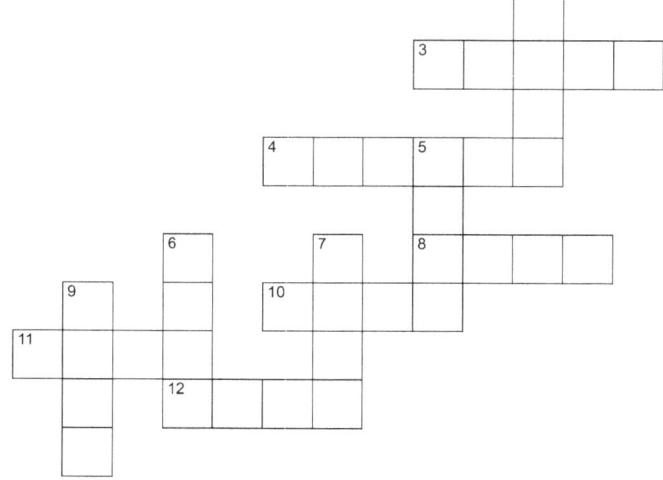

Orizzontali

1 prese
3 volle, desiderò
4 abitare
8 bello
10 fare, costruire

11 nome
12 valle

Verticali

2 chiamare
5 dare
6 terra
7 loro
9 uomo, persona

VOCABOLARIO

Aðalból *n* (*toponimo*)
allan *acc sg masc di* **allr**
allr *agg* tutto
annarr (*n* annat) *agg* altro, un altro
á *prep* [*+ dat*] on; a
blót (*pl* blót) *n* rito sacrificale
bygði (*inf* **byggja**) *vb* abitava
byggja (*pass* bygði) *vb* abitare
dalr *m* valle
dalinn = dal (*acc sg di* **dalr**) + **-inn**
  (*art*) la valle
efla (*pass* efldi) *vb* fare, eseguire
efldi (*inf* **efla**) *vb* fece, eseguì
eigi *avv* non
elska (*pass* elskaði) *vb* amare;
  volere bene
elskaði (*inf* **elska**) *vb* amò
en *cong* ma; e (mentre); *+ comp* di
  (rispetto a)
er *cong* quando
fagr (*gen* fagrs) *agg* bello
Freyr *m* (*nome di divinità*, uno dei
  cosiddetti Vanir)
Freysgoði *m* 'Sacerdote di Freyr'
  (*soprannome*)

gaf (*inf* **gefa**) *vb* diede
gefa (*pass* gaf) *vb* dare
gera *vb* fare, costruire
goð *n* dio pagano
goði *m* capo (e sacerdote)
goðorð *n* titolo e autorità di **goði**
hafa (*pass* hafði) *vb* avere
hafði (*inf* **hafa**) *vb* aveva, ebbe
hans *pron poss* di lui
hof *n* tempio
Hrafnkell *m* (*nome proprio*)
-inn *art* il (*suffisso a un sostantivo*)
kalla (*pass* kallaði) *vb* chiamare,
  nominare
kallaðr (*inf* **kalla**) *part pass*
  chiamato (*nom sg masc*)
land *n* terra, terreno
láta (*pass* lét) *vb* lasciare,
  permettere; [*+ inf*] far fare
  (qualcosa a qualcuno)
lengja (*part pass* -dr) *vb* allungare,
  estendere
lengt (*inf* **lengja**) *part pass*
  allungato, esteso (*nom/acc sg
  neut*)

ljóss *agg* chiaro

maðr (*gen* manns) *m* uomo; persona, essere umano

meir *avv comp* (*cfr.* **mjǫk**) più

mikill (*n sg* mikit; *n pl* mikil) *agg* grande

milli *prep* [*+ gen*] tra

mjǫk (*comp* meir[r]) *avv* molto

mǫnnum *dat sg e pl di* **maðr**

nafn *n* nome

nema (*part pass* numit) *vb* prendere

numit (*inf* **nema**) *part pass* preso (*nom/acc sg neut*)

ok *cong* e (inoltre)

ójafnaðarmaðr *m* uomo ingiusto, litigioso, prepotente e difficile

ríkr *agg* potente

taka (*pass* tók) *vb* prendere, impossessarsi

til *prep* [*+ gen*] a

var (*inf* **vera**) *vb* era, fu

vera (*pass* var) *vb* essere

við *prep* [*+ acc*] con

vildi (*inf* **vilja**) *vb* volle, voleva desiderò, desiderava

vilja (*pass* vildi) *vb* volere, desiderare

vinr (*gen* vinar) *m* amico

vænn *agg* bello

yfir *prep* [*+ acc/dat*] sopra

yfirmaðr *m* superiore

þá *avv* allora, a quell tempo

þeim *dat pl pron* (*cfr.* **þeir**) a loro

þeir (*dat* þeim) *pron m pl* loro

þeira *pron poss* loro

þetta *pron dim* questo (*nom/acc sg neut*)

þurfa *vb* [*+ gen*] avere bisgno di, necessitare

þó *avv* tuttavia, però, comunque

FRASI ED ESPRESSIONI

lét gera fece costruire

þá er *cong* quando

Note

_____

_____

_____

_____

_____

_____

_____

_____

_____

_____

LEZIONE 3

Ór *Egils sǫgu Skalla-Grímssonar* (50. kap.)
(Dalla *Saga di Egill Skalla-Grímsson*, cap. 50)

Elfráðr inn ríki réð fyrir
Englandi; hann var fyrstr
einvaldskonungr yfir Englandi;
þat var á dǫgum Haralds ins
hárfagra, Nóregs konungs. Eptir
hann var konungr í Englandi
sonr hans Játvarðr; hann
varfaðir Aðalsteins ins sigrsæla,
fóstra Hákonar ins góða.

Alfredo il potente regnava
sull'Inghilterra; fu il primo
sovrano unico su (tutta)
l'Inghilterra; ciò fu nei giorni di
Haraldr il Bellachioma, re di
Norvegia. Dopo di lui, fu re
d'Inghilterra suo figlio
Edoardo; (questi) era il padre
di Aðalsteinn il vittorioso,
padre adottivo di Hákon il
buono.

3.1. Articolo determinativo: maschile singolare.

La tabella a destra mostra la declinazione dell'art.
det. al masc. sing. Il nom. e gen. sing., *inn* e *ins*,
corrispondono a nomi forti e aggettivi che
terminano in *nn* (es., *Þorsteinn*, *vænn*). L'acc. e dat.,
invece, sono diversi da quelli dei nomi e aggettivi
forti: l'acc. è *inn* (identico al nom.) mentre il dat. è *inum*.

nom	inn
acc	inn
dat	inum
gen	ins

3.2. Aggettivi deboli: maschile singolare.

Quando un agg. è preceduto dall'art. det. o da un altro elemento
determinante (come un pronome dimostrativo o un
agg. possessivo), assume una forma diversa che è
tradizionalmente chiamata debole. Le desinenze degli
aggettivi deboli differiscono da quelle degli aggettivi
forti. Sono *-i* per il nom. sing. masc. e *-a* per gli altri
casi al sing. masc.: nom. *inn ríki*, acc. *inn gæta*, dat.
inum fagra, gen. *ins goða*.

nom	-i
acc	-a
dat	-a
gen	-a

3.3. Sostantivi deboli: maschile singolare.

Alla declinazione debole degli aggettivi corrisponde
una declinazione debole dei sostantivi: nom. *hǫfðingi*
(RS 1), *goði* (RS 2), gen. *fostra*. Tutti e tre questi nomi
sono masc. Molti nomi propri masc. appartengono
alla declinazione debole: *Helgi*, *Gísli*, *Ingi* –

nom	-i
acc	-a
dat	-a
gen	-a

acc./dat./gen. *Helga*, *Gísla*, *Inga*. Nota che le desinenze dei nomi
masc. deboli sono identiche alle corrispondenti desinenze degli
aggettivi deboli.

sono deboli o forti per natura e non alternano tra le due forme.

3.4. Il sostantivo *sonr* (-*son*).

Il nom. sing. del termine per 'figlio' è irregolare. Quando compare associato al gen. di un nome proprio (*Egilsson,* ecc.), non presenta la regolare desinenza del nom. sing. -*r*. Quando invece compare da solo (come in E.L. 3), presenta normalmente la desinenza -*r*. Il gen. sing. è sempre *sonar*.

3.5. Sostantivi e aggettivi disillabici.

Quando un agg. disillabico prende una desinenza che contiene una vocale, la vocale della seconda sillaba cade. Ad esempio, il nom. sing. masc. di mikill, alla forma debole, è *mikli*. Questo vale per tutti gli aggettivi tranne quelli di forma participia la cui seconda sillaba è -*að*- (cfr. 5.3.1, 8.7, 10.3.1). Anche i nomi disillabici si comportano in questo modo: ad es.., il dat. sing. del sostantivo neutro. *sumar* 'estate' è *sumri* (E.L. 9).

3.6. Pronomi personali: prima e seconda persona.

Esempi del pronome di I persona sing. *ek* 'io' e di II pers sing. *þú* 'tu' e *þér* '(a) te/ti' compaiono in E.L. 4. La loro declinazione completa è la seguente.

		I		II	
Sg *nom*	ek	'io'	þú	'tu'
	acc	mik	'me'	þik	'te'
	dat	mér	'(a) me'	þér	'(a) te'
	gen	mín	'di me'	þín	'di te'
Pl *nom*	vér	'noi' (sogg.)	þér/ér	'voi' (sogg.)
	acc	oss	'noi' (ogg.)	yðr	'voi' (ogg.)
	dat	oss	'(a) noi'	yðr	'(a) voi'
	gen	vár	'di noi'	yð(v)ar	'di voi'

3.7. Uno sguardo ai verbi: l'infinito.

Quasi tutti i verbi islandesi formano l'infinito aggiungendo -*a* alla radice del verbo: *gefa* 'dare', *þiggja* 'accettare'. L'infinito è usato dopo i verbi modali:[6] *ek vil gefa* 'Io (= voglio) dare', *ek vil þiggja* 'Io (= voglio) accettare'. Incontrerai queste forme in E.L. 4.

3.8. La particella *at* dell'infinito.

---

[6] I verbi *modali*, chiamati anche verbi *servili*, aggiungono sfumature di significato al verbo principale. Esprimono caratteristiche come possibilità, necessità, intenzione ecc. Questi verbi, in italiano, sono *dovere, volere, potere* e *sapere*. Nel norreno rivestono un ruolo importante perché vanno a sostituire quelli che in italiano sono tempi verbali (come il futuro) o modi (come il condizionale).

raccontare', E.L.7), esso è preceduto dalla particella *at*, che corrisponde all'inglese 'to'. Nota che è identico nella forma alla preposizione *a* ('a') e alla congiunzione *at* 'che'.

3.1. Lettura ulteriore.

Il passo seguente dall'inizio del *Þorsteins þáttr Stangarhǫggs* (*Racconto di Þorsteinn il Bastonato*) è un tipico inizio di una saga islandese. I personaggi che compaiono all'inizio della saga vengono presentarti con una concisa descrizione del loro retaggio, dove hanno vissuto e qualche cenno sul loro carattere.

Ór *Þorsteins þætti stangarǫggs* (1. kap.)
(Dal *Racconto di Sigurðr il bastonato*, cap. 1)

Maðr hét Þórarinn, er bjó í Sunnudal, gamall maðr ok sjónlítill. Hann hafði verit rauðavíkingr í œsku sinni. Hannvar eigi dældarmaðr, þótt hannværi gamall. Son átti sér einn, er Þorsteinn er nefndr. Hann varmikill maðr ok ǫflugr ok vel stilltr.

Un uomo si chiamava Þórarinn, il quale viveva a Sunnudalr, un vecchio e di vista scarsa. Era stato un vichingo rosso in gioventù. Non era un uomo gentile, sebbene fosse vecchio. Aveva un figlio, chesi chiama Þorsteinn. Era un uomo grande e forte e molto calma

ESERCIZI

1. Inserisci le desinenze appropriate.

   a. Mað__ hét Helgi. Hann var Hákon___son, Nóreg__ konung__.
   Helgi var væn__ mað__ ok vitr.

   b. Móðir Helg__ hét Ásgerðr, dóttir Þorstein__ in__ auðg__,
   rík__ mann__ ok góð__.

   c. Aðalstein__ var son__ Harald__ in__ góð__, hersi__ rík__ í
   Nóreg__.

   d. Játvarð__ in__ góð__ var góð__ konung__ ok sigrsæl__. Hann
   réð fyrir England__ á dǫgum Harald__ in__ hárfagr__.

   e. Egil__ in__ mikl__ hét hersi__, son__ Þorstein__ in__ mikl__.

2. Fornisci nomi propri, sostantivi e aggettivi appropriati.

   a. _____i (nome)   inn   _____i (agg.)   hét
   _____r (sost.). Hann var sonr _____s (nome) ins
   _____a (agg.),   _____s (agg.)
   _____s (sost.) ok _____s (agg.).

_____
_____
_____
_____

3. Unisci gli infiniti in antico nordico con la traduzione italiana.

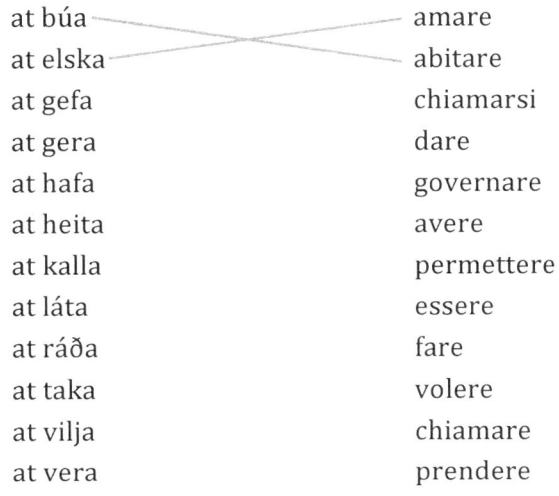

at búa	amare
at elska	abitare
at gefa	chiamarsi
at gera	dare
at hafa	governare
at heita	avere
at kalla	permettere
at láta	essere
at ráða	fare
at taka	volere
at vilja	chiamare
at vera	prendere

4. Inserisci i pronomi islandesi.

	I		II	
Sg nom	_____	'io'	_____	'tu'
acc	_____	'me'	_____	'te'
dat	_____	'(a) me'	_____	'(a) te'
gen	_____	'di me'	_____	'di te'
Pl nom	_____	'noi'	_____	'voi'
acc	_____	'noi'	_____	'voi'
dat	_____	'(a) noi'	_____	'(a) voi'
gen	_____	'di noi'	_____	'di voi'

VOCABOLARIO

Aðalsteinn *m* (*nome proprio*)
at *particella dell'inf.*
á *prep* [+ *dat*] on, at, in (*staticità*)
Ásvaldr *m* (*nome proprio*)
dagr (*pl dat* dǫgum) *m* giorno
dalr (*dat* dal(i)) *m* valle
dældarmaðr *m* persona gentile
dǫgum *dat pl di* **dagr**
eigi *avv* non

einn *num* uno
einvaldskonungr *m* unico re
Elfráðr *m* Alfred (*nome proprio*)
England *n* Inghilterra
eptir *prep* [+ *acc*] dopo (*nel tempo*)
er *pron rel* che, il quale, la quale
er (*inf* **vera**) *vb* è
faðir *m* padre
fóstri *m* padre adottivo

gamall *agg* vecchio
Gísli *m* Gisli (*nome proprio*)
góðr *agg* buono
hafa (*pass* hafði) *vb* avere
hafði (*inf* **hafa**) *vb* ebbe
hann *pron* (*nom*) egli; (*acc*) lui
hans *pron poss* suo, sua ecc.
Haraldr *m* (*nome proprio*)
Hákon (*gen* Hákonar) *m* (*nome proprio*)
hárfagr *agg* dai capelli belli
heita (*pass* hét) *vb* chiamarsi
Helgi *m* ('Santo') (*nome proprio*)
hét (*inf* **heita**) *vb* si chiamava
honum *pron* (a lui (*dat sg di* **hann**)
hǫgg *n* colpo
Ingi *m* (*nome proprio*)
inn *art* il
í *prep* [+ *dat*] in (*luogo*)
Játvarðr *m* Edoardo (*nome proprio*)
konungr *m* re
maðr *m* uomo; persona, essere umano
mikill *agg* grande
nefna *vb* nominare, chiamare
nefndr (*inf* **nefna**) *part pass* chiamato
Nóregr *m* Norvegia
rauðavíkingr *m* vichingo 'rosso', ovvero un predone particolarmente violento
rauðr *agg* rosso
ráða (*pass* réð) *vb* governare

ríkr *agg* potente
segja *vb* dire
sér *pron rifl dat* a sè
sigrsæll *agg* vittorioso
sinn (*dat fem* sinni) *agg poss rifl* suo
sjónlítill *agg* di vista non buona
sonr (*gen* sonar) *m* figlio
stangarhǫgg *n* bastonato (*soprannome*)
stilltr *agg* calmo, misurato
stǫng (*gen* stangar) *f* palo, bastone
sunna *f* sole
Sunnudalr (*dat* Sunnudal(i)) *m* ('Val di Sole') (*toponimo*)
var (*inf* **vera**) *vb* era, fu
vel *avv* bene, molto
vera (*pass* var) *vb* essere
verit (*inf* **vera**) *part pass* stato
víkingr *m* a pirata, delinquente
væri (*inf* **vera**) *vb* fosse
yfir *prep* [+ *acc/dat*] sopra
þat *pron dim* ciò
þáttr (*dat* þætti) *m* racconto
Þórarinn *m* (*nome proprio*)
þótt = **þó at** *cong* [*con congiuntivo*] sebbene, anche se
þætti *dat sg di* **þáttr**
œska (*dat* œsku) *f* giovinezza, infanzia
ǫflugr *agg* forte, potente

FRASI ED ESPRESSIONI

á dǫgum nei giorni (di)
átti sér aveva
í Englandi in Inghilterra

konungr yfir re di
hann réð fyrir governava

Note

_____

_____

_____

_____

_____

_____

LEZIONE 4

Ór *Egils sǫgu Skalla-Grímssonar* (36. kap.)
(Dalla *Saga di Egill Skalla-Grimsson*, cap. 36)

Þat var einn dag, er þeir Þórólfr ok Bjǫrn gengu ofan til skipsins; þeir sá, at Eiríkr konungsson var þar, gekk stundum á skipit út, en stundum á land upp, stóð þá ok horfði á skipit.

Þá mælti Þórólfr: "Vandliga hyggr þú at skipinu, konungsson; hversu lízk þér á?"

"Vel," segir hann, "it fegrsta er skipit," segir hann.

"Þá vil ek gefa þér," sagði Þórólfr, "skipit, ef þú vill þiggja."

"Þiggja vil ek," segir Eiríkr.

Ci fu un giorno in cui (loro) Þórólfr e Bjǫrn scesero alla nave; videro che Eiríkr, il principe, era là, e saliva a volte sul.a nave e a volte [scendeva] a terra, poi si fermò e guardò la nave.

Poi Þórólfr parlò: "Attentamente stai considerando questa nave, principe; cosa [lett. 'come'] ne pensi?"

"Bene", dice, "la nave è bellissima", dice lui.

"Allora voglio darti", disse Þórólfr, "la nave, se vuoi accettare".

"Voglio accettare", dice Eiríkr.

4.1. Sostantivi forti: neutro singolare.

nom	skip
acc	skip
dat	skipi
gen	skips

La declinazione di un sostantivo neutro forte può essere esemplificata dalla parola *skip*. Nota che:

• Non c'è desinenza nel nom., cosa per la quale il neutro differisce dal masc. forte.

• Il nom. e acc. sono identici.

• Il dat. è in -*i*, come la maggior parte dei sost. masc. forti.

• Il gen. è in -*s*, come nel caso di molti nomi masc.

4.2. Ripasso dei paradigmi: desinenze forti del masc. e neut. sing. (Cfr. 2.5).

	Masc	Neut
nom	-r (cfr. 2.1)	–
acc	–	–
dat	-i, –	-i
gen	-s, -ar	-s

4.3. Articolo determinativo: neutro singolare.

La forma nom. dell'art. det. neutro singolare compare nell'E.L.: *it fegrsta* 'il più bello' (qui inteso come superlativo assoluto: "bellissimo"). Il paradigma completo è mostrato nella tabella a

- il nom. e acc. sono identici (questa è una caratteristica della declinazione neutra in generale).
- Il gen. *ins* è identico a quello masc. sing. (3.1).

acc	it
dat	inu
gen	ins

4.4. Ripasso dei paradigmi: masc. e neut. sing. dell'articolo (cfr. 3.1, 4.3).

	Masc	Neut
nom	inn	it
acc	inn	it
dat	inum	inu
gen	ins	ins

nom	-t
acc	-t
dat	-u
gen	-s

4.5. Aggettivi forti e deboli: neutro singolare.

La declinazione forte degli aggettivi neutri presenta le desinenze mostrate nel riquadro a destra. Nota:

- Il nom. e acc. sono identici
- Il gen. è in -*s*, come per gli agg. masc. forti.
- Le desinenze corrispondono a quelle dell'articolo: *it*, *it*, *inu*, *ins* (4.3).

Gli aggettivi neutri nella flessione debole presentano invece la desinenza -*a* in tutti i casi del singolare. Un esempio di aggettivo neutro al nom. sing. debole è presente nell'E.L. 4: *it fegrsta*. Il dat. sing. *sama* '[lo] stesso' compare nell'estratto seguente:

nom	-a
acc	-a
dat	-a
gen	-a

Ór *Magnúss sǫgu Erlingssonar* (16. kap.)
(Dalla *Saga di Magnús Erlingsson*, cap. 16)

Eysteinn var vígðr á **sama** ári ok Ingi konungr fell.

Eysteinn fu ordinato nello stesso anno che re Ingi cadde (morì).

4.6. Ripasso dei paradigmi: sing. masc. e neut. degli aggettivi forti e deboli (cfr. 2.5, 3.2, 4.5).

	Forte		Debole	
	Masc	Neut	Masc	Neut
nom	-r (cfr. 2.1)	-t	-i	-a
acc	-an	-t	-a	-a
dat	-um	-u	-a	-a
gen	-s	-s	-a	-a

4.7. Sostantivi deboli: neutro singolare.

Sebbene esista una classe di sostantivi neutri deboli, essa consta di solo pochi elementi, nessuno dei quali è stato per ora incontrato negli estratti per la lettura. La maggior parte di essi si riferisce a parti

Come per gli aggettivi (4.5), i sostantivi neut. deboli escono in -*a* in tutti i casi del singolare.

4.8. Articolo determinativo enclitico.

L'articolo viene legato al sostantivo, come se fosse una desinenza, quando quest'ultimo non è modificato da un agg., come illustrato dalle forme *skipit* (nom./acc.), *skipinu* (dat.) e *skipsins* (gen.) nell'E.L. Quando un sostantivo compare con l'articolo enclitico, si dice che è alla forma **determinata** (det.).

	Forte		Debole	
	Masc	Neut	Masc	Neut
nom	konungr-inn	skip-it	goði-nn	auga-t
acc	konung-inn	skip-it	goða-nn	auga-t
dat	konungi-num	skipi-nu	goða-num	auga-nu
gen	konungs-ins	skips-ins	goða-ns	auga-ns

Nota:

- L'articolo viene aggiunto dopo la desinenza del caso: *konungrinn = konung-r + -inn*; *konungsins = konung-s + -ins*; *skipsins = skip-s + -ins*.

- Quando il nome termina per vocale, la *i-* iniziale dell'articolo cade: dat. forte *konungi + -inum = konunginum*; *skipi + -inu = skipinu*; nom. debole *goði + -inn = goðinn*; *auga + -it = augat*; gen. *goða + -ins = goðans*; *auga + -ins = augans*.

- Sebbene le forme forti dell'art. masc. nom. e acc. siano identiche, i due casi sono distinguibili quando l'articolo è suffisso al sostantivo, perché le forme del sostantivo stesso sono diverse: forte *konungrinn* (nom.), *konunginn* (acc.); debole *goðinn* (nom.), *goðann* (acc.).

4.9. Usi di dativo e accusativo.

Come spiegato in 1.2, l'acc. è generalmente usato per il complemento diretto, mentre il dat. per quelli indiretti. Per esempio: *Þá vil ek gefa **þér*** (dat.) ***skipit*** (acc.). 'Allora voglio dare a te la nave'.

Una frase non deve necessariamente presentarli entrambi; a volte compare solo il complemento oggetto (diretto): *Þeir sá **skipit*** (acc.) 'Loro videro la nave'.

Oppure solamente il complemento indiretto (di termine): *Þá vil ek gefa **þér*** (dat.) 'Allora voglio dare a te'. Qui il complemento oggetto è sottinteso.

Come avviene per il gen., anche il dat. è governato da alcune preposizioni o verbi:

- Le seguenti **preposizioni** richiedono che il nome che

- Alcuni **verbi** richiedono che i loro complementi diretti non prendano l'acc. ma il dat. Si tratta di solito di verbi i cui oggetti diretti possono essere intesi come "strumenti" dell'azione. Per "strumento" si intende un oggetto usato deliberatamente per provocare un effetto. *Halda* 'tenere,' *kasta* 'lanciare' e *skjóta* 'scagliare' prendono il dativo. Per esempio, *Hann kastar **sverði*** (dat.) 'Lui lancia la spada'.

Qui possiamo vedere che il soggetto sta effettivamente utilizzando l'oggetto diretto (la spada) come strumento per causare qualche effetto, probabilmente su un'altra persona o cosa.

Un gran numero di preposizioni in antico islandese può assumere l'acc. o il dat., a seconda del significato. Alcuni esempi sono: *á, eptir, í, fyrir, með, of, um, undir, við, yfir*. In generale, queste preposizioni prendono il dat. quando esprimono una posizione nello spazio o nel tempo (o si riferiscono ad uno "strumento"), e prendono l'acc. quando esprimono movimento rispetto a un luogo, oppure una durata di tempo. Per esempio:

> *Hann gekk **á skip*** (acc.) 'Andò **sulla nave**' (movimento)
> *Hann stóð **á skipi*** (dat.) 'Stava **sulla nave**' (staticità)

Nel primo esempio, trattandosi di un verbo che indica movimento, la preposizione *á* deve essere seguita dall'acc.; nel secondo, il verbo indica staticità, così che la preposizione *á* governa il dat.

ESERCIZI

1. Inserisci le desinenze appropriate.
   a. Egil__ gekk til konung_____. "Ek vil gef__ þér land____," sagði konung_____. (forma det.)
   b. Kveld-Úlf__ gekk ofan til skip_____ (forma det.).
   c. Þorgerðr var dóttir Egils. Hon var stór__ barn ok fagr__. (*stórr* agg. 'big'; *barn* neut. 'bambino')
   d. It stór__ sverð Egils var skarp__ ok lang__. (*skarpr* agg. 'affilato'; *langr* agg. 'lungo')
   e. Helg__ in__ vitr hét konungsson__; hann gekk á skip__ (det.) út ok á land__ (det.) upp.
   f. Konung__ stóð á inu fegrst__ skip__ ok horfð__ á land__.

2. Declina l'art. det. al masc. e neut. singolare.

   masc. nom. _____   neut. nom. _____

   acc. _____   acc. _____

gen. _____   gen. _____

3. Declina l'art. det. enclitico suffissandolo ai sostantivi *úlfr* 'lupo',
sverð 'spada', *fóstri* 'padre adottivo', e *hjarta* 'cuore'.

nom. úlfr_____   sverð_____   fóstri_____   hjarta_____

acc. úlf_____   sverð_____   fóstra_____   hjarta_____

dat. úlfi_____   sverði_____   fóstra_____   hjarta_____

gen. úlfs_____   sverðs_____   fóstra_____   hjarta_____

4. Ripasso del vocabolario.

Orizzontali
4 essere
7 disse (*sing*)
9 andò (*pl*)
10 accettare

12 nave
Verticali
1 come
2 disse (*sg*)
3 anno

5 occhio
6 uno
8 andò (*sg*)
11 su, sopra

VOCABOLARIO

at *cong* che
auga *n* occhio
á *prep* [+ *acc*] verso (*movimento*); [+ *dat*] a (*staticità*)
ár *n* anno
barn *n* bambino
einn *num* (*m nom*) uno
Eiríkr *m* Eirik (*nome proprio*)
ek *pron* io
ef *cong* se
er *cong* quando
er (*inf* **vera**) *vb* è
Erlingr *m* (*nome proprio*)
eyra *n* orecchio
Eysteinn *m* (*nome proprio*)
fagr *agg* bello

falla (pass fell) *vb* cadere
fegrstr *agg superl* bellissimo, il più bello (*cfr.* **fagr**)
fell (*inf* **falla**) *vb* cadde
ganga (pass gekk, gengu) *vb* andare, camminare
gefa (pass gaf) *vb* dare
gekk (*inf* **ganga**) *vb* andò (*sg*)
gengu (*inf* **ganga**) *vb* andarono (*pl*)
halda *vb* [+ *dat*] tenere
hjarta *n* cuore
horfa (pass horfði) *vb* (volgersi a) guardare
horfði (*inf* **horfa**) *vb* guardò (*sg*)
hversu *avv int* come
hyggja (*pres* hyggr) *vb* pensare;

gettare

konungsson(r) *m* principe

land *n* terra; proprietà terriera

langr *agg* lungo

lunga *n* lung

Magnús *m* (*nome proprio*)

mæla (pass mælti) *vb* dire, parlare

mælti (*inf* **mæla**) *vb* disse, parlò (*sg*)

ofan *avv* giù, verso il basso

ok *cong* come, (tanto) quanto, (lo stesso) che

sagði (*inf* **segja**) *vb* disse (*sg*)

samr *agg* stesso

sá (*inf* **sjá**) *vb* vide

segir (*inf* **segja**) *vb* dice

segja (pass sagði) *vb* dire

sjá (pass sá) *vb* vedere

skarpr *agg* acuto

skip *n* nave

skjóta *vb* [+ *dat*] scagliare

standa (pass stóð, stóðu) *vb* stare (in piedi)

stóð (*inf* **standa**) *vb* stava, stette

stórr *agg* grande

stund *f* periodo di tempo

sverð *n* spada

til *prep* [+ *gen*] a

upp *avv* su (*movimento*), verso l'alto

út *avv* fuori (*movimento*), verso l'esterno

vel *avv* bene, molto

vera (*pres* er) *vb* essere

vil (*inf* **vilja**) *vb* (I) volere, desiderare

vilja (*1sg pres* vil, *2/3sg pres* vill) *vb* volere, desiderare

vill (*inf* **vilja**) *vb* vuole, desidera

vígðr (*inf* **vígja**) *part pass* ordinato, consacrato (sacerdote) (*nom sg masc*)

vígja (*part pass* vígðr) *vb* ordinare, consacrare

þar *avv* là

þat *pron* ciò

þá *avv* allora

þeir *pron* loro (*m*)

þér *pron* (*dat* di **þú**) ti, a te

þiggja *vb* accettare

Þorgerðr *f* (*nome proprio*)

Þórólfr *m* (*nome proprio*)

þú *pron* tu

FRASI ED ESPRESSIONI

einn dag un giorno

horfa á guardare

hversu lízk þér á, cosa ne pensi di..., ti piace...

þú hyggr at (tu) consideri, presti attenzione

> Da questo punto in poi, nella sezione vocabolario delle lezioni verranno fornite solo nuove parole. La parte posteriore del libro contiene un vocabolario completo.

Note

_____

_____

_____

_____

_____

_____

_____

LEZIONE 5

Ór *Snorra Eddu, Gylfaginning* (6. kap.)
(Dall'*Edda di Snorri* [*Edda in prosa*], *Inganno di Gylfi*, cap. 6)

Þá mælti Gangleri: "Hvar bygði Ymir? eða við hvat lifði hann?"

Allora parlò Gangleri: "Dove dimorava Ymir? O di cosa viveva?"

Hár svarar: "Næst var þat, þá er hrímit draup, at þar varð af kýr sú er Auðhumla hét, en fjórar mjólkár runnu ór spenum hennar, ok fœddi hon Ymi."

Hár risponde: "Poi fu quando la brina gocciolava, che apparve la mucca che si chiamava Auðhumla, e scorrevano quattro ruscelli di latte dai suoi capezzoli e lei nutrì Ymir.

Þá mælti Gangleri: "Við hvat fœddisk kýrin?"

Allora Gangleri disse: "Con cosa si nutriva la mucca?"

Hár segir: "Hon sleikti hrímsteina, er saltir váru, ok hinn fyrsta dag, er hon sleikti steina, kom ór steininum at kveldi manns hár, annan dag manns hǫfuð, þriðja dag var þar allr maðr. Sá er nefndr Buri."

Hár dice: "Leccava pietre di brina, che erano salate; e il primo giorno, quando aveva leccato [delle] pietre, venne dalle pietre alla sera la capigliatura di un uomo, [il] secondo giorno una testa d'uomo, [il] terzogiorno [l'] intero uomo era lì. Quelloè chiamato Buri.

5.1. Pronomi personali: III persona.

Nelle letture abbiamo già incontrato diversi pronomi di III persona ("lui/lei/loro"). La declinazione completa è la seguente.

	Masc		Fem		Neut	
Sg nom	hann	'egli[7]'	hon	'ella'	þat	'esso'
acc	hann	'lui"	hana	'lei'	þat	'esso'
dat	honum	'a lui/gli'	henni	'a lei/le'	því	'a esso'
gen	hans	'di lui'	hennar	'di lei'	þess	'di esso'
Pl nom	þeir	'essi'	þær	'esse'	þau	'essi'
acc	þá	'loro'	þær	'loro'	þau	'loro'
dat	þeim	'a loro'	þeim	'a loro'	þeim	'a loro'
gen	þeir(r)a	'di loro'	þeir(r)a	'di loro'	þeir(r)a	'di loro'

Nota:

- Il genere del sostantivo in antico islandese, come del resto in italiano, è in gran parte arbitrario. Per esempio, *fjǫrðr* 'fiordo' è

---

[7] I pronomi *egli, ella* ed *essi* sono desueti, in italiano contemporaneo, con le forme accusative ormai estese anche al ruolo di soggetto. Vengono qui inclusi per facilitare la comprensione della differenza tra nominativo e accusativo.

(fem.) è invece sostituito eventualmente dal pronome *hon* 'lei', mentre *skip* 'nave' (neut.) verrà sostituito dal pronome *þat* 'esso'. Non essendoci una logica, come per i generi grammaticali italiani, i generi islandesi vanno semplicemente memorizzati, facendo attenzione a non applicare quelli italiani (ad esempio, *mjólk* 'latte' è femminile in antico islandese, ma maschile in italiano).

- Nel plurale, l'italiano distingueva una voltra tra maschile e femminile con *essi* ed *esse*, mentre oggi si usa *loro* per ambo i generi. L'antico islandese presenta invece pronomi diversi per i suoi tre generi: *þeir* (masc.), *þær* (fem.), e *þau* (neut.).

5.2. Verbi: forti e deboli.

Alcuni verbi (tradizionalmente denominati **deboli**) formano il loro passato[8] con l'aggiunta di un suffisso dentale (-*ð*- e le sue varianti -*d*- e -*t*-, che vedremo più sotto) alla radice verbale (es., *hafði* 'aveva', il passato di *hafa*). Un altro gruppo di verbi (tradizionalmente denominati **forti**) formano il loro passato modificando la vocale della radice (es., *tók* 'presi', passato di *taka*).

Questa distinzione tra verbi forti e deboli non esiste in italiano. I verbi deboli sono più simili concettualmente a quelli italiani perché formano il passato con l'aggiunta di desinenze. I verbi forti, invece, non hanno analoghi veri e propri in italiano. Tuttavia, il verbo *fare*, che al presente fa *faccio* e al passato *feci*, un residuo del metodo di formazione dei tempi verbali dei verbi forti germanici, che era tipico della protolingua indoeuropea, ma era già quasi del tutto scomparso in latino, permanendo invece più a lungo nelle lingue germaniche.

Questa lezione presenta la formazione del passato nei verbi deboli, mentre quella dei verbi forti verrà presentata nella lezione 6.

5.3. Verbi deboli: formazione del passato.

Come accennato, i verbi deboli si coniugano al passato con l'aggiunta di un suffisso dentale (-*ð*- o una sua variante, -*d*- o -*t*-) alla radice verbale.

Nell'uso grammaticale tradizionale, il passato dei sistemi verbali delle lingue germaniche è detto *preterito*, un termine più preciso di un generico "passato", dal momento che designa specificamente azioni passate e concluse nel passato, a differenza – ad esempio – dell'imperfetto, che designa azioni continuative nel passato. Per semplicità, e per il fatto che le azioni descritte dal *preterito* islandese

---

[8] L'antico islandese non distingue tra passato (remoto) e imperfetto: è necessario valutare in sede di traduzione quale dei due tempi italiani sia il più opportuno.

1. Verbi deboli con vocale connettiva -a-.

Un folto gruppo di verbi deboli è caratterizzato dalla presenza di un legame vocalico a- suffisso alla radice del verbo. Questi verbi rappresentano quello che è di gran lunga il più vasto gruppo di verbi deboli e la loro coniugazione è molto regolare.

In questo gruppo, la vocale -a- è parte e del *tema* verbale (ricorda dalla lezione 1.1 che il tema di un verbo o sostantivo consiste nella radice più eventuali suffissi). Ulteriori suffissi, come quello in dentale già citato, sono aggiunti dopo questa vocale, mentre le desinenze personali (es., la III pers. sing. -i, 5.5) sono aggiunti dopo il suffisso in dentale. Ad esempio:

elsk- + -a- + -ð- + -i → elskaði 'amò'
kall- + -a- + -ð- + -i → kallaði 'chiamò"

2. Verbi deboli senza vocale connettiva.

Verbi che non presentano la vocale -a-, aggiungono il suffisso temporale -ð-, indicante il passato, direttamente alla radice. Ad esempio:

horf- + -ð- + -i → horfði 'guardò'
lif- + -ð- + -i → lifði 'visse'
sag- + -ð- + -i → sagði 'disse'

5.4. Verbi deboli: variazioni nel suffisso in dentale

Il suffisso in dentale -ð- a volte muta in -t-, -d-, o zero (ovvero scompare), a seconda del suono che lo precede direttamente. Esiste tutta una serie di regole fonetiche che descrivono come i vari mutamenti si verificano.

1. Mutamenti prevedibili del suffisso in dentale: regole.

Le seguenti sono tre regole prevedibili (ovvero, quando le condizioni indicate sono soddisfatte, il risultato del mutamento è facilmente deducibile):

- **Quando la radice esce in -t- o -s-**, -ð- diventa -t-.

  flut- + -ð- + -i → flutti 'tenne (un discorso)'

- **Quando la radice esce in -ð-**, il suffisso dentale -ð- muta a -d-, e la -ð- della radice diventa anch'essa -d-.

  kvað- + -ð- + -i → kvaddi 'salutò'
  fœð- + -ð- + -i → fœddi 'nutrì'

- **Quando la radice esce in -d- o -t- precedute da un'altra consonante**, -ð- cade.

  skipt- + -ð- + -i → skipti 'divise'

In altre situazioni, le mutazioni sono meno prevedibili, e si assiste a variazioni considerevoli nella tradizione manoscritta. Le linee guida seguenti sono tese ad aiutare a riconoscere le variazioni.

- **Quando la radice termina in -*f*-**, il suffisso -*ð*- solitamente rimane immutato:

    horf- + -*ð*- + -*i* → *horfði* 'guardò'
    lif- + -*ð*- + -*i* → *lifði* 'visse'

    Più di rado, -*ð*- diventa -*t*-:

    þurf- + -*ð*- + -*i* → *þurfti* 'necessitò'

- **Quando la radice termina in -*p*- o -*k*-**, il suffisso -*ð*- spesso diventa -*t*-.

    vak- + -*ð*- + -*i* → *vakti* 'si svegliò'
    sleik- + -*ð*- + -*i* → *sleikti* 'leccò'
    keyp- + -*ð*- + -*i* → *keypti* 'comprò'

    In altri casi la -*ð*- resta immutata:

    þak- + -*ð*- + -*i* → *þakði* 'ricoprì il tetto'
    glap- + -*ð*- + -*i* → *glapði* 'confuse'

- **Quando la radice termina in -*n*- o -*m*-** (consonanti nasali), -*ð*- generalmente diventa -*d*-.

    mun- + -*ð*- + -*i* → *mundi* 'ricordò'
    nefn- + -*ð*- + -*i* → *nefndi* 'nominò'
    tam- + -*ð*- + -*i* → *tamdi* 'ammansì'

    Ma -*ð*- può anche restare invariata, come in:

    van- + -*ð*- + -*i* → *vanði* o *vandi* 'allenò'

- **Quando la radice termina in -*l*-**, il suffisso -*ð*- a volte diventa -*t*-, a volte -*d*-, mentre alter ancora resta invariato.

    mæl- + -*ð*- + -*i* → *mælti* 'parlò'
    mul- + -*ð*- + -*i* → *muldi* 'schiacciò'
    val- + -*ð*- + -*i* → *valði* 'scelse'

5.5. Verbi deboli: desinenze di III persona singolare del passato.

La III pers. sing. dei verbi deboli, al passato, presenta la desinenza personale -*i* (cfr. Gli esempi alla sezione 5.3). La desinenza di III pers. pl. è invece -*u*. Ricorda che le desinenze personali vanno aggiunte **dopo** il suffisso in dentale:

    horfð- + -*i* → *horfði* 'guardò'
    horfð- + -*u* → *horfðu* 'guardarono'

5.6. Verbi deboli: alternanze vocaliche nelle radici brevi con suffisso in *j*.

Alcuni verbi deboli che aggiungono il suffisso dentale direttamente alla radice (5.3.2) mostrano una vocale diversa nel presente. I verbi di questo gruppo hanno tutti una radice **breve** che all'infinito è seguita da un suffisso *-j-*: *kveðja*, *vekja*, *flytja*, e *spyrja*. Una radice breve è una radice che contiene una vocale breve (cfr. 2.1) seguita da una consonante singola; es., la radice dei verbi qui sopra *kvað-*, *vak-*, *flut-*, e *spur-*. Questi verbi verranno affrontati in maggiore dettaglio nella sezione 14.2.

I due mutamenti più importanti sono i seguenti:

- Se c'è una *a* nel passato, allora ci sarà una *e* nell'infinto e nel pres.; es.:

    kvaddi 'salutò' – *kveðja* 'salutare'
    vakti 'svegliò' – *vekja* 'svegliare'

- Se c'è una *u* nel passato, allora ci sarà una *y* nel pres.; es.:

    flutti 'trasferì' – *flytja* 'trasferirsi'
    spurði 'chiese' – *spyrja* 'chiedere'

Ulteriori esempi:

sagði 'said' – *segja* (radice *sag-*) 'dicono'
muldi 'schiaccio' – *mylja* (radice *mul-*) 'schiacciano'

Nota la *-j-* prima dell'infinito *-a*. La mutazione della vocale radicale è la conseguenza di un processo di metafonia, detto umlaut,[9] causato appunto dall'influenza che questa *-j-* esercita nel presente e nell'infinito. La questione verrà approfondita nella sezione 11.2.1.

ESERCIZI

1. Inserisci le desinenze appropriate. (NB: tutti i verbi seguenti sono deboli.)

   a. Þeir Þorstein___ ok Grím___ horf____ á land____ (det.).

   b. Hrafnkel___ elsk_____ goð_____ (det.) Frey ok efl___ blót mikit.

   c. Gangleri mæl___: "Við hvat lif___ Ymi___?"

---

[9] Questo termine descrive appunto un processo per il quale alcune vocali subiscono una modifica alla loro pronuncia per influenza di vocali o semi-vocali nella sillaba seguente. Nel parlato rapido, la posizione delle varie componenti dell'apparato fonatorio viene talvolta anticipata, così che caratteristiche di alcuni suoni (come il loro essere pronunciati con le labbra arrotondate o meno, o l'essere emessi quando la lingua si trova a contatto con il palato, o col velo palatino) vengono trasferite ad altri, mutandoli parzialmente.

stein_____ (det.) at kveld__ mann__ nar."

2. Fornisci i pronomi in antico islandese.

	Masc		Fem		Neut	
Sg nom	_____ 'egli[10]'		_____ 'ella'		_____ 'esso'	
acc	_____ 'lui"		_____ 'lei'		_____ 'esso'	
dat	_____ 'a lui/gli'		_____ 'a lei/le'		_____ 'a esso'	
gen	_____ 'di lui'		_____ 'di lei'		_____ 'di esso'	
Pl nom	_____ 'essi'		_____ 'esse'		_____ 'essi'	
acc	_____ 'loro'		_____ 'loro'		_____ 'loro'	
dat	_____ 'a loro'		_____ 'a loro'		_____ 'a loro'	
gen	_____ 'di loro'		_____ 'di loro'		_____ 'di loro'	

3. Fonrisci la III pers. sing. del passato dei seguenti verbi.

a. Verbi deboli con vocale connettiva -*a*-:

Es.: at kalla (pass -að-): hann <u>kallaði</u>_____

  at elska (pass -að-): hon _____

  at kasta (pass -að-): þat _____

b. Verbi deboli senza vocale connettiva:

Es.: at mæla (pass -t-): hon <u>mælti</u>_____

  at fœða (pass -dd-): þat _____

  at lifa (pass -ð-): hann _____

  at sýna (pass -d-): hon _____

c. Verbi deboli con alternanza vocalica (cfr. 5.6):

Es.: at flytja (pass flutt-): þat <u>flutti</u>_____

  at kveðja (pass kvadd-): hann _____

  at segja (pass sagð-): hon _____

  at spyrja (pass spurð-): þat _____

4. I seguenti verbi deboli alla III pers. sing. del passato sono comparsi nell'E.L. 5. Fornisci la loro III pers. pl. al passato.

  bygði: þeir _____   fœddi: þær _____

  lifði: þau _____   mælti: þeir _____

  sleikti: þær _____

---

[10] I pronomi *egli, ella* ed *essi* sono desueti, in italiano contemporaneo, con le forme accusative ormai estese anche al ruolo di soggetto. Vengono qui inclusi per facilitare la comprensione della differenza tra nominativo e accusativo.

ár *avv* da, via da

allr *agg* tutto, intero

annan *acc sg masc di* **annarr**

annarr (*acc m* annan) *agg* altro, un altro; secondo

Auðhumla *f* (*nome mitologico*, la mucca cosmica)

á (*pl* ár) *f* fiume

Buri *m* (*nome proprio*)

draup (*inf* **drjúpa**) *vb* gocciolò

drjúpa (pass draup, drupu) *vb* gocciolare

eða *cong* o

efla (pass -d-) *vb* svolgere, rinforzare

elska (pass -að-) *vb* amare; voler bene

fjórar *f di* **fjórir**

fjórir *num* quattro

flutti (*inf* **flytja**) *vb* trasmise, trasferì, recitò

flytja (pass flutt-) *vb* trasmettere, trasferire, recitare

fyrstr *agg superl* primo

fœða (pass -ddi) *vb* nutrire

fœddi (*inf* **fœða**) *vb* nutrì

fœddisk (*inf* **fœða-sk**) *vb* si nutrì, fu nutrito

Gangleri *m* (*nome proprio*)

glepja (pass glapð-) *vb* confondere

hár *n* chioma, capigliatura, capelli

Hár *m* ('Alto') (*nome mitologico*, pseudonimo di odino)

hennar *pron poss* di lei

hinn *var dell'art* **inn**

hrím *n* brina

hrímsteinn *m* roccia (coperta) di brina

hvar *avv int* dove

hvat *pron int* (che) cosa

hǫfuð *n* testa

kaupa (pass keypt-) *vb* comprare

kom (*inf* **koma**) *vb* venne

koma (pass kom, kómu) *vb* venire

kvaddi (*inf* **kveðja**) *vb* salutò

kveðja (pass kvadd-) *vb* salutare

kveld *n* sera

kýr *f* mucca

kyrin = **kyr** + **-in** (*art*) la mucca

lifa (pass -ð-) *vb* vivere

lifði (*inf* **lifa**) *vb* visse

mjólk *f* latte

mjólk-á *f* fiume di latte

muldi (*inf* **mylja**) *vb* schiacciò

mylja (pass muld-) *vb* schiacciare

muna (pass -d-) *vb* ricordare

næst *avv* prossimo (seguente)

renna (pass rann, runnu) *vb* scorrere

runnu (*inf* **renna**) *vb* scorrevano

saltir *nom pl masc di* **saltr**

saltr *agg* salato

sá (*f* sú) *pron dim* quello

senda (pass -nd-) *vb* mandare

skipta (pass -pt-) *vb* dividere

sleikja (pass -t-) *vb* leccare

sleikti (*inf* **sleikja**) *vb* leccò

Snorri *m* (*nome proprio*); Snorri Sturluson, autore dell'*Edda* in prosa

speni *m* capezzolo

spenum *dat pl di* **speni**

spurði (*inf* **spyrja**) *vb* chiese

spyrja (pass spurð-) *vb* chiedere

steina *acc pl di* **steinn**

steinn *m* pietra

sú *pron dem* quella) (*fem di* **sá**)

vakti (*inf* **vekja**) *vb* sveglià

valði (*inf* **velja**) *vb* scelse

varð (*inf* **verða**) *vb* divenne

váru (*inf* **vera**) *vb* furono

vekja (pass vakt-) *vb* svegliare

velja (pass valð-) *vb* scegliere

vera (pass var, váru) *vb* essere

verða (pass *sg* varð) *vb* diventare; succedere

við *prep* [+ *acc*] con, presso

Ymir *m* (*nome mitologico*) il primo gigante

þekja (pass þakð-) *vb* coprire, rivestire il tetto

þriði *ord num* terzo

þriðja *acc sg masc di* **þriði**

þurfa (pass þurft-) *vb* [+ *gen*] necessitare, aver bisogno di

hinn fyrsta dag ... annar dag ... giorno
þriðja dag (*acc*) il primo giorno ... **lifa við** [+ *acc*] vivere di, nutrirsi di
il giorno successivo ... il terzo **verða af** succedere, apparire

Note

_____

_____

_____

_____

_____

_____

_____

_____

_____

_____

_____

_____

_____

_____

_____

_____

_____

_____

LEZIONE 6

Ór *Ragnars sǫgu loðbrókar* (3. kap.)
(Dalla *Saga di Ragnar Lodbrok*, cap. 3)

In quel tempo   Danimarca   anello
Í þann tíma réð fyrir Danmǫrku Sigurðr hringr. Hann var ríkr konungr

   ('è famoso diventato')
   È diventato famoso   da quella battaglia che   combatté
ok er frægr orðinn[11] af þeiri orrostu, er hann barðisk við Harald

Dente di guerra   Brávǫllr   cadde   come risaputo
hilditǫnn   á Brávelli,[12] ok fyrir honum fell Haraldr, sem kunnigt

   è diventato per tutto il settentrione del mondo   ebbe   che
er orðit[9] of alla norðrálfu heimsins. Sigurðr átti einn son, er

                    di stazza   di aspetto   intelligente
Ragnarr hét; hann var mikill vexti, vænn yfirlits ok vel viti borinn,

magnanimo   suoi   feroce verso i suoi nemici
stórlyndr við sína menn, en grimmr sínum óvinum.

6.1. Verbi forti: formazione del passato.

I verbi forti, come anticipato, non formano il loro passato attraverso un suffisso in dentale (-ð/d/t-), ma cambiano invece la vocale della loro radice (a volte con un mutamento anche nella struttura consonantica della radice). L'E.L. qui sopra include quattro verbi forti al passato: *réð* 'governava', *hét* 'si chiamava', *fell* 'cadde', e *var* 'era'. Oltre a questi, in altri estratti per la lettura sono comparsi i seguenti verbi forti:

> *lét* (E.L. 2) da *láta*
> *tók* (E.L. 2) da *taka*
> *réð* (E.L. 3) da *ráða*
> *gekk* e *gengu* (E.L. 4) da *ganga*
> *sá* (E.L. 4) da *sjá*
> *stóð* (E.L. 4) da *standa*
> *draup* (E.L. 5) da *drjúpa*
> *runnu* (E.L. 5) da *renna*.
> *var* (E.L. 1, 1.6, 2, 3, 3.9, 4, 4.5, 5) e *váru* (E.L. 5) da *vera*
> *varð* (E.L. 5) da *verða*

---

[11] *Hann er orðinn* "lui è diventato', (*þat*) *er orðit* '(ciò) è diventato'. Come in italiano, i participi passati come *orðinn/orðit* 'diventato' possono essere usati come aggettivi e svolgere la funzione di nomi del predicato: in tali casi devono concordare in genere, numero e caso con il sostantivo al quale si riferiscono. Cfr 8.7, 10.3.

[12] La legendaria battaglia di Brávǫllr è raccontata in diverse saghe, nonché nei *Gesta Danorum*. In questa battaglia, Sigurður Anello, re degli svedesi, sconfisse Haraldr Dente di guerra sulla pianura di Brávǫllr, oggi Bråvalla, in Svezia.

presente è *fa*ccio, mentre il passato remoto, alla prima persona è *feci*, e che dunque alterna *fac(c)-* e *fec-*.

6.2. Verbi: desinenze di III persona del passato.

I verbi forti di solito non presentano alcuna desinenza alla III persona sing. del passato. Come nel caso dei verbi deboli, però, la desinenza è *-u* nella III persona pl. La desinenza *-u*, tuttavia, non viene aggiunta quando la radice del verbo al passato termina in *-á* od *-ó*, es., *þeir sá.* '[loro] videro'

6.3. Ripasso dei paradigmi: desinenze verbali della III persona singolare.

	deboli	forti
3sg	(-a)-ð/d/t-i	–
3pl	(-a)-ð/d/t-u	-u

6.4. Verbi forti: radici del passato singolare e plurale (cfr. 6.1).

Molte classi di verbi forti mostrano radici diverse per il pass. sing. e per quello pl.:

vera 'essere':	*hann **var***	– *þeir **vá**ru* (E.L. 5)
koma 'venire':	*hon **kom***	– *þær **kó**mu*
renna 'scorrere':	*hon **rann***	– *þær **runn**u* (E.L. 5)
skjóta 'scagliare':	*hann **skaut***	– *þeir **sku**tu*
búa 'abitare':	*hon **bjó***	– *þær **bjogg**u*
ganga 'andare':	*hann **gekk***	– *þeir **geng**u* (cfr. E.L. 4)

In alcuni casi, la vocale del pass. pl. è la versione lunga di quella del pass. sing.: *hann var – þeir vá*ru (da *vera*); *hann kom – þeir kó*mu (da *koma). Più spesso, tuttavia, il sing. e pl. dei verbi forti presentano vocali completamente diverse: *hann rann – þeir ru*nnu (da *renna*); *hann skaut – þeir sku*tu (da *skjóta*).

Alcuni verbi mostrano anche alterazioni della struttura consonantica tra il pass. sing. e il pl., causate da complesse mutazioni fonetiche avvenute nelle fasi più antiche della lingua, e troppo complesse per essere approfondite in questa sede: *hann gekk – þeir geng*u (da *ganga*); *hann bjó – þeir bjogg*u (da *búa*).

Non tutti i verbi forti mostrano tali alternanze al passato, e alcuni fanno uso della medesima vocale per sing. e pl.: *hann hét – þeir hé*tu (from *heita*); *taka – hann tók – þeir tó*ku (da *taka*).

6.5. I verbi *vera* e *hafa*.

Due tra i verbi più comuni sono *vera* 'essere' e *hafa* 'avere'. Sono coniugati nel modo seguente:

	Presente			Passato		
1sg	ek	em	'sono'	ek	var	'fui/ero'
2sg	þú	ert	'sei'	þú	vart	'fosti'
3sg	hann hon þat	er	'è'	hann hon þat	var	'fu'
1pl	vér	erum	'siamo'	vér	várum	'fummo'
2pl	þér	eruð	'siete'	þér	váruð	'foste'
3pl	þeir þær þau	eru	'sono'	þeir þær þau	váru	'furono'

hafa 'avere'

	Presente			Passato		
1sg	ek	hef(i)	'ho'	ek	hafða	'ebbi/avevo'
2sg	þú	hef(i)r	'hai'	þú	hafðir	'avesti'
3sg	hann hon þat	hef(i)r	'ha'	hann hon þat	hafði	'ebbe'
1pl	vér	hǫfum	'abbiamo'	vér	hǫfðum	'avemmo'
2pl	þér	hafið	'avete'	þér	hǫfðuð	'aveste'
3pl	þeir þær þau	hafa	'hanno'	þeir þær þau	hǫfðu	'ebbero'

6.6. Lettura ulteriore.

Il seguente passo è desunto dall'incipit della *Vápnfirðinga saga* (*Saga degli abitanti di Vápnafjǫrðr*). Come di consueto in molte saghe, il testo esordisce con la descrizione di linee genealogiche, inquadrando i personaggi nelle rispettive famiglie e ponendoli nelle rispettive aree geografiche.

Ór *Vápnfirðinga sǫgu* (1. kap.)
(Dalla *Saga degli abitanti di Vápnafjǫrðr*, cap. 1)

iniziamo noi questo racconto in cui   Hof *Vápnafjǫrðr*   che
Þar hefjum vér þenna þátt, er sá maðr bjó at Hofi í Vápnafirði,[13] er

Helgi hét. Hann var sonr Þorgils Þorsteinssonar, Ǫlvis sonar, Ásvalds

nobile   nei giorni
sonar, Øxna-Þóris sonar. Ǫlvir var lendr maðr[14] í Nóregi um daga

---

[13] *Vápnafjǫrðr* (in islandese moderno *Vopnafjörður*) è un fiordo nella parte nordorientale del Paese, e prende il nome da uno dei suoi primi colonizzatori: Eyvindr vápni (Arma); *Vápnafjǫrðr* significa dunque 'Fiordo di Vápni'.

[14] *Lendr maðr* 'uomo con terra' era un titolo nobiliare della Norvegia medievale, conferito dal re in cambio della gestione del territorio per suo conto. Tale rango

Þorsteinn   hvíti kom fyrst út til Íslands þeira langfeðga ok bjó

Toptavǫllr   oltre   Mentre

at Toptavelli fyrir útan Síreksstaði. En   Steinbjǫrn bjó at Hofi, sonr

[il] Rosso   Il suo patrimonio si dissipò a causa di eccessiva generosità

Refs ins rauða. Ok er   honum eyddisk fé fyrir þegnskapar sakar,

comprò   La tenuta di Hof   sessanta (di) inverni

þá keypti Þorsteinn Hofsland   ok bjó þar sex tigu vetra. Hann

era sposato con   Bianco

átti   Ingibjǫrgu Hróðgeirsdóttur ins hvíta.

6.7. Ulteriori aggettivi.

Qui sotto si trovano alcuni tra gli aggettivi più frequentemente riscontrabili nelle saghe. Il modello per la loro flessione è illustrato da *stórr* 'grande':

	Forti			**Deboli**		
	Masc	**Fem**	**Neut**	**Masc**	**Fem**	**Neut**
nom	stór-r	stór	stór-t	stór-i	stór-a	stór-a
acc	stór-an	stór-a	stór-t	stór-a	stór-u	stór-a
dat	stór-um	stór-ri	stór-u	stór-a	stór-u	stór-a
gen	stór-s	stór-rar	stór-s	stór-a	stór-u	stór-a

I seguenti aggettivi si declinano secondo questo stesso paradigma. Le frasi fornite come esempio sono desunte da varie saghe:

fullr 'pieno':   ***fullr** af silfri* **'pieno** di argento'
illr 'cattivo':   *til góðs ok **ills*** 'nel bene e nel **male'**
kyrr 'tranquillo':   *er nú **kyrt** þar* 'lì è **tranquillo** ora'
  sterkr 'forte': } *hann smíðaði honum boga **stóran** ok **sterkan***
stórr 'grande':   }   'gli fece un arco **grande** e **forte'**
ungr 'giovane':   *menn á **ungum** aldri* 'uomini di giovane età'

Quando la radice termina in dentale (*-t-*, *-d-*, *-ð-*), questa si assimila alla dentale *-t* del neut. nom./acc. sing. (cfr. 7.4). *Dauðr* 'morto' illustra tale assimilazione:

	Forte			**Debole**		
	Masc	**Fem**	**Neut**	**Masc**	**Fem**	**Neut**
nom	dauð-r	dauð	daut-t	dauð-i	dauð-a	dauð-a
acc	dauð-an	dauð-a	daut-t	dauð-a	dauð-u	dauð-a
dat	dauð-um	dauð-ri	dauð-u	dauð-a	dauð-u	dauð-a
gen	dauð-s	dauð-rar	dauð-s	dauð-a	dauð-u	dauð-a

---

era inferiore a quello di *jarl*, ma superiore a quello di *hǫldr*, un proprietario terriero libero detentore di una tenuta di famiglia.
[15] Titolo nobiliare di rango elevato.

dauðr morto (neut. nom./acc. *dautt*): *eptir pat mun dýrit dautt*
upp *koma* 'dopo di che la bestia ne sarebbe uscita **morta**'
fríðr 'bello' (neut. nom./acc. *frítt*): *hann var mikill vexti ok **fríðr***
sýnum 'Era di grande statura e **bello** alla vista'
reiðr 'arrabbiato' (neut. nom/acc. sing. *reitt*): *í **reiðum** hug* 'di
umore **arrabbiato**'
vándr 'disgraziato, malconcio' (neut. nom./acc. *vánt*): *ór húsi litlu
ok **vándu*** 'da una casa piccola e **malconcia**'.

Il paradigma di *heill* 'sano; integro' mostra un'assimilazione di -*r*-
alla -*l*- finale della radice, secondo la regola vista in 2.1.1: *er Eymundr
var **heill** orðinn* 'when Eymund era diventato **sano**'.

	Forte			Debole		
	Masc	**Fem**	**Neut**	**Masc**	**Fem**	**Neut**
nom	heil-l	heil	heil-t	heil-i	heil-a	heil-a
acc	heil-an	heil-a	heil-t	heil-a	heil-u	heil-a
dat	heil-um	heil-li	heil-u	heil-a	heil-u	heil-a
gen	heil-s	heil-lar	heil-s	heil-a	heil-u	heil-a

Vinsæll 'popolare, famoso' segue lo stesso schema: *han var vitr og
vinsæll* 'era saggio e **popolare**'.

Il paradigma di *lítill* 'piccolo' assomiglia molto a quello di *mikill*
'grande', con l'assimilazione di -*r*- (*mikill*, 2.1.1), nom./acc. neut.
ending in -*it* (*mikit*, E.L. 2), e caduta della seconda sillaba quando la
desinenza contiene una vocale (*mikli*, 3.5): *ór húsi **litlu** ok vándu* 'da
una casa **piccola** e malconcia'. (NB: La -*í*- lunga di *lítill* viene
accorciata quando cade la seconda sillaba).

	Strong			Weak		
	Masc	**Fem**	**Neut**	**Masc**	**Fem**	**Neut**
nom	**lítil-l**	**lítil**	**líti-t**	**litl-i**	**litl-a**	**litl-a**
acc	**litl-an**	**litl-a**	**líti-t**	**litl-a**	**litl-u**	**litl-a**
dat	**litl-um**	**lítil-li**	**litl-u**	**litl-a**	**litl-u**	**litl-a**
gen	**lítil-s**	**lítil-lar**	**lítil-s**	**litl-a**	**litl-u**	**litl-a**

ESERCIZI

5. Inserisci le desinenze appropriate.

a. Harald__ hersi__ stóð ok horf____ á skip____ (det.).

b. Bjǫrn ok Þórólfr geng__ á skip____ (det.) út. Þeir stóð__ þá þar.

c. Þeir hét__ Þórólfr ok Egill.

d. Þeir Harald__ ok Álf__ réð__ fyrir Vínland__.

6. Fornisci la 3 pers. sing. e la 3 pl. al passato per I seguenti verbi forti:

Ex.: at vera: hon <u>var</u>   þær <u>váru</u>

(NB: *bera* segue lo schema di *vera* al passato.)

at ganga: hann _____ þeir _____

at heita: hon _____ þær _____

at koma: þat _____ þau _____

at renna: hann _____ þeir _____

at taka: þat _____ þau _____

7. Traduci le espressioni seguenti.

vera 'essere'

Sono _____	Fui/ero _____
Sei _____	Fosti _____
È _____	Fu _____
Siamo _____	Fummo _____
Siete _____	Foste _____
Sono _____	Furono _____

hafa 'avere'

Ho _____	Ebbi/avevo _____
Hai _____	Avesti _____
Ha _____	Ebbe _____
Abbiamo _____	Avemmo _____
Avete _____	Aveste _____
Hanno _____	Ebbero _____

8. I sostantivi e aggettivi *boga stóran ok sterkan* e *húsi litlu ok vándu* sono comparsi in 6.7. Basandoti sulla declinazione dei sostantivi e degli aggettivi che ha imparato (cfr. in particolare 3.3, 4.2, e 4.6), rispondi alle seguenti domande:

a. Qual è il genere di *boga*? _____

b. Qual è il genere di *húsi*? _____

c. Completa la flessione secondo il modello qui sotto:

nom. _____

acc. boga stóran ok sterkan

dat. _____

gen. _____

d. nom. _____

acc. _____

dat. húsi litlu ok vándu

gen. _____

Orizzontale
1 iniziare
4 stazza, statura
5 conosciuto
7 portare
8 giorno
9 nemico
11 tempo

Verticale
2 nobile di rango
elevato
3 ebbe, sposò
4 diventare
6 nord
10 inverno

10. Traduci gli estratti per la lettura.

a. Í þann tíma réð fyrir Danmǫrku Sigurðr hringr. Hann var ríkr konungr ok er frægr orðinn af þeiri orrostu, er hann barðisk við Harald hilditǫnn á Brávelli, ok fyrir honum fell Haraldr, sem kunnigt er orðit di alla norðrálfu heimsins. Sigurðr átti einn son, er Ragnarr hét; hann var mikill vexti, vænn yfirlits ok vel viti borinn, stórlyndr við sína menn, en grimmr sínum óvinum.

_____

_____

_____

_____

_____

_____

_____

_____

_____

b. Þar hefjum vér þenna þátt, er sá maðr bjó at Hofi í Vápnafirði, um daga Hákonar jarls Grjótgarðssonar.

Þorsteinn hvíti kom fyrst út til Íslands þeira langfeðga ok bjó at Toptavelli fyrir útan Síreksstaði. En Steinbjǫrn bjó at Hofi, sonr Refs ins rauða. Ok er honum eyddisk fé fyrir þegnskapar sakar, þá keypti Þorsteinn Hofsland ok bjó þar sex tigu vetra. Hann átti Ingibjǫrgu Hróðgeirsdóttur ins hvíta.

_____

_____

_____

_____

_____

_____

_____

_____

_____

_____

_____

_____

_____

VOCABOLARIO

af *prep* [+ *dat*] da, di
aldr *m* età
alla *acc sg fem di* **allr**
allr *agg* tutto
átti (*inf* **eiga**) *vb* ebbe; sposò
barðisk (*inf* **berjask**, *cfr.* **berja**) vb *rifl* si batté, lottò(*sg*)
bera (*pass* bar, báru; *part pass* borinn) *vb* portare
berja (*pass* barð-) *vb* colpire, picchiare; *rifl* **berjask** lottare
bogi *m* arco
borinn (*inf* **bera**) *part pass* portato; dotato
Brávǫllr (*dat* Brávelli) *m* una pianura in Svezia (toponimo)
brók (*gen* -ar) *f* brache, pantaloni
búa (*pass* bjó, bjuggu) *vb* abitare

dagr (*pl acc* daga) *m* giorno
Danmǫrk (*dat* Danmǫrku) *f* Danimarca
dauðr (*n* dautt) *agg* morto
dýr *n* animale, bestia
eiga (*pass* átti) *vb* possedere, avere; essere sposati con
er *pron rel* che, il quale
er *cong* quando; dove
eyða (*pass* -dd-) *vb* devastare; consumare, sprecare, sperperare; *rifl* **eyðask** (*pass* eyddisk) essere devastato ecc.
eyddisk (*inf* **eyðask**, *cfr.* **eyða**) *vb rifl* fu sperperato
Eymundr *m* (*nome proprio*)
falla (*pass* fell, fellu) *vb* cadere
fell (*inf* **falla**) *vb* cadde

fullr *agg* pieno

fyrir *prep* [+ *acc*] per, a causa di; [+ *dat*] davanti, prima di

fyrst *avv superl* primo

ganga (*pass* gekk, gengu) *vb* andare, camminare

grimmr *agg* feroce

Grjótgarðr *m* ('Recinto di pietra') (*toponimo*)

hálfa *f* regione, porzione geografica

hefja (*1pl* hefjum) *vb* iniziare

heill *agg* sano, integro

heimr *m* mondo; terra, regione del mondo

heita (*pass* hét, hétu) *vb* chiamarsi

hilditǫnn *f* 'Dente di guerra' (*soprannome*)

hildr *f* battaglia, guerra (*poetico*)

Hof *n* Hof ('Tempio') (*toponimo*)

Hofsland *n* la tenuta di Hof

hringr *m* anello

Hróðgeirr *m* (*nome proprio*)

hugr (*dat* hug(i), *gen* -ar) *m* mente; umore

hús *n* casa

hvítr *agg* bianco

illr *agg* cattivo

Ingibjǫrg *f* (*nome proprio*)

Ísland *n* Islanda

jarl *m* nobile di alto rango

kaupa (*pass* keypt-) *vb* comprare

keypti (*inf* **kaupa**) *vb* comprò

koma (*pass* kom, kómu) *vb* venire

kunnigr *agg* conosciuto

kyrr *agg* calmo, tranquillo

langfeðgar *m pl* antenati (del ramo paterno)

lendr *agg* che possiede terra

lítill (*n* lítit) *agg* piccolo

loðbrók (*gen* -ar) *f* 'Brache villose' (*soprannome*)

munu (*pres* mun) *vb* ausiliare per creare il futuro

norðr *avv* nord

norðrálfa = **norðrhálfa** (*acc* norðr-(h)álfu) *f* regione settentrionale

nú *avv* adesso

of *prep* [+ *acc/dat*] per, attraverso

orðinn (*inf* **verða**) *part pass*

óvinr (*gen* -ar) *m* nemico

óvinum *dat pl di* **óvinr**

Ragnarr *m* (*nome proprio*)

Refr *m* Ref ('Volpe') (*nome proprio*)

reiðr (*n* reitt) *agg* arrabbiato

renna (*pass* rann, runnu) *vb* scorrere

sakar *acc pl di* **sǫk**

sem *cong* come

sex *num* sei; **sex tigir** *num* [+ *gen*] sessanta

silfr *n* argento

sinn *agg poss rifl* suo

sína *acc pl di* **sinn**

sínum *dat pl di* **sinn**

Síreksstaðir *m pl* ('Tenuta di Sírekr') (*toponimo*)

skjóta (*pass* skaut, skutu) *vb* scagliare

smíða (*pass* -að-) *vb* fabbricare

staðr (*pl* staðir) *m* luogo, terreno

Steinbjǫrn *m* (*nome proprio*)

sterkr *agg* forte

stórlyndr *agg* magnanimo

stórr *agg* grande

sýn *f* vista, apparenza

sǫk (*pl acc* sakar) *f* causa, ragione, motivo

taka (*pass* tók, tóku) *vb* prendere

tigr (*pl nom* tigir, *acc* tiʒu) *m* [+ *gen*] decina

tími *m* tempo

topt *n* sito di una costruzione; fondazione, rovine di una costruzione

Toptavǫllr (*dat* Toptavelli) *m* ('Campo delle rovine') (*toponimo*)

um *prep* [+ *acc*] durante

ungr *agg* giovane

útan *avv* da fuori

vándr (*n* vánt) *agg* disgraziato, malconcio

Vápnafjǫrðr (*dat* -firði) *m* ('Fiordo di Vápni') (*toponimo*)

verða (*part pass* orðinn) *vb* diventare

vetr (*pl gen* vetra) *m* inverno; anno (*ai fini del calcolo temporale*)

vinsæll *agg* popolare

vǫllr *m* campo

vexti *dat di* **vǫxtr**

vér *pron* noi

vǫxtr (*dat* vexti) *m* altezza, statura

yfirlit *n* aspetto fisico

þann *acc sg masc di* **sá**

þegnskapr (*gen* -ar) *m* generosità

þenna *acc sg masc di* **þessi**

þessi *pron dim* questo, questa, questi

Þorgils *m* (*nome proprio*)

Ǫlvir (*gen* Ǫlvis) *m* (*nome proprio*)

Øxna-Þórir *m* Thorir 'dei buoi' nome proprio

FRASI ED ESPRESSIONI

er frægr orðinn è diventato famoso

fríðr sýnum bello a vedersi

fyrir ... sakar a causa di

fyrir útan [+ *acc*] fuori; oltre

í þann tíma allora, a quel tempo

koma út til Íslands uscire fino in Islanda (solitamente dalla Norvegia)

lendr maðr nobile norvegese le cui terre e rendite venivano concesse dal re

mikill vexti grande, di alta statura

sex tigu vetra per sessant'anni (lett. inverni)

vel viti borinn intelligente, dotato di buon senso

Note

_____

_____

_____

_____

_____

_____

_____

_____

_____

_____

_____

_____

_____

_____

LEZIONE 7

Ór *Snorra Eddu, Gylfaginning* (22. kap.)
(Dall'*Edda di Snorri* [*Edda in prosa*], *L'inganno di Gylfi*, cap. 22)

è circa   buono
Annarr sonr Óðins er Baldr, ok er frá honum gott at segja. Hann

migliore   elogiano tutti   così   bello   radioso so
er beztr, ok hann lofa allir. Hann er svá fagr álitum ok bjartr, svá at

risplende   una pianta   così bianca   paragonata è a   ciglia
lýsir af honum, ok eitt gras er svá hvítt, at jafnat er til Baldrs brár.

Questa   di tutte le piante [la] più bianca   da ciò   puoi   dedurre bellezza
Þat er allra grasa hvítast, ok þar eptir mátt þú marka fegrð

                          [il] più   ('fairest spoken')
sia dei capelli del corpo   saggio degli dèi   più eloquente
hans, bæði á hár ok á líki. Hann er vitrastr ásanna ok fegrst talaðr

              ('dove)   si
più benevolo   vive nel luogo che chiama   Esso   cielo
ok líknsamastr. Hann býr þar, sem heitir Breiðablik. Þat er á himni.

7.1. Sostantivi forti: neutri con radice in -*i*.

Líki 'corpo', nella lettura di cui sopra, rappresenta una classe di sostantivi neutri forti che presentano la finale -*i* nel nom./acc. Questa vocale non va però confusa con una desinenza, dal momento che appartiene alla radice, alla quale si aggiunge infatti la

nom	líki
acc	líki
dat	lík-**i**
gen	líki-

desinenza -*s* (gen. *líkis*). La -*i* cade quando viene apposta una desinenza che inizia per vocale. Per cui, il dat. sing. sarà *líki* (= *líki* + -*i*) forma identica a quella di nom./acc.

Anche il sostantivo *ríki* 'regno, potere', che è di uso frequente, appartiene a questa classe.

7.2. Sostantivi e aggettivi: il genitivo plurale.

Il gen. pl. di tutti i sostantivi termina in -*a*: *grasa* da *gras* (neut.) e *ásanna* (= *ása* + *inna* con caduta della *i*- dell'articolo *inna* dopo una vocale) da *áss* (masc.).

Il gen. pl. di tutti gli aggettivi forti termina in -*ra*: *allra grasa;* o anche *allra ása, góðra ása,* ecc. Questa desinenza viene apposta alla radice dell'aggettivo secondo le medesime regole che si applicano per l'aggiunta della desinenza del nom. sing. masc. -*r* (cfr. 2.1: Regole particolari per le radici): *mikilla ása, vænna ása, fagra grasa,* ecc.

7.3. Articolo determinativo: il genitivo plurale.

Il passo seguente illustra l'art, det. al gen. pl. *inna* (identico per tutti

Ór *Egils sǫgu Skalla-Grímssonar* (20. kap.)
(Dalla *Saga di Egill Skalla-Grimsson*, cap. 20)

Maðr hét Yngvarr, ríkr ok auðigr; hann hafði verit lendr maðr **inna** ^(dei)

^(precedenti)
fyrri   konunga.

7.4. Aggettivi forti: regole per le radici del neutro nominativo e accusativo singolare (Cfr. 4.5).

Come spiegato al paragrafo 4.5, la desinenza di base degli aggettivi neutri forti al nom./acc. sing. è -*t*, la quale si aggiunge direttamente alla radice dell'aggettivo: masc. *hvít-r* – neut. *hvít-t*. Due regole particolari per le radici si applicano a questa desinenza.

Regolari particolari per le radici:

1. Se la radice termina in -*ð*-, questa diventa -*t*-: *góð-r* – *got-t*.
2. Se la radice termina in -*t*- preceduta da un'altra consonante, la -*t* della desinenza non si aggiunge: *hvítast-r* – *hvítast*, *bezt-r* – *bezt*, *bjart-r* – *bjart*.

7.5. Formazione degli aggettivi.

Gli aggettivi sono volti al grado superlativo tramite l'aggiunta di un suffisso, -*ast*- o -*st*-, alla radice dell'aggettivo. Nel secondo caso, la vocale della radice spesso muta: *fagr* – *fegrstr*. (Il mantenimento della -*r* di *fagr* nel superl. *fegr-str* mostra come tale -*r* non sia la desinenza del nom. sing. masc., ma parte della radice [cfr. 2.1.2]. Un altro esempio è *vitr* – *vitr-astr*; ma *hvít-r* – *hvít-astr*.).

I superlativi in antico islandese svolgono sia la funzione del superlativo relativo italiano ('L'esercizio è **il più difficile** [di una serie]') sia quella del superlativo assoluto ('L'esercizio è **difficilissimo**').

7.6. Formazione degli avverbi.

Gli avverbi sono un vasto gruppo di parole. Essi qualificano ulteriormente alcune caratteristiche del verbo che accompagnano, come modo (come si è svolta l'azione indicate dal verbo), tempo (quando si è svolta), luogo (dove) e grado (quanto): ad esempio, 'attentamente,' 'oggi', 'qui', 'notevolmente' ecc.

Molti avverbi sono direttamente correlati a un aggettivo corrispondente ma, mentre gli aggettivi descrivono nomi, gli avverbi descrivono appunto verbi, ma anche aggettivi e altri avverbi. Esempi di agg./avv. Sono le coppie 'buono/bene', 'attento/attentamente', 'lento/lentamente' ecc. Come mostrano gli ultimi due esempi, gli

In antico islandese, le forme avverbiali degli aggettivi sono identiche al nom. sing. del neutro: es., *fegrst* 'il più bello,'bellissimo', nell'espressione **fegrst** *talaðr,* vale per 'detto **splendidamente**' [lett. "bellissimamente"] Gli avverbi possono anche essere derivati dagli aggettivi tramite un suffisso specifico: es.., *vand-**liga*** 'attenta-**mente**' da *vandr* 'attento'.

7.7. Verbi: desinenze della III persona singolare del presente.

La III pers. sing. del pres. di un gran numero di verbi termina in *-r,* talvolta preceduta dalla vocale *-a-* o dalla *-i-.* Le indicazioni seguenti ti aiuteranno a determinare quando la desinenza della III pers. sing. del pres. è *-ar*, *-ir*, oppure *-r.*

- La sezione 5.3.1 descrive i verbi deboli che impiegano la vocale connettiva *-a-* prima del suffisso dentale del passato. Tali verbi mostrano una *-a-* anche prima della *-r* alla III pers. sing. del pres.: *kall-**ar*** 'chiama', da *kalla* (la III pers. sing. del pass. è *kall-aði*).

- La sezione 5.3.2 descrive i verbi deboli che formano il loro passato attravverso l'aggiunta del suffiso dentale direttamente alla loro radice. La maggior parte di questi verbi mostra una *-i-* prima della *-r* alla III pers. sing. del pres.: *lýs-**ir*** 'risplende' (E.L. 7), da *lýsa* (la III pers. sing. del pass. è *lýs-ti*).

- La sezione 5.6 descrive verbi deboli che mostrano un'alternanza vocalica tra il presente e il passato. Tali verbi solitamente non aggiungono una vocale alla desinenza *-r* della III pers. sing. del pres., che viene apposta direttamente alla radice: *spyr-**r*** 'chiede' (E.L. 8), da *spyrja* (la III pers. sing. del pass. è *spur-ði*).

- I verbi forti, III pers. sing. del pres., aggiungono la *-r* direttamente alla radice: *bið-**r*** 'chiede' e *get-**r*** 'ottenere, potere' (E.L. 9.3), da *biðja* e *geta* (la III pers. sing. del pass. di questi verbi è *bað* e *gat*).

Alcuni verbi non seguono alcuno dei modelli sopra.

- Diversi verbi con la III sg. pres. in *-r* non mostrano alternanze vocaliche:

  selja 'vendere' – *sel-**r*** – *seldi*

  setja 'porre' – *set-**r*** – *setti*

  skilja 'separare' – *skil-**r*** – *skildi*.

- Il verbo debole *segja* 'say' mostra un'alternanza vocalica (la III sing. del passato è *sagði*) ma inserisce anche una *-i-* nel presente (III pers. sing. *seg-**ir***).

- Il verbo debole *hafa* 'avere' compare spesso nei testi antichi in due forme. Una aggiunge *-r* direttamente alla radice del pres.

- Il verbo forte *heita* 'be called' inserisce anch'esso una *-i-* al pres. sing.: III pers. sing. *heit-ir*.

7.8. Verbi: assimilazione della desinenza della III persona singolare del presente *-r*.

La desinenza *-r* della III pers. sing. del pres. si assimila regolarmente alla *-s* della radice verbale: *blæs-s* 'blows', *rís-s* 'rises'. Talvolta si verifica anche assimilazione a *-l* o *-n*: nell'E.L. 4 abbiamo incontrato l'esempio *þú vil-l*; un altro verbo comune è *skín-n* 'brilla'. Spesso, tuttavia, l'assimilazione a *-l-* o *-n-* non si verifica: *myl-r* 'schiaccia', *ven-r* 'allena'.

7.9. Verbi: desinenze di III persona plurale del presente.

La III pers. pl. del pres. (ad eccezione di quella di alcuni verbi preterito-presenti, cfr. 15.1) è identica all'infinito. Entrambe le forme terminano in *-a*, la quale è aggiunta alla radice del pres. Abbiamo visto degli esempi nell'E.L. 7: *lofa* (III pl. pres.); *marka*, *segja* (inf.).

7.10. Ripasso dei paradigmi: desinenze di III persona (pres. e pass.) di verbi deboli e forti (cfr. 6.3).

	Presente		Passato	
	Debole	Forte	Debole	Forte
3sg	(-a/i/–)-r	-r	(-að/ð/d/t)-i	–
3pl	-a	-a	(-að/ð/d/t)-u	-u

ESERCIZI

1. Inserisci le desinenze appropriate.

- **a.** Konung___ var in___ fegrst___ mað___ í England___.
- **b.** Skip____ (det.) var fagr___ ok hvít___. Þat var all___ skip___ bezt.
- **c.** Baldr hét in___ hvít___ ás___. Hann var all___ ás___ bezt___ ok fegrst___.
- **d.** Konung___ gekk til in___ bezt___ skip___. Þat var i___ vænst___ skip.
- **e.** Yngvar___ var vitrast___ konung_____ (pl. det.). Hann var son___ Egil___, líknsam___ mann___ ok fagr___.

2. Inserisci nomi propri, sostantivi e aggettivi appropriati.

- **a.** _____r var _____astr _____anna, _____r ok _____n.
- **b.** Skipit var _____ra skipa _____ast ok _____st.

3. Scrivi la III pers. sing. pres. e III pl. pres. Dei verbi seguenti.

Es.: at kalla (pass -að-): hann _kallar_____ þeir _kalla_____

   at elska (pass -að-): hon _____ þær _____

   at lofa (pass -að-): þat _____ þau _____

   at tala (pass -að-): hann _____ þeir _____

b. Verbi deboli senza vocale connettiva:

Es.: at mæla (pass -t-): þat _mælir_____ þau _mæla_____

   at lifa (pass -ð-): hann _____ þeir _____

   at senda (pass -nd-) hon _____ þær _____

   at sýna (pass -d-): hon _____ þær _____

c. Verbi deboli con alternanza vocalica (5.6):

Es.: at flytja (pass flutt-): hann _flytr_____ þeir _flytja_____

   at berja (pass barð-): hon _____ þær _____

   at kveðja (pass kvadd-): hon _____ þær _____

   at spyrja (pass spurð-): þat _____ þau _____

d. Verbi forti:

Es.: at gefa (pass gaf, gáfu): hann _gefr_____ þeir _gefa_____

   at bera (pass bar, báru): þat _____ þau _____

   at renna (pass rann, runnu): hann _ þeir

_____

   at rísa (pass reis, risu): hon _____ þær _____

   at skína (pass skein, skinu): hann _____ þeir _____

4. Traduci il passo seguente.

a. Annarr sonr Óðins er Baldr, ok er frá honum gott at segja. Hann er beztr, ok hann lofa allir. Hann er svá fagr álitum ok bjartr, svá at lýsir af honum, ok eitt gras er svá hvítt, at jafnat er til Baldrs brár. Þat er allra grasa hvítast, ok þar eptir mátt þú marka fegrð hans, bæði á hár ok á líki. Hann er vitrastr ásanna ok fegrst talaðr ok líknsamastr. Hann býr þar, sem heitir Breiðablik. Þat er á himni.

_____

_____

_____

_____

_____

_____

_____

_____

b. Maðr hét Yngvarr, ríkr ok auðigr; hann hafði verit lendr maðr inna fyrri konunga.

_____

_____

_____

_____

VOCABOLARIO

á *prep* [+ *acc*] riguardo a
álit *n pl* aspetto fisico, apparenza
áss *m* dio pagano
Baldr *m* (*nome mitologico*)
beztr *agg superl* (*cfr.* **góðr**) il migliore, ottimo
biðja (*pres* biðr, *pass sg* bað) *vb* richiedere
bjartr *agg* luminoso, radiante
blása (*pres* blæss) *vb* soffiare
brá (*gen* brár) *f* ciglio, sopracciglio
Breiðablik *n* ('Ampio lampo') (*toponimo mitologico*)
búa (*pres* býr) *vb* abitare
býr (*inf* **búa**) *vb* abita
bæði *avv* sia... (sia)
eitt *num* uno (*neut*)
eptir *prep* [+ *dat*] dopo, secondo
fagr (*superl* fegrstr) *agg* bello
fegrð *f* bellezza
fegrstr *agg superl* (*cfr.* **fagr**) il più bello, bellissimo
frá *prep* [+ *dat*] da; circa
fyrri *comp agg* precedente
geta (*pres* getr, *past* gat) *vb* ottenere, potere
gott *nom/acc sg neut di* **góðr**
góðr (*n* gott; *superl* beztr) *agg* buono
gras *n* erba, pianta
heita (*pres* heitir) *vb* chiamarsi
heitir (*inf* **heita**) *vb* si chiama
himinn (*dat* himni) *m* cielo
hvítastr *agg superl* (*cfr.* **hvítr**) il più bianco, bianchissimo
hvítr (*superl* hvítastr) *agg* bianco
jafna (*pass* -að-) *vb* paragonare, comparare

jafnat (*inf* **jafna**) *part pass* paragonato, comparato
líki (*gen* -is) *n* corpo
líknsamastr *agg superl* (*cfr.* **líknsamr**) il più benevolo
líknsamr (*superl* líknsamastr) *agg* benevolo
lofa (*pass* -að-) *vb* lodare
lýsa *vb* illuminare, brillare
lýsir (*inf* **lýsa**) *vb* illumina, brilla
marka (*pass* -að-) *vb* notare; dedurre
mátt (*inf* **mega**) *vb* puoi
mega (*pres* má) *vb* potere
Óðinn *m* Odino (nome *mitologico*)
ríki *n* regno; potere
rísa (*pres* ríss) *vb* alzare, innalzare
sá (*f* sú, *n* þat) *pron dem* quello
segja (*pass* sagð-) *vb* dire
sem *pron rel* che, il quale, la quale ecc.
skína (*pres* skínn) *vb* splendere
svá *avv* così, dunque
tala (*pass* -að-) *vb* parlare
talaðr (*inf* **tala**) *part pass* parlato
venja (*pass* vanð-/vand-) *vb* abituare; allenare
vera (*part pass* verit) *vb* essere
verit (*inf* **vera**) *part pass* stato (*nom/acc sg neut*)
vitr (*superl* vitrastr) *agg* saggio
vitrastr *agg superl* (*cfr.* **vitr**) il più saggio, saggissimo
Yngvarr *m* (*nome proprio*)
þar *avv* lì, là
þat *pron dem* ciò (*nom/acc sg neut di* **sá**)

at segja frá raccontare

á himni in cielo

bæði… ok *cong* sia… sia

fagr álitum bello (di aspetto)

fegrð á hár/líki bellezza dei capelli/del corpo

fegrst talaðr estremamente eloquente

hann hafði verit era stato

þar eptir di conseguenza

þar, sem nel luogo in cui

Note

_____

_____

_____

_____

_____

_____

_____

_____

_____

_____

_____

_____

_____

_____

_____

_____

_____

_____

_____

_____

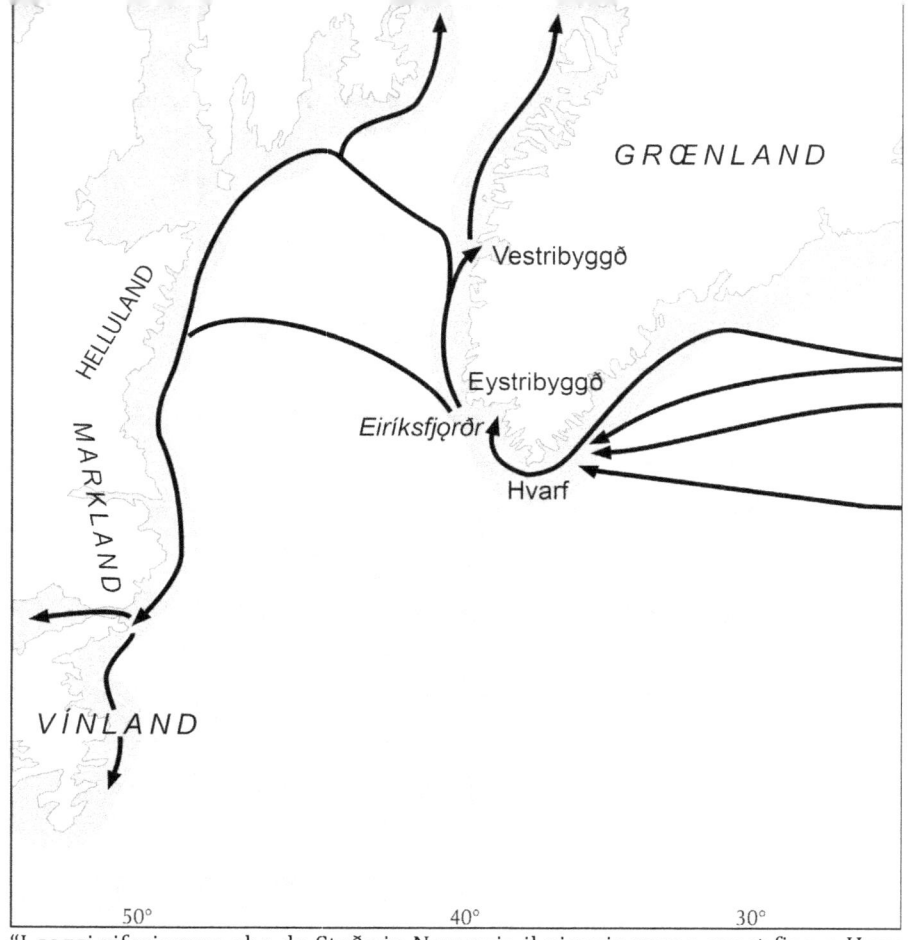

GRŒNLAND

Vestribyggð

HELLULAND

Eystribyggð

Eiríksfjǫrðr

MARKLAND

Hvarf

VÍNLAND

50°   40°   30°

"I saggi riferiscono che da Staðr in Norvegia il viaggio verso ovest fino a Horn, nell'Islanda orientale, sia di sette giorni, mentre da Snæfellsnes [nell'Islanda occidentale] è di quattro giorni verso ovest fino alla Groenlandia nel punto in cui il mare è più stretto. Si dice che se si naviga verso ovest da Bergen fino a capo Farewell in Groenlandia, si passa a mezza giornata di navigazione a sud dell'Islanda. Da Reykjanes nell'Islanda meridionale sono cinque giorni in direzione sud per raggiungere Slyne Head in Irlanda, mentre da Langanes nell'Islanda settentrionale sono quattro giorni di navigazione verso nord per raggiungere Svalbard (Jan Mayen?) nel Mare Artico." (*Libro delle colonizzazioni*)

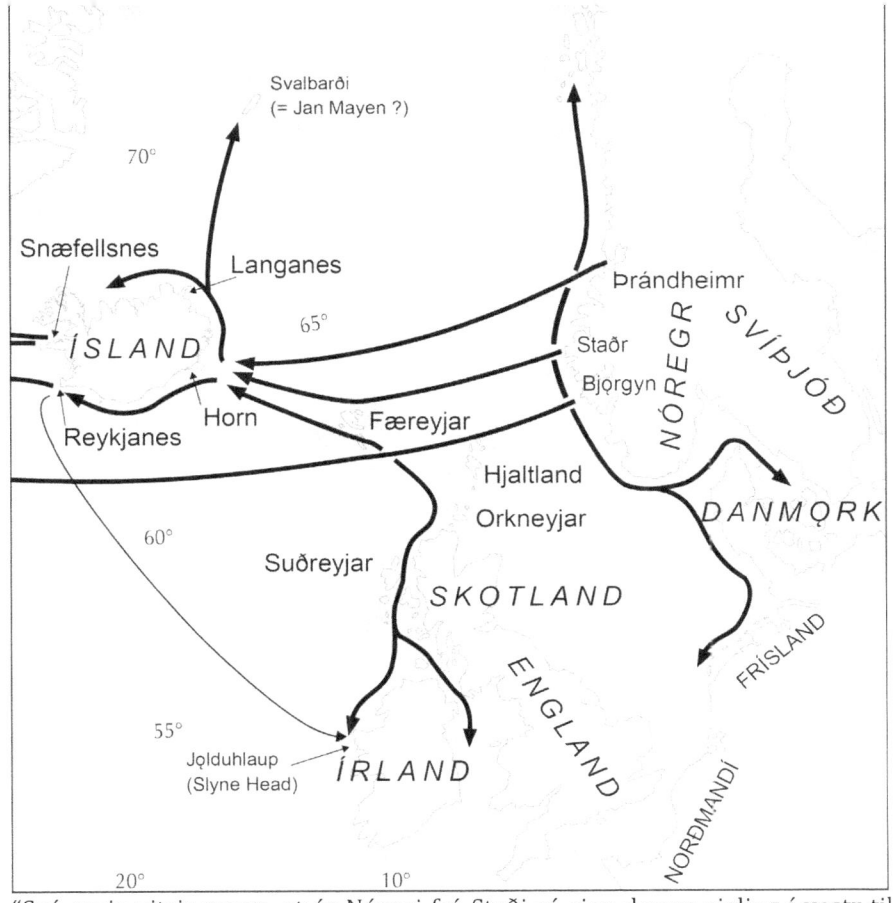

"Svá segja vitrir menn, at ór Nóregi frá Staði sé sjau dœgra sigling í vestr til Horns á Íslandi austanverðu, en frá Snæfellsnesi, þar er skemmst er, er fjǫgurra dœgra haf í vestr til Grœnlands. En svá er sagt, ef siglt er ór Bjǫrgyn rétt í vestr til Hvarfsins á Grœnlandi, at þá mun siglt vera tylft fyrir sunnan Ísland. Frá Reykjanesi á sunnanverðu Íslandi er fimm dœgra haf til Jǫlduhlaups á Írlandi (í suðr; en frá Langanesi á norðanverðu Íslandi er) fjǫgurra dœgra haf norðr til Svalbarða í hafsbotn." (*Landnámabók*)

Vocabolario

austanverðr *agg* orientale

Bjǫrgyn (*dat* Bjǫrgyn) *m* Bergen, in Norvegia (*toponimo*)

dœgr *n* giornata (di 24 ore); **fjǫgurra (fimm) dœgra haf**, navigazione di quattro (cinque) giorni; **sjau dœgra sigling** navigazione di sette giorni

fimm *num* cinque

fjórir (*gen* fjǫgurra) *num* quattro

fjǫgurra *gen di* **fjórir**

Grœnland *n* Groenlandia

haf *n* sea; **fjǫgurra (fimm) dœgra haf** navigazione di (cinque) giorni

hafsbotn (*gen* -botns) *m* golfo; Oceano Artico (*toponimo*)

Hvarf *n* 'Scomparsa', nome di Capo Farvel in Groenlandia (toponimo)

Írland *n* Irlanda

Jǫlduhlaup *n* 'Salto di Puledra', Slyne Head in Irlanda (*toponimo*)

Langanes *n* Langanes ('Lunga penisola'), penisola dell'Islanda nordorientale (*toponimo*)

nes (-j-) *n* headland, penisula

norðanverðr *agg* settentrionale

Reykjanes *n* Reykjanes ('Penisola dei fumi'), penisola in Islanda sudoccidentale (*toponimo*)

rétt *avv* dritto

sé *vb* sia (*3sg congiuntivo pres. di* vera)

sigla (-d-) *vb* navigare, veleggiare

sigling *f* navigazione;

sjau dœgra sigling navigazione di sette giorni

siglt *n part pass di* **sigla**

sjau *num* sette

skammr (*superl* skem(m)str) *agg* breve, corto

skemmstr *agg superl, cfr.* **skammr**

Snæfellsnes *n* Snæfellsnes ('Penisola di Montenevoso'), penisola in Islanda occidentale (*toponimo*)

Staðr *m* una penisola in Norvegia occidentale (*toponimo*)

suðr *n* sud; *avv* verso sud; **í suðr** in direzione sud)

sunnan *avv* dal sud; sul lato sude; **fyrir sunnan** [+ *acc*] a sud di

sunnanverðr *agg* meridionale

Svalbarði *m* ('Costa fredda'), archipelago artico (*toponimo*)

tylft *f* dozzina; mezza giornata di navigazione

vera (*3sg cong pres* sé) *vb* essere

vestr *n* ovest; *avv* verso ovest; **í vestr** in direzione ovest

vitr (*pl m* vitrir) *agg* saggio

vitrir *m nom pl di* **vitr**

Note

_____

_____

_____

_____

_____

_____

_____

_____

LEZIONE 8

Ór *Gunnlaugs sǫgu ormstungu* (9. kap.)
(Dalla *Saga di Gunnlaugr Lingua-di-serpente*, cap. 9)

[a] quel tempo   Svezia   [lo] svedese
Þenna tíma réð fyrir Svíþjóð Óláfr konungr   sœnski, sonr Eiríks

           la   ambiziosa
konungs sigrsæla ok Sigríðar innar stórráðu; hann var ríkr konungr

     uomo di ambizione   vicino
ok ágætr, metnaðar maðr mikill. Gunnlaugr kom til Uppsala nær

a[ll'] assemblea di loro svedesi in [la] primavera   ottenne
þingi   þeira Svía um   várit,   ok er hann náði

     udienza salutò   accolse
konungs fundi, kvaddi hann konunginn. Hann   tók   honum vel ok

chiede   chi   fosse   si disse essere islandese
spyrr, hverr hann væri. Hann kvazk vera íslenzkr maðr. Þar var þá
með Óláfi konungi Hrafn Ǫnundarson.

                 ('cosa di uomini')
            che persona   Islanda
   Konungr mælti: "Hrafn," segir hann, "hvat manna er hann á Íslandi?"

         dalla   inferiore panca   valente   davanti
   Maðr stóð upp af inum óœðra bekk, mikill ok vaskligr, gekk fyrir

         Signore   della   migliore famiglia
konung ok mælti: "Herra," segir hann, "hann er innar beztu ættar ok

[lui] stesso il più coraggioso[16]
sjálfr   inn vaskasti   maðr."

     Vada dunque   sieda presso
"Fari hann þá ok siti hjá þér," sagði konungr.

8.1. Articolo determinativo: femminile singolare.

(1) Ór *Landnámabók* (*Sturlubók*) (112. kap.)
(Dal *Libro delle colonizzazioni* [*Sturlubók*], cap. 112)

re dello Hordaland   Æsa   la   bella
Hjǫrleifr Hǫrðakonungr átti Æsu **ina** ljósu.

(2) Ór *Egils sǫgu Skalla-Grímssonar* (55. kap.)
(Dalla *Saga di Egill Skalla-Grimsson*, cap. 55)

Si separarono   con   la   più grande amicizia
Skildusk   þeir Aðalsteinn konungr ok Egill með **inni** mestu vináttu.

---

[16] "coraggiosissimo".

forma clitica in *kýr-in* 'la mucca', E.L. 5.

- L'acc. sing. fem. è *ina*: *Æsu **ina** ljósu* 'Æsa la bella'.
- Il dat. sing. fem. è *inni*: **inni** *mestu vináttu*.
- Il gen. sing. fem. è *innar*: *Sigríðar **innar** stórráðu*, **innar** *beztu ættar*.

(Per la declinazione degli aggettivi femminili deboli di questi esempi, come *fagra*, *ljósu*, ecc., cfr. 9.1.)

8.2. Articolo determinativo: declinazione completa (cfr. 4.4, 7.3, 8.1).

A questo punto abbiamo coperto tutte le forme dell'art. det. Ecco la declinazione completa sia al singolare sia al plurale:

		Masc	Fem	Neut
Sg	*nom*	inn	in	it
	acc	inn	ina	it
	dat	inum	inni	inu
	gen	ins	innar	ins
Pl	*nom*	inir	inar	in
	acc	ina	inar	in
	dat	inum	inum	inum
	gen	inna	inna	inna

8.3. Pronomi: apposizione.

In islandese, un pron. è spesso posto in apposizione rispetto a uno o più sostantivi che lo seguono. Ad esempio, *þeir Þórólfr ok Bjǫrn* (E.L. 4), *þeir Aðalsteinn konungr ok Egill* (E.L. 8.1(2)), *þeira Svía* (E.L. 8). (Nota come il gen. del pron. pl. *þeir* esca anch'esso in *-a*: cfr. 7.1). In questi casi l'apposizione è completa, ovvero il pron. è in apposizione con i nomi propri o sostantivi che lo seguono.

In altri casi, però, l'apposizione può essere parziale. Ad esempio, quando associata a un singolo nome proprio: *þeir Þórólfr* può essere tradotto con 'Þórólfr e i suoi/e il suo seguito/e i suoi compagni.' Quando si riferisce a più di un nome, l'apposizione può essere cpmpleta, come sopra, oppure parziale; dunque, *þeir Þórólfr ok Bjǫrn* potrebbe anche significare 'Þórólfr, Bjǫrn e i loro compagni'.

Il contesto aiuta a chiarire se il pronome si riferisce esclusivamente ai nomi indicati esplicitamente o se sottintende anche altri elementi.

8.4. Verbi: desinenze di I e II persona del passato.

1. Prima persona singolare.

La desinenza di I pers. sing. del pass. dei verbi deboli è *-a*: *ek gerð-**a*** (da *gera* 'fare'), *ek vild-**a*** (da *vilja* 'volere'). Come per la desinenza di

invece alcuna desinenza; è dunque identica alla III pers. sing.: *ek var*, *ek bað*, *ek gekk*.

2. Seconda persona singolare.

La desinenza di II pers. sing. del pass. dei verbi deboli è *-ir*, ed essa viene aggiunta dopo il solito suffisso in dentale: *þú gerð-ir*, *þú vild-ir*.

La desinenza di II pers. sing. del passato dei verbi forti è invece *-t*. Con tale desinenza si applicano le seguenti regole rispetto alla radice.

Mutamenti delle radici nella II pers. sing. al passato dei verbi forti:

- Se la I/III pers. sing. del passato termina in *-t* oppure *-tt* preceduta da una vocale, la *-t/-tt* diventa *-z* e ad essa viene poi aggiunta la desinenza personale *-t*: es., la I/III pers. sing. del passato di *heita* è *hét*, quindi la II pers. è *hét* + *t* → *hézt*.

- Se la I/III pers. sing. del passato termina in *-ð*, questa muta in *-t* e ad essa viene poi aggiunta la desinenza personale *-t*: es., la I/III pers. sing. del passato di *ráða* è *réð*, quindi la II pers. sing. è *réð* + *t* → *rétt*.

- Una consonante dentale preceduta da *-r-*, *-l-*, oppure *-s-* muta in *-t* e ad essa non viene aggiunta alcuna desinenza: es., la I/III pers. sing. del passato di *verða* è *varð*, quindi la II pers. sing. è *varð* + *t* → *vart*.

- Dopo una vocale lunga, la desinenza *-t* raddoppia: es., la I/III pers. sing. del passato di *sjá* è *sá*, quindi la II pers. sing. è *sátt*.

3. Prima persona plurale.

La desinenza personale di I pers. pl. del passato è *-um*. Essa viene aggiunta alla radice del passato: *vér gerð-um*, *vér vár-um*. Quando il pronome di I pers. pl. segue il verbo, la *-m* della desinenza può talvolta (ma non sempre) cadere: *gerðu vér*, *váru vér*.

4. Seconda persona plurale.

La desinenza personale di II pers. pl. del passato è *-uð*: *þér gerð-uð*, *þér vár-uð*. Come nel caso della I pers. pl. 1 pl., la consonante finale della desinenza può talvolta cadere quando al verbo segue immediatamente il pronome: *gerðu þér*, *váru þér*. Nei testi in antico islandese l'uso varia considerevolmente per quanto riguarda l'impiego o meno della consonante finale.

8.5. Verbi: i modi e il congiuntivo.

Nella terminologia grammaticale, il **modo** di un verbo indica la modalità in cui si svolge l'azione del verbo; ad esempio se questa è *condizionale*, se guardiamo ad alcuni dei modi dell'italiano. In antico islandese esistono tre modi: *indicativo, congiuntivo* e *imperativo*.

Asserzioni presentate come vere o fattuali vengono espresso tramite il **modo indicativo**, che è quello più frequentemente usato: la maggior parte dei verbi incontrati nelle scorse lezioni si trova appunto all'indicativo.

Quando invece il verbo implica un certo rado di incertezza, potenzialità o desiderio (dunque un azione che potrebbe o dovrebbe verificarsi), questo si presenta al **modo congiuntivo**.

In modo molto simile a quanto accade per l'italiano, in antico islandese il congiuntivo viene usato nelle subordinate (frasi dipendenti), particolarmente nel caso dei discorsi indiretti, i quali sono presentati al congiuntivo per via del loro essere riportati da terzi, anziché citati testualmente.

Nell'E.L. 8 si trovano tre esempi di congiuntivo: *hann spyrr, hverr hann **væri** '*Chiese chi lui **fosse**' (discorso indiretto: nota come anche l'italiano faccia uso del congiuntivo, nella stessa identica modalità), e ***fari** hann þá ok **siti** hjá þér* '**vada** dunque e **sieda** accanto a te' (questo uso del congiuntivo, in italiano, viene detto **congiuntivo esortativo**).

Come anche in italiano, alcune congiunzioni vanno per regola seguite dal congiuntivo, *þótt* 'sebbene': ***þótt** hann **væri** gamall* '**sebbene** lui **fosse** vecchio' (E.L. 3.1).

Gli ordini si esprimono invece con il **modo imperativo** (che affronteremo nella sezione 10.1).

8.6. Verbi: desinenze della III persona singolare del congiuntivo.

La III pers. sing. del cong., sia pres. sia pass., mostrano la desinenza *-i* per tutti i verbi: es., III pers. sing. pres.: *fari, siti*; III pers. sing. pass.: *væri*.

8.7. Participi: un primo sguardo.

Un **participio** è un aggettivo verbale e tutti i participi sono derivati da verbi. L'antico islandese, come l'italiano, ha due tipi di participi: presente e passato.

I **participi presenti** sono facilmente riconoscibili perché mostrano sempre il suffisso *-and-*, che corrisponde a quelli del participio presente italiano '-ant-/-ent-' (e non a quelli del gerundio '-and-/-end', a dispetto della somiglianza – il gerundio non esiste in antico islandese): es., *verðandi* 'divenente' (ovvero: "ciò che diviene"), dal verbo *verða*. (*Verðandi* [R.S 17] è il nome di una delle tre Norne, il corrispondente nordico delle Moire greche o delle Parche romane. Cfr. 17.4 per ulteriori dettaglo sui participi pres.)

I **participi passati** sono di uso assai frequente, e li abbiamo già incontrati nelle letture: *kallaðr* 'chiamato', *lengt* 'allungato', *numit* 'diventato' (E.L. 6), *jafnat* 'paragonato', e *talaðr* 'parlato' (E.L. 7).

Oltre ad essere usati come aggettivi, i participi passati svolgono anche anche una funzione ulteriore nei tempi composti. Questa sezione esaminerà il loro uso aggettivale. La sezione successiva invece affronterà l'uso dei participi passati nei tempi composti.

Se usati come aggettivi, i participi passati assumono le regolari desinenze degli aggettivi, le quali vengono aggiunte alla radice dei participi stessi, come avviene in italiano: *chiamato* (part. pass. di *chiamare*,) può essere masc. o fem. e sing. o pl.

In antico islandese, come per i normali aggettivi, i participi si declinano secondo il caso del sostantivo che accompagnano, oltre al genere e al numero. Nei verbi deboli, la radice del part. pass. è identica a quella del passato: *kallað-*, *nefnd-*, *talað-*, *vígð-*. Nei verbi forti, invece, il part. pass. ha una radice dedicata (cfr. 10.3.2).

Ad esempio, i due participi che compaiono nell'E.L. 7 sono *talaðr* (nom. sing. masc. che descrive *hann* 'lui') e *jafnat* (nom. sing. neut. che descrive *gras* 'erba'). Entrambi questi verbi, *tala* 'parlare' e *jafna* 'paragonare', sono deboli e con vocale connettiva -*a*- (5.3.1), perciò la desinenza del participio sarà -*að*-: *talað*- e *jafnað*-.

A queste forme vanno poi aggiunte le varie desinenze che indicano genere, numero e caso. Come deducibile da *jafnat* e *lengt*, il suffisso in dentale si assimila alla desinenza del neut. nom. -*t*:

jafnað- + -*t* → *jafnat*.
lengd- + -*t* → *lengt*.

8.8. Participi: il participio passato nei tempi composti.

Il part. pass. neut. nom./acc. viene anche usato con l'ausiliare *hafa* per creare tempi composti, come nell'italiano 'ho chiamato', 'ho preso', ecc. Queste forme sono molto comuni. Qui sotto alcuni esempi con i part. pass di alcuni verbi deboli:

> *hann hafði sagt* 'ebbe/aveva detto' (radice *sagð*- + suffisso in dentale -*ð*-);
> *hann hafði mælt* 'ebbe/aveva parlato' (radice *mælt*- + suffisso in dentale -*t*-);
> *hann hafði dœmt* 'ebbe/aveva giudicato' (radice *dœmd*- + suffisso in dentale -*d*-);
> *hann hafði kastat* 'ebbe/aveva lanciato' (radice *kastað*- +. suffisso in dentale -*ð*- preceduto dalla vocale connettiva -*a*-).

Abbiamo incontrato due esempi di questo tempo composto, entrambe con il part. pass. di verbi forti:

> *hann hafði numit* 'ebbe/aveva preso' (E.L. 2) (inf. *nema*),

Perfetto presente e passato

Questo genere di tempi composti è chiamato **perfetto**. Il termine deriva dal latino *perfectum* con il significato 'completo', perché l'azione espresso dal participio è conclusa rispetto al tempo espresso dall'ausiliare, sia esso al presente o al passato.

Il **perfetto presente** (*hefir* sagt 'ha detto', ecc.) l'ausiliare al presente. Questo tempo, nell'uso grammaticale italiano, è detto **passato prossimo**.

Il **perfetto passato** (*hafði* sagt 'ebbe/aveva said', ecc.) utilizza l'ausiliare al passato. Questo tempo, nell'uso grammaticale italiano, è detto **trapassato prossimo**, se l'ausiliare è all'imperfetto ('**aveva** detto'), oppure **trapassato remoto** se l'ausiliare è al passato remoto ('**ebbe** detto').

Esercizi

1. Inserisci le desinenze appropriate.

    a. Þeir Egil__ geng__ til Uppsala ok spurð__, hverr in__ sœnsk__ maðr vær__.

    b. Gunnlaug__ var kalla__ Ormstunga ('Serpent's Tongue').

    c. Skip__ (det.) hafð__ ver__ kalla__ Ormrinn langi ('Il lungo serpente').

2. Coniuga i verbi seguenti al passato partendo dalla III sing. e dalla III pl.

    a. Verbi deboli:

Es: gera (-ð-):	ek _gerða_____,	þú _gerðir_____,	hann gerði
	vér _gerðum_____,	þér _gerðuð_____,	þeir gerðu
lifa (-ð-):	ek _____,	þú _____,	hann lifði
	vér _____,	þér _____,	þeir lifðu
mylja (mulð-):	ek _____,	þú _____,	hann mulði
	vér _____,	þér _____,	þeir mulðu
mæla (-t-):	ek _____,	þú _____,	hann mælti
	vér _____,	þér _____,	þeir mæltu
senda (-nd-):	ek _____,	þú _____,	hann sendi
	vér _____,	þér _____,	þeir sendu

    b. Verbi forti:

Es: heita:	ek _hét_____,	þú _hézt_____,	hann hét

---

[17] A differenza dell'italiano, che utilizza *essere* (es. *sono stato*), l'antico islandese accompagna il verbo *vera*, 'essere', con l'ausiliare *hafa*, 'avere'.

bera:	ek _____,	þú _____,	hann bar
	vér _____,	þér _____,	þeir báru
ganga:	ek _____,	þú _____,	hann gekk
	vér _____,	þér _____,	þeir gengu
skjóta:	ek _____,	þú _____,	hann skaut
	vér _____,	þér _____,	þeir skutu
standa:	ek _____,	þú _____,	hann stóð
	vér _____,	þér _____,	þeir stóðu
verða:	ek _____,	þú _____,	hann varð
	vér _____,	þér _____,	þeir urðu

3. Coniuga i seguenti verbi alla III pers. sing del perfetto presente e alla III pers. sing del perfetto passato. Ogni verbo è fornito III pers. sing del passato (indicativo).

	Pres. perf.	Past perf.
Es.: hann horfði:	hann hefr horft	hann hafði horft
hon lýsti:	_____	_____
hon svaraði:	_____	_____
hann sagði:	_____	_____
þat nefndi:	_____	_____
hann hafði:	_____	_____
hon mælti:	_____	_____
hon vígði:	_____	_____

4. Scrivi il nominativo singolare maschile del participio passato dei verbi dell'esercizio **3**.

_____

_____

5. Traduci i seguenti brani.

a. Þenna tíma réð fyrir Svíþjóð Óláfr konungr sœnski, sonr Eiríks konungs sigrsæla ok Sigríðar innar stórráðu; hann var ríkr konungr ok ágætr, metnaðar maðr mikill. Gunnlaugr kom til Uppsala nær þingi þeira Svía um várit, ok er hann náði konungs fundi, kvaddi hann konunginn. Hann tók honum vel ok spyrr, hverr hann væri. Hann kvazk vera íslenzkr maðr. Þar var þá með Óláfi konungi Hrafn Ǫnundarson.

_____

_____

_____

_____

_____

_____

_____

_____

_____

Konungr mælti: "Hrafn," segir hann, "hvat manna er hann á Íslandi?"

Maðr stóð upp af inum óœðra bekk, mikill ok vaskligr, gekk fyrir konung ok mælti: "Herra," segir hann, "hann er innar beztu ættar ok sjálfr inn vaskasti maðr."

"Fari hann þá ok siti hjá þér," sagði konungr.

_____

_____

_____

_____

_____

_____

_____

_____

b. Hjǫrleifr Hǫrðakonungr átti Æsu ina ljósu.

_____

_____

c. Skildusk þeir Aðalsteinn konungr ok Egill með inni mestu vináttu.

_____

_____

VOCABOLARIO

bekkr (*dat* bekk) *m* panca
bók *f* libro
fara *vb* andare, viaggiare
fundr *m* incontro, riunione
fyrir *prep* [+ *acc*] davanti (*movimento*)

herra *m* signore (NB: *il nom esce in* -a)
hjá *prep* [+ *dat*] presso, accanto
Hjǫrleifr *m* (*nome proprio*)
Hrafn *m* ('Corvo') (*nome proprio*)
hvat *pron int* che cosa

Hǫrðaland (in Norvegia occidentale)

íslenzkr *agg* islandese

kvaddi (*inf* **kveðja**) *vb* salutò

kvazk *vb* rifl si disse (*3sg passato di* **kveðask**)

kveða (*pass sg* kvað) *vb* dire; *rifl* **kveðask** (*pass sg* kvazk) dirsi [+ *inf*]

kveðja (*pass* kvadd-) *vb* salutare

landnám *n* colonizzazione, insediamento

Landnámabók *f* Libro degli insediamenti

ljóss *agg* luminoso, bello

ljósu *agg* bello (*acc sg fem deb di* **ljóss**)

manna *gen pl* di **maðr**

með *prep* [+ *dat*] con (assieme a)

mestr *agg superl* massimo, il più grande (*cfr.* **mikill**)

mikill (*superl* mestr) *agg* grande

ná (*pass* -ð-) *vb* [+ *dat*] raggiungere

nær *prep* [+ *dat*] vicino (to)

Óláfr *m* (*nome proprio*)

óœðri *comp agg* più basso

Sigríðr *f* (*nome proprio*)

sitja *vb* sit

rifl si separarono

skilja (*pass* -d-) *vb* separare, dividere; *rifl* **skiljask** dividersi

Sturlubók *f* 'Sturla's Book', versione della **Landámabók** composta da Sturla Þórðarson

Svíar *m pl* gli svedesi

Svíþjóð *f* Svezia

sœnskr *agg* Svedese

taka (*pass sg* tók) *vb* prendere, accogliere

tók (*inf* **taka**) *vb* accolse

Uppsalir *m pl* Uppsala ('Sale superiori'), città in Svezia (*toponimo*)

vaskastr *agg superl* (*cfr.* **vaskr**) il più coraggioso, coraggiosissimo

vaskr *agg* coraggioso, valente

vár *n* primavera

vera *vb* essere

væri (*inf* **vera**) *vb* fosse

þeira *pron* di loro (*gen di* **þeir**)

þér *pron* voi

þing *n* assemblea

Æsa *f* Æsa (*nome proprio*)

ætt *f* famiglia, stirpe

Ǫnundr *m* (*nome proprio*)

FRASI ED ESPRESSIONI

hann kvazk vera (si) disse di essere

hann tók honum vel lo ricevette/accolse bene

hvat manna che tipo di persona

um várit in primavera

þenna tíma (a) quel tempo

Note

_____

_____

_____

_____

_____

_____

LEZIONE 9

Ór *Egils sǫgu Skalla-Grímssonar* (32. kap.)
(Dalla *Saga di Egil Skalla-Grimsson*, cap. 32)

Bjǫrn hét hersir ríkr í Sogni, er bjó á Aurlandi; hans son var
Brynjólfr,

eredità   padre suo   figli
er arf allan tók eptir fǫður sinn. Synir Brynjólfs váru þeir Bjǫrn

              età   di notizie
ok Þórðr; þeir váru menn á ungum aldri, er þetta var tíðenda.

    viaggiatore   in incursioni
Bjǫrn var farmaðr mikill, var stundum í víking, en stundum

   viaggi commerciali   il più affermato
í kaupferðum; Bjǫrn var inn gǫrviligsti maðr.

     accadde   una   certa   estate   si trovava   nei   Fiordi
Þat barsk at á einu hverju sumri, at Bjǫrn var staddr í Fjǫrðum

   festa   qualche   molto frequentata   fanciulla   che
at veizlu nǫkkurri fjǫlmennri; þar sá hann mey fagra, þá er

    gli piacque molto   chiese   circa   di quale famiglia
honum fannsk mikit um. Hann spurði eptir, hverrar ættar hon var;

honum var þat sagt, at hon var systir Þóris hersis Hróaldssonar ok hét

         (la chiese in sposa)   [la mano di]
        sollevò up proposta sua   chiese   Þóra   rifiutò
Þóra. Bjǫrn hóf upp bónorð sitt ok bað Þóru, en Þórir synjaði

     fidanzamento   così   autunno
honum ráðsins, ok skildusk þeir at svá gǫrvu. En þat sama haust fekk

     per sé seguito   andò   barca   completamente equipaggiata   verso nord   ne[i]
Bjǫrn sér liðs ok fór með skútu alskipaða norðr í

Fiordi   a casa   portò
Fjǫrðu ok kom til Þóris ok svá, at hann var eigi heima. Bjǫrn nam

     via   [la] portò a casa   sé   loro
Þóru á brott ok hafði heim með sér á Aurland; váru þau þar

           ('fare matrimonio a')
   l'inverno   sposare   lei
um vetrinn, ok vildi Bjǫrn gera brúðlaup til hennar.

9.1. Sostantivi deboli e aggettivi: il femminile singolare.

La maggior parte dei sostantivi fem. deboli e tutti gli aggettivi fem.
deboli termina in -*a* al nom. sing. e in -*u* negli altri casi del sing. Nota
che, proprio come nel caso di sostantivi e aggettivi masc. e neut., la
declinazione di sostantivi e aggettivi fem. sing. è identica.

    Esempi di nomi deboli dall'E.L. 9 sono il nom. *Þóra*, l'acc. e il gen.
Þóru (NB: il verbo *biðja* regge il gen.); acc. *skútu* (nom. *skúta*); e dat.

Esempi di aggettivi fem. deb. sono: nom. *Helga in fagra* 'Helga la bella'; acc. *Æsu ina ljósu* 'Æsa la bella' (E.L. 8.1(1)); dat. *inni mestu vináttu* 'con la più grande micizia' (E.L. 8.1(2)); gen. *innar beztu ættar* 'della famiglia migliore' (E.L. 8).

Un piccolo numero di sostantivi astratti fem. deb. termina in *-i*, es., *elli* 'vecchiaia', *ævi* 'tempo, arco di vita, epoca', *gremi* 'collera'. Questi sostantivi sono indeclinabili e mostrano *-i* in tutti i casi del singolare.

nom	-i
acc	-i
dat	-i
gen	-i

Ad esempio, acc. *goðagremi* 'collera degli dèi' compare nell'E.L. 13(3). Nessun aggettivo fem. deb. termina in *-i*.

9.2. Ripasso dei paradigmi: desinenze complete del singolare di sostantivi e aggettivi deboli. (Cfr. 4.7, 9.1).

	Masc	Fem	Neut
nom	-i	-a, (-i)	-a
acc	-a	-u, (-i)	-a
dat	-a	-u, (-i)	-a
gen	-a	-u, (-i)	-a

9.3. Sostantivi forti: femminile singolare.

Ór *Gísla sǫgu Súrssonar* (5. kap.)
(Dalla *Saga di Gísli Súrsson*, cap. 5)

'Monte-foche'
Þórbjǫrn hét maðr ok var kallaðr   selagnúpr;   hann bjó í

moglie
Tálknafirði at Kvígandafelli; Þórdís hét kona hans, en Ásgerðr dóttir.

'([di] possedere')
questa   donna Þorkell richiede   ottiene   in matrimonio
Þessarar konu biðr Þorkell Súrsson ok getr hana   at eiga,   en

chiese sorella   ricevette
Gísli Súrsson bað systur   Vésteins, Auðar Vésteinsdóttur, ok   fekk

abitano ora entrambi insieme
hana; búa   nú báðir saman í Haukadal.

nom	–,		-r
acc	–,	(-u),	-i
dat	–,	-u,	-i
gen		-ar	

- I sostantivi femminili forti solitamente non hanno alcuna desinenza al nom. sing.: es., *Þórdís*; ma la desinenza *-r* è abbastanza frequente, specialmente nei nomi propri: es., *Ásgerðr, Auðr*.

	'bellezza'	'terra'	'Ingibjǫrg'	'Auðr'
nom	fegrð	jǫrð	Ingibjǫrg	Auð**r**
acc	fegrð	jǫrð	Ingibjǫrg**u**	Auð**i**
dat	fegrð	jǫrð**u**	Ingibjǫrg**u**	Auð**i**
gen	fegrð**ar**	jarð**ar**	Ingibjarg**ar**	Auð**ar**

non hanno desinenza: acc. *fegrð* (E.L. 7), *mey* (E.L. 9; nom. *mær*), dat. *Borg* (E.L. 1), *Svíþjóð* (E.L. 8).

- o Alcuni sost. fem. forti, tuttavia, escono in -*u* al dat. sing.: *jǫrð* 'earth' – acc. *jǫrð* (E.L. 12(2)), dat. *jǫrðu* (E.L. 17).

- o Alcuni sost. fem. forti, specialmente nomi propri, esibiscono la -*u* sia all'acc. sia al dat.: *Ingibjǫrg* – acc./dat. *Ingibjǫrgu* (E.L. 6).

- o I sost. fem. forti con nom. sing. -*r* prendono la desinenza -*i* sia all'acc. sia al dat. sing.: *Auðr* – acc./dat. *Auði*.

- Il gen. sing. dei sostantivi fem. forti è -*ar* nella maggioranza dei casi: *Auðar, Sigríðar*.

  - o Quando la vocale della radice è -*ǫ*- al nom. sing., la vocale diventa -*a*- al gen. sing.: *jarðar, Ingibjargar*. (La stessa alternanza si verifica nel nome maschile *Bjǫrn* – gen. *Bjarnar*, E.L. 1. Questa mutazione vocalica verrà spiegata nella Lezione 11.)

  - o Se la radice di un sostantivo temrina in vocale, la -*a*- inziale del genitive viene omessa: es., *brár* (E.L. 7) = *brá* + -*ar*.

9.4. Ripasso dei paradigmi: desinenze complete del singolare dei sostantivi forti (cfr. 4.2, 9.3).

	Masc	Fem	Neut
nom	-r (cfr. 2.1)	–, -r	–
acc	–	–, -i, -u	–
dat	-i	–, -i, -u	-i
gen	-s, -ar	-ar	-s

9.5. Termini di parentela in -*ir*: declinazione del singolare.

Una piccolo classe di sostantivi che comprende termini per descrivere la parentela (sia masc. sia fem.) presenta la desinenza -*ir* al nom. sing. Questi nomi prendono -*ur* negli altri casi del singolare:

bróðir – acc./dat./gen. *bróður*
dóttir – acc./dat./gen. *dóttur*
faðir – acc./dat./gen. *fǫður*[18]
móðir – acc./dat./gen. *móður*
systir – acc./dat./gen. *systur*

9.6. Aggettivi forti: femminile singolare.

(1) Ór *Hávarðar sǫgu* (1. kap.)
(Dalla *Saga di Havard*, cap. 1)

      giovane   di [una] grande famiglia
Hon var **ung** kona ok **stórrar** ættar.

---

[18] Il mutamento della vocale di *faðir* a *fǫður* verrà affrontato in 11.2.

Nǫrvi hét jǫtunn, er bygði í Jǫtunheimum. Hann átti dóttur, er Nótt

nera scura aveva come caratteristica di famiglia

hét. Hon var **svǫrt** ok **døkk** sem hon átti ætt til.

- Il nom. sing. fem. degli aggettivi forti non ha desinenza: *ung kona, svǫrt, døkk.*
- L'acc. sing. fem. ha la desinenza *-a: mey fagr**a**, skútu alskipað**a**.
- Il dat. sing. fem. ha la desinenza *-ri: veizlu* nǫkku**rri** fjǫlmenn**ri.**
- Il gen. sing. fem. ha la desinenza *-rar: stór**rar** ættar.*

nom	–
acc	-a
dat	-ri
gen	-rar

Il dat. e il gen. subiscono mutamenti secondo le stesse regole che abbiamo visto per il nom. sing. masc. in *-r* (2.1).

9.7. Ripasso dei paradigmi: desinenze complete del singolare degli aggettivi forti (cfr. 4.6, 9.6).

	Masc	Fem	Neut
nom	-r (cfr. 2.1)	–	-t
acc	-an	-a	-t
dat	-um	-ri (cfr. 2.1)	-u
gen	-s	-rar (cfr. 2.1)	-s

9.8. Verbi: desinenze di I e II persona singolare del presente.

1. First Person Singular.

La I pers sing. del pres. indicativo non ha desinenza. corrisponde dunque alla III pers. sing. (7.7) senza però la desinenza *-r: ek kalla* (III sing. pres. *kallar*), *ek segi* (III sing. pres. *segir*, E.L. 4, 5, 8), *ek bið* (III sing. pres. *biðr*, E.L. 9.3), *ek spyr* (III sing. pres. *spyrr*, E.L. 8).

2. Seconda persona singolare.

La desinenza della II pers. sing. del pres. indicativo è identica alla III. sing.: *þú kalla**r**, þú segi**r**, þú bið**r**, þú spyr**r.***

3. Prima persona plurale.

La desinenza della I pers. pl. del pres. è identica a quella del passato, ovvero *-um: vér ger**um**, vér bið**um**.* Viene apposta alla radice del presente.

- Se la radice dell'infinito termina in *-j-*, questa è mantenuta nella I pers. pl.: *vér spyr**jum*** (inf. *spyrja*), *vér seg**jum*** (inf. *segja*), *vér vil**jum*** (inf. *vilja*).

4. Seconda persona plurale.

La desinenza della II pers. pl. del pres. è *-ið*: *þér biðið, þér gerið, þér spyrið, þér segið.*

9.9. Ripasso dei paradigmi: desinenze di I e II persona singolare del presente e del passato (Cfr. 7.10, 8.4, 9.8).

	Presente		Passato	
	Debole	Forte	Debole	Forte
1sg	(-a/i/–)–	–	(-að/ð/d/t)-a	–
2sg	(-a/i/–)-r	-r	(-að/ð/d/t)-ir	-t
3sg	(-a/i/–)-r	-r	(-að/ð/d/t)-i	–
1pl	-um	-um	(-að/ð/d/t)-um	-um
2pl	-ið	-ið	(-að/ð/d/t)-uð	-uð
3pl	-a	-a	(-að/ð/d/t)-u	-u

ESERCIZI

1. Inserisci le desinenze appropriate.

   a. Þóra in auðg__ hét kon__. Hon var móðir Ásgerð__ in__ væn__ ok Harald__ in__ hárfagr__.

   b. Gísl__ bað Helg__ in__ auðg__ ok fekk h____ at eig__.

   c. I__ sœnsk__ þing var um vár__ (det.).

   d. Fegrð Helg__ in__ auðg__ var mikil. Hon var góð kon__ ok gǫfug__ ætt__.

   e. Auð__, kon__ Gísl__ in__ vitr__, var væn kon__ ok stórráð.

   f. Þeir Gunnlaugr ok Hrafn stóð__ upp af bekk____ (det.) ok geng__ fyrir konungsson____ (det.).

   g. Þeir Eirík__ náð__ fund__ Óláf__ konung__.

   h. Konung__ bjó í firð____ (det.).

   i. Þorstein__ in__ stór__ stóð á skip____ (det.) ok kvadd__ konung.

2. Inserisci le desinenze appropriate.

   a. Maðr hét Gísli. Hann var sonr Ásgerð____, kon__ Þorkel__ in__ mikl__, auðig__ mann__ ok vaen__.

   b. Kon__ Gísl__ hét Auð__. Hon var syst__ Véstein__ in__ auðg__, mikil__ mann__ ok vaen__.

   c. Véstein__ bað Ásgerð__, dótt__ Gísl__ ok Auð__ ok syst__ Yngvar__.

e. Egil__ var faðir Ásgerð__, væn____ kon__ ok mikil__.

3. Ripeti l'esercizio **2**, sostituisci tutti i nomi forti con altri deboli. Ad esempio, sostituisci *Vésteinn* con *Gísli*, oppure un qualsiasi altro nome proprio masc. debole. Per i nomi propri fem. *Auðr* e *Ásgerðr*, usa I fem. deboli *Helga* e *Þóra*.

a. _____

_____

b. _____

_____

c. _____

_____

d. _____

e. _____

4. Coniuga i seguenti verbi al presente. Vengono fornite al III pers. sing. e la III pl. del presente.

a. Verbi deboli:

Es: lifa: ek _lifi_____, þú _lifir_____, hann lifir
            vér _lifum_____, þér _lifið_____, þeir lifa

elska: ek _____, þú _____, hann elskar
         vér _____, þér _____, þeir elska

mæla: ek _____, þú _____, hann mælir
         vér _____, þér _____, þeir mæla

spyrja: ek _____, þú _____, hann spyrr
         vér _____, þér _____, þeir spyrja

b. Verbi forti:

Es: biðja: ek _bið_____, þú _biðr_____, hann biðr
            vér _biðjum_____, þér _biðið_____, þeir biða

gefa: ek _____, þú _____, hann gefr
         vér _____, þér _____, þeir gefa

hefja: ek _____, þú _____, hann hefr
         vér _____, þér _____, þeir hefja

rísa: ek _____, þú _____, hann ríss
         vér _____, þér _____, þeir rísa

5. Traduci i seguenti brani.

a. Bjǫrn hét hersir ríkr í Sogni, er bjó á Aurlandi; hans son var Brynjólfr, er arf allan tók eptir fǫður sinn. Synir Brynjólfs váru stundum í kaupferðum; Bjǫrn var inn gørviligsti maðr.

Þat barsk at á einu hverju sumri, at Bjǫrn var staddr í Fjǫrðum at veizlu nǫkkurri fjǫlmennri; þar sá hann mey fagra, þá er honum fannsk mikit um. Hann spurði eptir, hverrar ættar hon var; honum var þat sagt, at hon var systir Þóris hersis Hróaldssonar ok hét Þóra. Bjǫrn hóf upp bónorð sitt ok bað Þóru, en Þórir synjaði honum ráðsins, ok skildusk þeir at svá gǫrvu.

En þat sama haust fekk Bjǫrn sér liðs ok fór með skútu alskipaða norðr í Fjǫrðu ok kom til Þóris ok svá, at hann var eigi heima. Bjǫrn nam Þóru á brott ok hafði heim með sér á Aurland; váru þau þar um vetrinn, ok vildi Bjǫrn gera brúðlaup til hennar.

---

b. Þórbjǫrn hét maðr ok var kallaðr selagnúpr; hann bjó í Tálknafirði at Kvígandafelli; Þórdís hét kona hans, en Ásgerðr dóttir. Þessarar konu biðr Þorkell Súrsson ok getr hana at eiga, en Gísli Súrsson bað systur Vésteins, Auðar Vésteinsdóttur, ok fekk hana; búa nú báðir saman í Haukadal.

---

c. Hon var ung kona ok stórrar ættar.

---

d. Nǫrvi hét jǫtunn, er bygði í Jǫtunheimum. Hann átti dóttur, er Nótt hét. Hon var svǫrt ok døkk sem hon átti ætt til.

VOCABOLARIO

aldr *m* età
alskipaðr *agg* completamente equipaggiato
arfr *m* eredità
Auðr *f* Aud (*nome proprio*)
Aurland *n* (toponimo)
átti (*inf* **eiga**) *vb* ebbe, possedette
bað (*inf* **biðja**) *vb* richiese
barsk (*inf* **berask**, *cfr.* **bera**) *vb* *rifl*
  barsk at successe
báðir *pron* entrambi; sia... (sia...) (*masc*)
bera (*pass sg* bar) *vb* portare; rifl
  berask at succedere

biðja (*pres* biðr, *pass sg* bað) *vb* chiedere; [+ *gen*] richiedere
biðr (*inf* **biðja**) *vb* richiede
bónorð *n* richiesta, proposta
brott *avv* **á brott** via (movimento)
brúðlaup *n* matrimonio, sposalizio
Brynjólfr *m* (*nome proprio*)
døkkr *agg* scuro
eiga (*pass* átti) *vb* possedere, avere
elli *f* vecchiaia
faðir (*acc/dat/gen* fǫður) *m* padre
fannsk (*inf* **finnask**, *cfr.* **finna**) *vb*
  rifl sembrò/sembrava
fara (*pass sg* fór) *vb* viaggiare,

fá (*pass sg* fekk) *vb* [+ *gen*] ottenere, ricevere; sposare

fekk (*inf* **fá**) *vb* ottenne; sposò

fell *n* montagna

finna (*pass sg* fann) *vb* trovare; *rifl* **finnask** sembrare

Firðir *m pl* i Fiordi (*toponimo*)

fjǫlmennr *agg* popoloso, con tante persone, molto frequentato

fór (*inf* **fara**) *vb* viaggiò, andò

fǫður *m* padre (*acc di* **faðir**)

gera (-ð-) *vb* fare

geta (*pres* getr) *vb* ottenere

getr (*inf* **geta**) *vb* ottiene

gremi *f* collera

gǫrr (-v-) *agg* fatto

gǫrviligstr *agg* *superl* (*cfr.* **gǫrviligr**) il più affermato, molto affermato

gǫrviligr *agg* affermato, capace

hana *pron* lei (*acc di* **hon**)

haust *n* autunno

Hávarðr *m* (*nome proprio*)

hefja (*pass sg* hóf) *vb* sollevare

heim *avv* (verso) casa (*movimento*)

heima *avv* a casa (*staticità*)

heimr *m* terra, regione del mondo

hennar *pron* (of) her (*gen di* **hon**)

hon (*acc* hana, *gen* hennar) *pron* lei (ella)

hóf (*inf* **hefja**) *vb* sollevò (*sg*)

Hróaldr *m* (*nome proprio*)

hverr *pron indef* chiunque

Jǫtunheimar *m pl* Terre dei giganti

jǫtunn *m* gigante

kaupferð *f* viaggio commerciale

kona *f* donna, moglie

Kvígandafell *n* 'Monte delle giovenche' (*toponimo*)

lið *n* truppa, Gruppo, drappello, banda, seguito

mey *f* fanciulla, ragazza (*acc di* **mær**)

mikit *avv* molto (*neut di* **mikill**)

mær (*acc* mey) *f* fanciulla, ragazza

nam (*inf* **nema**) *vb* prese (*sg*)

nema (*pass sg* nam) *vb* prendere

norðr *avv* nord

nótt *f* notte

nú *avv* adesso

nǫkkurr *pron indef* qualche

saman *avv* insieme

selagnúpr *m* 'Monte-foche' (*soprannome*)

sér *rifl pron* a sé, per sé (*dat di* **sik**)

sik *rifl pron* himself

sinn *agg poss rifl* suo (*quando il possessore è il soggetto della frase*)

sitt *agg poss rifl* suo (*neut di* **sinn**)

skúta *f* barca, piccolo imbarcazione

Sogn *n* Sogn, area nella Norvegia occidentale (*toponimo*)

sonr (*gen* -ar; *pl* synir) *m* figlio

spyrja (spurð-) *vb* chiedere, domandare

staddr *agg* posizionato; localizzato

sumar (*dat* sumri) *n* estate

sú *pron dim* quella (*fem di* **sá**)

Súrr *m* (*nome proprio*)

svartr (*fem* svǫrt) *agg* nero

svǫrt *agg* nera (*nom sg fem di* **svartr**)

synir *m* figli (*pl di* **sonr**)

synja (pass -að-) *vb* [+ *gen*] rifiutare, negare

systir (*acc/dat/gen* systur) *f* sorella

Tálknafjǫrðr *m*, un fiordo nell'Islanda nordoccidentale.

tíðenda *n pl* di notizie (*gen di* **tíðendi**)

tíðendi *n pl* notizie

ungr *agg* giovane

veizla *f* festa

Vésteinn *m* (*nome proprio*)

víking *f* incursione piratesca

þau *pron* loro (*n pl*)

þá *pron dim* that (one) (*acc di* **sú**)

þessarar *pron dim* di questa (*gen sg fem di* **þessi**)

þessi (*n* þetta) *pron dim* questo/questa

þetta *pron dim* ciò (*neut nom/acc di* **þessi**)

Þorkell *m* Thorkel (*nome proprio*)

Þóra *f* Thora (*nome proprio*)

Þórbjǫrn *m* Thorbjorn (*nome proprio*)

Þórðr *m* (*nome proprio*)

Þórir *m* (*nome proprio*)

ævi *f* tempo, arco di vita, epoca

at svá gǫrvu così, in questo modo

á ungum aldri in giovane età

biðja konu (*gen*) chiedere [la mano] di una donna

einn hverr qualcuno; un certo

er þetta var tíðenda quando questo successe (lett., 'quando ciò era di notizie')

fá sér liðs riunire le forze, radunare un seguito

gera brúðlaup til sposare

geta hana at eiga ottenerla in sposa, sposarla

hafa heim með sér portarla a casa con sé

hefja upp bónorð fare una proposta (di matrimonio)

nema á brott portare via, rapire

sem hon átti ætt til che era tipico della sua famiglia

svá at così che

þá er honum fannsk mikit um la quale gli piacque molto

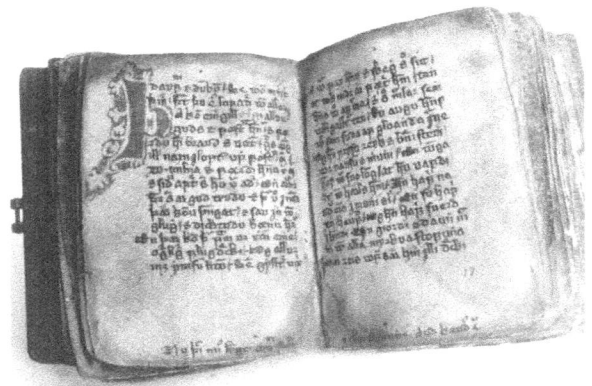

Un piccolo manoscritto islandese. La produzione di tali libri in pergamena ricavata da pelle di vitello iniziò nel secolo successivo alla conversione islandese al cristianesimo, che avvenne intorno all'anno 1000. Missionari e chierici cristiani introdussero la tecnica della scrittura con inchiostro e l'uso della pergamena. (Foto per gentile concessione dell'Istituto Árni Magnússon per gli studi islandesi, Reykjavík.)

Note

_____

_____

_____

_____

_____

_____

LEZIONE 10

Ór *Óláfs sǫgu Tryggvasonar* (108. kap.)

(Dalla *Saga di Óláfr Tryggvason*, cap. 108)

con   alcuni
Þá mælti Eiríkr jarl við þann mann, er sumir nefna Finn, en sumir

       finnico   arcere   colpisci
segja, at hann væri finnskr – sá var inn mesti bogmaðr: "Skjóttu mann

      arceria
þann inn mikla í krapparúminu."

    scagliò   giunse la freccia all'arco di Einarr nel mezzo in quel momento in cui
Finnr skaut, ok kom ǫrin á boga Einars miðjan í því bili,   er

     estrasse la terza volta L'arco Si ruppe   due parti
Einarr dró it þriðja sinn bogann. Brast þá boginn í tvá hluti.

              si è rotto   rumorosamente
Þá mælti Óláfr konungr: "Hvat brast þar svá   hátt?"

      risponde   dalle tue mani
Einarr svarar: "Nóregr ór hendi þér, konungr."

  non è probabile   rottura [che sia] successa   prendi
"Eigi mun[19] svá mikill brestr   orðinn," segir konungr, "tak

  mio   scaglia da [esso]   gettò   l'arco
boga minn ok skjót af" – ok kastaði boganum til hans.

     l'arco   estrasse subito davanti [la] punta della freccia
Einarr tók bogann ok dró þegar fyrir   odd ǫrvarinnar ok mælti:

troppo debole   del sovrano arco   gettò indietro l'arco
"Of veikr, of veikr allvalds bogi" – ok kastaði aptr boganum, tók þá

scudo suo   spada   si batté
skjǫld sinn ok sverð ok barðisk.

10.1. Verbi: l'imperativo.

L'imperativo è la forma del verbo usata per impartire comandi o richieste; ad esempio "va'!".

1. Seconda persona singolare

La II pers. sing. dell'imperativo di un verbo è la radice del pres., la quale può assumere tre forme.

- Per i verbi deboli con vocale connettiva -*a*- (5.3.1), l'imperativo

---

[19] 'mun' è propriamente l'ausiliare per il futuro, ma può essere usato nel senso di "è probabile che". Anche il futuro semplice italiano può essere usato in senso modale, anziche in quello temporale: in una frase come "Da qui a lì saranno una decina di chilometri", il verbo "saranno" non indica il futuro temporale ma marca l'asserzione come non fattuale o non sicura.

- Per la maggior parte degli altri verbi, forti e deboli, l'imperativo corrisponde alla radice nuda: *tak* 'prendi!' (inf. *taka*), *skjót* 'scaglia!' (inf. *skjóta*).

- Un ristretto numero di verbi deboli esibisce la vocale *-i* all'imperativo: *þegi* 'taci!' (inf. *þegja*).

Il pron. *þú* segue spesso il verbo all'imperativo, senza però alcuna alterazione del significato: *tak þú* = *tak* ('prendi!') *skjót þú* = *skjót* ('scaglia!'). Quando il comando è enfatico, *þú* rimane separato dal verbo ma, nella maggior parte dei casi, *þú* diventa clitico [ovvero si comporta come un suffisso] e viene apposto al verbo con una forma leggermente diversa, *-ðu*: *kallaðu* = *kalla þú* ('chiama!'), *farðu* = *far þú* ('va'!'), *gerðu* = *ger þú* ('fa'!').

La consonante dentale del pronome clitico *-ðu* si assimila alla consonante finale della radice verbale secondo le stesse regole (5.4) che determinano la forma del suffiso *-ð-* nel passato dei verbi deboli: *skjóttu* ('scaglia'!'), *taktu* ('prendi'!'),.

- Quando la radice termina in *-nd-*, *-ng-*, e *-ld-*, tali nessi consonantici mutano talvolta in *-tt*, *-kk*, e *-lt*. Per esempio, *standa*, *ganga*, e *halda* all'imperativo diventano *statt*(*u*) ('sta' in piedi!'), *gakk*(*tu*) ('cammina!'), e *halt*(*u*) ('mantieni!').

2. Seconda persona plurale.

La II pers. pl. dell'imperativo è identica alla II pl. dell'indic. pres. (cfr. 9.8). Ad esempio, *takið* può essere una semplice affermazione '(voi) prendete/state prendendo' oppure un comando 'prendete!'. Ugualmente, *skjótið* può significare sia 'voi state scagliando (frecce)' o 'scagliate! (pl.)'.

3. Prima persona plurale.

La I pers. pl. dell'imperativo è identica alla I pl. dell'indic. pres.: *gerum* 'facciamo/stiamo facendo' oppure 'facciamo (questo)!', *skjótum* 'scagliamo/stiamo scagliando' o 'scagliamo!'.

10.2. Variazioni delle radici in *-j-* e *-v-*.

Le radici di diverse parole islandesi terminano in *-j-* o *-v-*, ma il fatto che tali suoni compaiano o meno nelle varie forme flesse è determinato dalla desinenza che segue la radice. Ad esempio:

Sostantivi:

masc. *leggr* (*-j-*) 'gamba' – gen. sing. *leggjar*, gen. pl. *leggja*
fem. *ey* (*-j-*) 'isola' – dat. sing. *ey/eyju*, gen. sing. *eyjar*, gen. pl. *eyja*
neut. *ríki* (*-j-*) 'regnor' – gen. pl. *ríkja*
fem. *ǫr* (*-v-*) 'freccia' – gen. sing. *ǫrvar*, gen. pl. *ǫrva*

biðja 'richiedere' – III pers. sing. pres. *biðr*

syngja (arcaico: *syngva*) 'cantare' – III pers. sing. pres. *syngr*

Aggettivi:

miðr (-*j*-) 'medio' – acc. sing. masc. *miðjan*, fem. *miðja*, dat. sing. masc. *miðjum*, dat. *miðju*, ecc.

þriði (-*j*-) 'terzo' – (sempre debole) nom. sing. fem. *þriðja*, acc./ dat./gen. sing. masc. *þriðja*, fem. *þriðju*, ecc.

døkkr (-*v*-) 'scuro' –acc. sing. forte *døkkvan*; nom. sing. masc.debole *døkkvi*, fem. *døkkva*, ecc.

Pronomi:

hverr (-*j*-) – dat. sing. masc. *hverjum*, neut. *hverju*

Il mantenimento o la caduta di -*j*- e -*v*- finali sono determinati dalle seguenti regole:

- Sia -*j*- sia -*v*-, quando sono parte della radice, sono mantenuti se la desinenza inizia per -*a*.
- -*j*- cade prima di -*i*.
- -*v*- cade prima di -*u*.
- -*v*- viene mantenuta prima di -*i* (es., masc. deb. *døkkvi*) ma non prima di una *i*- che è parte di un articolo clitico (es., *ǫrin* 'la freccia').
- Sia -*j*- sia -*v*- cadono quando la desinenza è in consonante..
- Sia -*j*- sia -*v*- cadono quando non c'è alcuna desinenza.

10.3. Verbi: formazione del participio passato.

I verbi deboli e i verbi forti formano i loro participi passati attraverso le stesse modalità con le quali formano il passato. (5.2).

1. Verbi deboli.

Il part. pass. dei verbi deboli aggiunge lo stesso suffiso del pass. (-*ð*- , -*d*-, o -*t*-, cfr. 5.4). Per questo, le radici dei due sono identiche: *kalla* – pass./part. pass *kallað*-; *nefna* – pass./part. pass. *nefnd*-; *víga* – pass./part. pass. *vígð*-.

Il part. pass. aggiunge regolari desinenze aggettivali alla radice verbale: nom. sing. masc. *kallað-r* (E.L. 2), *nefnd-r* (E.L. 3.9, 5), *vígð-r* (E.L. 4.5), *talað-r* (E.L. 7); e nom./acc. sing. neut. *lengt* (E.L. 2), *jafnat* (E.L. 7).

- Alcuni verbi (es., *lifa* 'vivere', *vaka* 'svegliare', *vilja* 'want') non seguono la regola generale, perché da un lato aggiungono il suffisso dentale direttamente alla radice, dall'altro inseriscono una -*a*- al neut.: es., *vaka* 'svegliare': III pers. sing. pass. *vak-ti*; part. pass. masc. *vak-tr*, ma neut. *vak-a-t*.

participi passati cambiando la vocale radice, come del resto fanno anche per il passato. La radice del part. pass. è tuttavia distinta da quella del passato: *taka* – pass. *tók, tóku* – part. pass. *tekinn*. Un altro esempio è *syngja* 'cantare' – pass. *song, sungu* – part. pass. *sunginn*.

Le desinenze dei part. pass. dei verbi forti sono identiche alle forme dell'articolo determinativo (*tekinn, sunginn*).[20] Alcuni esempi dagli estratti per la lettura sono: nom. sing. masc. *borinn* (E.L. 6), da *bera* 'bear'; nom. sing. masc. *orðinn* (E.L. 6, 10) e nom. sing. neut. *orðit* (E.L. 6), da *verða* 'diventare'.

Altri esempi frequenti: *ganga* 'andare, camminare' – part. pass. *genginn*; *gefa* 'dare' – part. pass. *gefinn*; *koma* 'venire' – part. pass. *kominn*.

Il part. pass di *taka* verrà preso per illustrare la declinazione completa (confrontala con quella dell'art. det., 8.2):

	Masc	Fem	Neut
Sg nom	tek-inn	tek-in	tek-it
acc	tek-inn	tek-ina	tek-it
dat	tek-inum	tek-inni	tek-inu
gen	tek-ins	tek-innar	tek-ins
Pl nom	tek-inir	tek-inar	tek-in
acc	tek-ina	tek-inar	tek-in
dat	tek-inum	tek-inum	tek-inum
gen	tek-inna	tek-inna	tek-inna

A questo punto abbiamo affrontato tutte le parti principali dei verbi forti, ovvero quelle che è necessario conoscere per poter coniugare un dato verbo in tutti i modi e tempi. Esse sono indicate nel vocabolario nel modo seguente: infinito, III pers. sing. del *pres.*, III pers. sing. del *pass.*, III pers. pl. del *pass.* e part. pass. masc. al nom. sing.

fá (fær; fekk, fengu; fenginn) *vb* ottenere, ricevere
liggja (liggr; lá, lágu, leginn) *vb* giacere
ríða (ríðr; reið, riðu; riðinn) *vb* cavalcare
standa (stendr; stóð, stóðu; staðinn) *vb* stare (trovarsi)

10.4. Verbi: funzione dei verbi riflessivi.

I verbi riflessivi svolgono quattro funzioni principale: riflessiva, reciproca, passiva e impersonale.

1. Funzione riflessiva.

La funzione riflessiva è utilizzata quando l'azione espressa dal verbo

---

[20] Tecnicamente, i part. pass. dei verbi forti aggiungono un suffisso *-in-* (*tek-in-*, *sung-in-*) seguito dalle desinenze aggettivali. Ricorda dalla sezione 2 1 che la *-r-* di queste desinenze si assimila alla *-n-* finale secondo le regole speciali per le radici.

La costruzione regolare per il discorso indiretto è costituita da un verbo riflessivo seguito da un infinito, ovvero quando una persona sta raccontando qualcosa riguardo a se stessa. Ad esempio, *hann kvazk vera* (E.L. 8) 'disse di essere', lett. 'si disse essere' (da *kvað*, III pers. sing. pass. di *kveða* 'dire').

Nota la differenza tra questo costrutto e il congiuntivo del discorso indiretto (8.5), il quale viene invece impiegato quando la persona che sta parlando è diversa da quella di cui si sta parlando: *hann spyrr, hverr hann væri* '(il re) chiese chi lui (Gunnlaugr) fosse' (E.L. 8).

2. Funzione reciproca.

La funzione reciproca implica sempre un soggetto plurale. Esprime un'azione che i soggetti del verbo compiono l'uno rispetto all'altro. Per esempio, *þeir skuldusk* 'si separarono (l'uno dall'altro)', (da *skilja* 'separare').

3. Funzione passiva.

La forma riflessiva viene anche utilizzata con significato di passive, ovvero per indicare che un'azione "è svolta/è stata svolta" anche senza specificare chi l'abbia compiuta. Ad esempio: *hjósk skjǫldr Helga* 'fu colpito lo scudo di Helgi' (*hjósk*, lett. 'si colpì', da *hjó*, III pers. sing. pass. di *hǫggva* 'colpire').

4. Uso nelle costruzioni impersonali.

I riflessivi compaiono di frequente nelle costruzioni impersonali dove la funzione riflessiva originale non è più sempre chiara. Questi usi sono solitamente idiomatici, e non è possibile tradurli letteralmente.

> *honum fannsk mikit um* (E.L. 9) 'gli piacque molto' (*fannsk* da *finna* 'trovare')
>
> *hversu lízk þér á* (E.L. 4) 'come ti sembra, cosa ne pensi' (*lízk á* da *líta á* 'osservare')

Nota che in queste costruzioni, il soggetto logico della frase compare al caso dativo.

10.5. Verbi riflessivi: formazione della III persona.

I verbi riflessivi alla III pers. sing. sono formati con la desinenza *-sk*, una contrazione del pron. rifl. acc. di III pers. sing. *sik* (confronta il dat. *sér* nell'E.L. 9). L'infinito di un verbo riflessivo termina in *-ask*: *berjask* 'battersi'. Quando il verbo è coniugato, la desinenza *-sk* si aggiunge a quelle personali del verbo (e non alla radice), come illustrato dai seguenti esempi:

> *barðisk* (E.L. 6, 10) = *barði* (III sing. pass. di *berja*) + *-sk*
> *barsk* (E.L. 9) = *bar* (III sing. pass di *bera*) + *-sk*

Quando -sk viene aggiunto al verbo, si verificano alcune modifiche dovute alle seguenti assimilazioni:

- Assimilazione dopo una consonante dentale.

    Consonante dentale + -sk = -zk. Per esempio, kva**zk** (E.L. 8) = kvað- + -sk. Questo tipo di assimilazione si verifica in generale nella lingua e non è limitato a questa desinenza; per esempio, osserva il superl. beztr 'il migliore' (E.L. 7) = stem bet- + -str.

- Caduta della -r finale della desinenza personale.

    Una -r finale di una desinenza personale cade prima di -sk. Ad esempio, lí**zk** (E.L. 4) = lítr + -sk. In questo caso la -r finale scompare e la desinenza riflessiva è assimilata alla -t finale.

ESERCIZI

1. L'espressione kastaði boganum è comparsa due volte nell'E.L.

    a. Qual è il caso grammaticale di boganum? _____

    b. Perché il sostantivo compare in questo caso? _____

_____

2. Inserisce le desinenze appropriate e le vocali mancanti.

    a. Eystein__ stóð á inu stór__ skip__ ok barðisk.

    b. Einar__ kast_ð__ in__ sam__ bog__ aptr til Óláf__ konung__.

    c. Óláf__ tók in__ veik__ bog__ ok dró h____.

    d. In__ stór__ bog__ brast.

3. Inserisci le desinenze appropriate.

    a. Kon__ hét Þór__ in ljós__. Hon bjó í stór___ firð__ á Ísland__ hjá Brynjólf__ in__ rík__, góð___ mann__ ok auðg___, ok Helg__ in___ stór__, ágæt___ kon__ ok væn___.

    b. Þór__ átti Gísl__ in__ mikl__, gǫfg___ mann ok vitr___. Bjǫrn in__ hvít__ var sonr Gísl__ ok Þór__ ok hann átti Ber__ in__ stórráð__, fagr__ kon__ ok ung__. Bjǫrn var ung__ með__ ok góð___ ætt__ ok átti stór__ skip. Hann var i víking á ein__ hverj__ haust__ ok fór með it stór__ skip til England__. Þar náði hann fund__ Óláf__ in__ góð__, konung__ England__, ok var með Óláf__ þetta sam__ haust.

4. Scrivi la II pers. sing. dell'imperativo dei verbi forniti. Indica sia la

a. Verbi deboli:

kasta (-að-): _____ / _____

kveðja (kvadd-): _____ / _____

mæla (-t-): _____ / _____

b. Verbi forti:

bera: _____ / _____

biðja: _____ / _____

þiggja: _____ / _____

5. Fornisci la forma riflessiva delle seguenti forme verbali:

a. at taka _____, hon tekr _____,

hon tók _____, þær tóku _____.

b. at mæla _____, hann mælir _____,

hann mælti _____, þeir mæltu _____.

c. at skjóta _____, þat skýtr _____,

þat skaut _____, þau skutu _____.

6. Traduci le seguenti espressioni riflessive:

a. Þeir mæltusk við.

_____

b. Dagr sezk. (*at setja* 'porre'; III sing. pres. *hann setr*)

_____

7. Traduci le seguenti due frasi e spiegane le differenze:

a. Konungrinn sagðisk vera ríkr maðr.

_____

_____

b. Konungrinn sagði, at hann væri ríkr maðr.

_____

_____

8. Traduci i brani seguenti.

Þá mælti Eiríkr jarl við þann mann, er sumir nefna Finn, en sumir segja, at hann væri finnskr – sá var inn mesti bogmaðr: "Skjóttu mann þann inn mikla í krapparúminu."

Finnr skaut, ok kom ǫrin á boga Einars miðjan í því bili, er Einarr dró it þriðja sinn bogann. Brast þá boginn í tvá hluti.

_____

_____
_____
_____
_____
_____
_____
_____

Þá mælti Óláfr konungr: "Hvat brast þar svá hátt?"

Einarr svarar: "Nóregr ór hendi þér, konungr."

"Eigi mun svá mikill brestr orðinn," segir konungr, "tak boga minn ok skjót af" – ok kastaði boganum til hans.

Einarr tók bogann ok dró þegar fyrir odd ǫrvarinnar ok mælti: "Of veikr, of veikr allvalds bogi" – ok kastaði aptr boganum, tók þá skjǫld sinn ok sverð ok barðisk.

_____
_____
_____
_____
_____
_____
_____
_____
_____
_____

VOCABOLARIO

> D'ora in poi i verbi nelle sezioni di vocabolario saranno inclusi come segue:
>
> _Verbi deboli_: **infinito** (suffisso dentale o radice del pass.) _vb_ definizione
> _Verbi forti_: **infinito** (IIIsg. pres.; IIIsg. pass., IIIpl. pass.; part. pass.) _vb_ definizione

aptr _avv_ indietro

barðisk (_inf_ **berjask**, _cfr._ **berja**) _vb_ _vb rifl_ si batté

berja (barð-) _vb_ colpire, battere; _rifl_ **berjask** battersi

bil _n_ momento

bogi _m_ arco

bogmaðr _m_ archere

bresta (brestr; brast, brustu; brostinn) _vb_ rompere

brestr _m_ rompe

draga (dregr; dró, drógu; dreginn) _vb_ tirare

døkkr (-v-) _agg_ scuro

isola

fá (fær; fekk, fengu; fenginn) *vb* ottenere

finnskr *agg* finnico

Finnr *m* (*nome proprio*)

hár *agg* rumoroso

hátt *avv* rumorosamente (*neut di* **hár**)

hendi *dat sg di* **hǫnd**

hǫnd (*dat* hendi) *f* mano

í *prep* [+ *acc*] in

kasta (-að-) *vb* [+ *dat*] lanciare

leggr (*gen* -jar; *pl* -ir) *m* gamba, arto

liggja (liggr; lá, lágu, leginn) *vb* giacere

miðr (-j-) *agg* medio

minn *poss agg* mio

munu (mun, munu; mundi) *vb* ausiliare per il futuro, essere possibile

oddr *m* punta

of *avv* troppo

orðinn (*inf* verða) *part pass* successo, avvenuto

ríða (ríðr; reið, riðu; riðinn) *vb*

sinn *n* volta

skjóta (skýtr; skaut, skutu; skotinn) *vb* scagliare

skjǫldr *m* scudo

setja (-tt-) *vb* porre, mettere

standa (stendr; stóð, stóðu; staðinn) *vb* stare in piedi, trovarsi

sumir *agg* (*m pl*) alcuni

svara (-að-) *vb* rispondere

sverð *n* spada

syngja (*arcaico* **syngva**) (syngr; sǫng, sungu; sunginn) *vb* cantaee

Tryggvi *m* (*nome proprio*)

tvá *num* due (*acc masc di* **tveir**)

tveir (*acc masc* tvá) *num* two

veikr *agg* debole

verða (verðr; varð, urðu; orðinn) *vb* diventare, succedere (NB: perdita regolare di *v*- iniziale di fronte a -*o*- oppure -*u*-)

þegar *avv* subito

þriði (-j-) *num ord* terzo

því *pron dim* a ciò (*dat di* **þat**)

ǫr (-v-) *f* freccia

FRASI ED ESPRESSIONI

eigi mun svá mikill brestr orðinn una tale rottura non sarà (= non è plausibile che sia) avvenuta

í því bili in quel momento

koma á colpire

mæla við [+ *acc*] rivolgersi a

ór hendi þér dalle tue mani

Note

_____

_____

_____

_____

_____

_____

_____

Ór *Fóstbrœðra sǫgu* (23. kap.)
(Dalla *Saga dei fratelli giurati*, cap. 23)

tenda
Egill mælti: "Ek var at búð Þorgríms Einarssonar, ok þar er nú mestr

parte dell'assemblea   racconta   storia
hluti þingheimsins. Þorgrímr segir þar sǫgu."

circa   chi   storia quella
Þormóðr mælti: "Frá hverjum er saga sú, er hann segir?" Egill

so   completamente circa   su chi   la storia   ciò
svarar: "Eigi veit ek gǫrla frá hverjum sagan er, en hitt veit ek

in modo divertente   sedia posta sotto   fuori
at hann segir vel frá ok skemmtilega, ok er stóll settr undir hann úti

la tenda   attorno   ascoltano   la storia
hjá búðinni, ok sitja menn umhverfis ok hlýða til sǫgunnar."

Sarai capace   who
Þormóðr mælti: "Kunna muntu nǫkkurn mann at nefna, þann sem

('in è')
è ne   la storia   soprattutto poiché   che sia divertente
í er sǫgunni, allra helzt er þú segir svá mikit frá, at gaman sé at."

eroe
Egill mælti: "Þorgeirr nǫkkurr var mikill kappi í sǫgunni, ok svá

sembra a me   debba essere stato in qualche modo
virðisk mér sem hann Þorgrímr myndi verit hafa nǫkkut við

('andato molto bene avanti')
[essersi] battuto bene   probabile   Vorrei   vada
sǫguna ok gengit mjǫk vel fram, sem líkligt er. Vilda ek, at þú gengir

verso là   può essere
þangat." "Vera má þat," sagði Þormóðr.

11.1. Verbi forti: alternanze vocaliche nella radice del presente.

La radice del pres. sing. dei verbi forti continene spesso una vocale diversa da quella del plurale. Ad esempio, *hann gengr – þeir ganga*. Siccome la III pl. del pres. è sempre identica all'infinito (7.9), la vocale della radice del pres. al plurale è identivca a quella dell'infinito.

La tabella sotto mostra lo schema delle alternanze vocaliche per la radice del pres. sing. e del pres. pl per i verbi forti. Non è necessario memorizzare l'alternanza per ogni singolo verbo, dal moment oche è sufficiente padroneggiare lo schema di queste variazioni.

L'alternanza vocalica regolare nei verbi forti

Alternanza

Pl	Sing	esempi
a	– e	at taka – hann tekr

ǫ – ø	at h**ǫ**ggva – hann h**ø**ggr ('colpire')
ú – ý	at b**ú**a – hann b**ý**r
jú – ý	at dr**jú**pa – hann dr**ý**pr
jó – ý	at sk**jó**ta – hann sk**ý**tr
au – ey	at hl**au**pa – hann hl**ey**pr ('correre')

Nessuna alternanza

Pl		Sing	Examples
e	–	e	at g**e**fa – hann g**e**fr
			at s**ø**kkva – hann s**ø**kkr
ø	–	ø	('sprofondare')
i	–	i	at b**i**ðja – hann b**i**ðr
í	–	í	at r**í**sa – hann r**í**ss
y	–	y	at s**y**ngja – hann s**y**ngr ('cantare')
ý	–	ý	at sp**ý**ja – hann sp**ý**r ('emettere')
æ	–	æ	at hl**æ**ja – hann hl**æ**r ('ridere')
ei	–	ei	at h**ei**ta – hann h**ei**tir
ey	–	ey	at d**ey**ja – hann d**ey**r ('morire')

11.2. Metafonia: una spiegazione.

Il processo che scatena il mutamento della vocale della radice dell'inf. e del pres. pl. in quella della radice del sing., secondo la tabella sopra, è definito **metafonia palatale**. Alcune nozioni di base di fonetica delle vocali rendono questo fenomeno facile da comprendere.

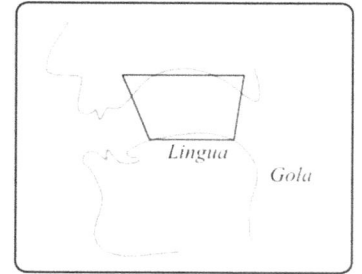

In tutte le lingue, due dei fattori che differenziano una vocale da un'altra sono la posizione della lingua nella bocca e la forma delle labbra quando la vocale è pronunciata. I linguisti usano un diagramma spaziale per illustrare la posizione delle vocali nella bocca. Le tre vocali cardinali sono **i**, **u** ed **a**. Esse si posizionano nel diagramma secondo il seguente modo.

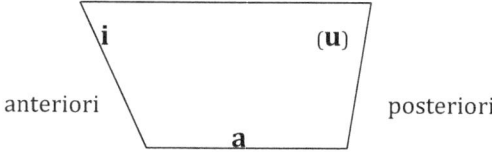

Quando enunci queste vocali, nota che la **i** è pronunciata con la lingua che sale verso l'alto nella bocca e in avanti; la **u** è pronunciata in alto nella bocca, ma con la lingua arretrata verso la parte posteriore; mentre la **a** è pronunciata con la lingua in basso nella

viene indicato dalle parentesi), ma non sono arrotondate quando si pronunciano **a** e **i**.

Qui sotto sono elencate le vocali dell'antico islandese:[21]

Vocali brevi

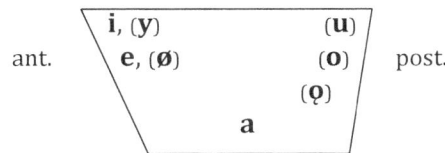

Vocali lunghe

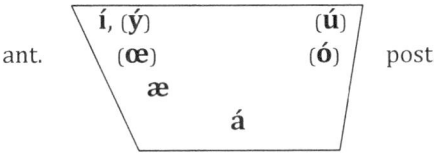

1. Metafonia palatale.

La metafonia palatale è il risultato di un processo storico per il quale una vocale è stata trascinata nella parte anteriore della bocca, e dunque più vicina al luogo dove si articola la vocale **i**, da una -*i*- o da una -*j*- che compaiono nella sillaba successiva.

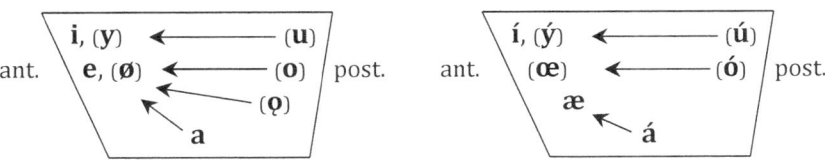

A complicare le cose, le -*i*- o -*j*- che hanno inzialmente causato la metafonia velare, sono scomparse dalla pronuncia (sebbene fossero presenti in antico nordico, intorno al 700 d.C.), ma l'effetto che hanno causato è rimasto, ed è un chiaro indizio della loro antica presenza.

Osserva ancora la tabella delle vocali radicali per il sing. e il pl. del presente: quando esse si alternano, la vocale della radice del sing. è il risultato del trascinamento di quella del pl. in una posizione della bocca più vicina a quella in cui la **i** viene pronunciata (confronta lo schema della bocca per vedere meglio le varie posizioni).[22]

Si noti anche che le vocali che non alternano con altre sono già

---

[21] Le vocali in queste tabelle si riferiscono alle vocali dell'antico islandese, e non a quelle dell'islandese moderno. Mentre le vocali accentate erano anticamente la versione lunga di quelle non accentate, a partire dal XIV e XV secolo hanno acquisito valori diversi e, dal XVI, sia le vocali accentate sia quelle accentate possono essere brevi o lunghe in islandese moderno (cfr. Appendice 1).

[22] La metafonia interessa vocali e dittonghi nello stesso mod. Ad esempio, $au \rightarrow ey$ quando interessata da metafonia di *i*- ($a \rightarrow e + u \rightarrow y$).

2. Metafonia velare (alternanza di *a~ǫ*)

La vocale breve -*a*- muta regolarmente a -*ǫ*- ogni qual volta la sillaba successiva contenga -*u*- oppure -*v*-: *fara* 'viaggiare' – *vér fǫrum* 'noi viaggiamo'; *hafa* 'avere' – *vér hǫfum* 'noi abbiamo', *vér hǫfðum* 'noi avemmo/avevamo', *þeir hǫfðu* 'loro ebbero/avevano'.

Questo processo è detto **metafonia velare**, perché la -*u*- oppure la -*v*- che la causa ha l'effetto di trascinare una vocale verso il velo palatino, dunque nella parte più interna del cavo orale.

Come nel caso della -*i*- che ha scatenato metafonia palatale, la -*u*- o la -*v*-[23] originarie che hanno scatenato questa mutazione sono spesso scomparse prima delle più antiche attestazioni in antico islandese, ma la presenza della vocale -*ǫ*- è una traccia della loro antica presenza. Ad esempio, *fǫr* (fem.) 'viaggio' discende dalla radice, **far*- attraverso una fase in cui la forma era **fǫru*.

Come desumibile dal diagramma, la **ǫ** è il risultato di un innalzamento e di un arretramento di **a** (che dunque si sposta verso la posizione della **u** che la "trascina"), la quale acquisisce anche il tratto dell'arrotondamento delle labbra proprio della **u**.

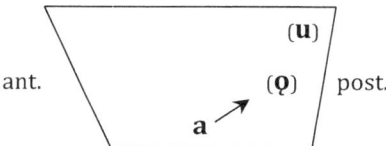

11.3. Sostantivi femminili deboli: alternanza *a~ǫ* nel singolare.

La declinazione del sostantivo fem. deb. *saga* esibisce l'alternanza di -*a*- con -*ǫ*-. Nei casi acc., dat., e gen., la desinenza del fem. sing. -*u* scatena metafonia velare.

La tabella a destra mostra la declinazione completa del sostantivo *saga* in tutti i casi del singolare. Tutte le forme con l'articolo determinativo clitico sono comparse nei vari E.L. Ricorda dalla sezione 4.8 che l'articolo perde la *i*- quando è apposto ad un sostantivo che termina per vocale.

11.4. Sostantivi femminili forti: alternanza di *a~ǫ* nel singolare.

Anche i sostantivi femminili forti con vocale radicale -*a*- esibiscono l'alternanza

		Indet	Det
Sg	nom	saga	saga-n
	acc	sǫgu	sǫgu-na
	dat	sǫgu	sǫgu-nni
	gen	sǫgu	sǫgu-nnar

di *a~ǫ*: il nom. e l'acc., e solitamente anche il dat., esibiscono -*ǫ*-, mentre il gen. mantiene la vocale originale -*a*-, perché la desinenza del gen. sing.

---

[23] In islandese antico, la *v* era pronunciata come la *u* di *questo*.

Nei casi diversi dal gen., il mutamento è causato da una -*u* che era presente come desinenza in fasi più antiche, ma che è poi è scomparsa dalla pronuncia; in alcuni sostantivi, la desinenza -*u* è stata preservata nel dat. sing. (*jǫrðu*). La declinazione completa per il sing. di questa classe di sostantivi è la seguente:

	Indet	Det	Indet	Det
Sg *nom*	fǫr	fǫr-in	jǫrð	jǫrð-in
acc	fǫr	fǫr-ina	jǫrð	jǫrð-ina
dat	fǫr	fǫr-inni	jǫrðu	jǫrðu-nni
gen	farar	farar-innar	jarðar	jarðar-innar

11.5. Sostantivi maschili forti: alternanza di *a~ǫ~e* nel singolare.

Alcuni sostantivi maschili forti esibiscono un'alternanza di *a~ǫ~e* (or *ja~jǫ~i*) al singolare. Ne abbiamo già incontrati diversi: nom. *Bjǫrn* (E.L. 4), gen. *Bjarnar* (E.L. 1); dat. *velli* (E.L. 6, 6.6) da *vǫllr* 'campo'; *vexti* (E.L. 6) da *vǫxtr* 'crescita'; dat. *firði* (E.L. 1, 6.6, 9.3) da *fjǫrðr* 'fiordo'; acc. *skjǫld* (E.L. 10) da *skjǫldr* 'scudo'.

La declinazione completa del singolare di questi sostantivi masc. forti viene qui illustrata dai termini *vǫllr*, *ǫrn* 'aquila', *Bjǫrn*, e *skjǫldr*:

	'campo'	'aquila'	'Bjǫrn'	'scudo'
Sg *nom*	vǫllr	ǫrn	Bjǫrn	skjǫldr
acc	vǫll	ǫrn	Bjǫrn	skjǫld
dat	velli	erni	Birni	skildi
gen	vallar	arnar	Bjarnar	skjaldar

Nota che la desinenza del nom. sing. masc. non viene aggiunta quando la radice termina in -*rn*: *ǫrn*, *Bjǫrn*.

Riguardo ai sostantivi masc. forti con questa triplice alternanza *a~ǫ~e* (o *ja~jǫ~i*) possiamo osservare quanto segue:

- il gen. conserva la vocale originale: *a*rnar, *Bja*rnar, *skja*ldar;

- il nom. e l'acc. esibiscono il risultato della metafonia velare (*ǫrn*, *Bjǫrn*, *skjǫldr*), ma la desinenza -*u* che l'ha causata non è più presente;

- a differenza di nom. e acc., la cui desinenza è caduta il dat. conserva la desinenza -*i* che scatena metafonia palatale, con conseguente alternanza di *a~e* (*arnar~erni*);

- *Bjǫrn* e *skjǫldr* esibiscono invece -*i*- nella radice del dat. (*Birni*, *skildi*), questa è il risultato della metafonia palatale sulla sequenza -*ja*- della radice (la quale è conservata nel gen. *Bjarnar*, *skjaldar*).

nel singolare.

Un sostantivo fem., *hǫnd* 'mano' (9.3), mostra un'alternanza *a~ǫ~e* al singolare. La sua declinazione è mostrata nello specchietto a destra.

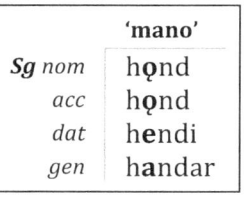

	'mano'
Sg *nom*	hǫnd
acc	hǫnd
dat	hendi
gen	handar

Come nel caso dei sostantivi masc. forti che mostrano una triplice alternanza, la -*u* originale nelle desinenze dei casi in cui si osserva l'alternanza *a~ǫ*, ovvero nel nom. e nell'acc., non è conservata, mentre la desinenza del dative, -*i* , la quale causa metafonia palatale di *a* e dunque l'alternanza *a~e* è mantenuta.

11.7. Aggettivi forti: alternanza *a~ǫ* nel singolare.

Aggettivi forti con vocale radicale -*a*- (es., *svartr* 'nero') esibiscono metafonia velare *in tre forme del singolare*: il dat. masc. (la cui desinenza è -*um*, 2.4; es., *svǫrtum*), il dat. neut. (la cui desinenza è -*u*, 4.5; es., *svǫrtu*), e il nom. fem. (che non ha desinenza, 9.6; es., *svǫrt*). La seguente declinazione degli aggettivi *svartr* 'nero' e *fagr* 'bello' servirà ad illustrare queste alternanze di *a~ǫ* negli aggettivi forti:

	'nero'			'bello'		
	Masc	**Fem**	**Neut**	**Masc**	**Fem**	**Neut**
Sg *nom*	svartr	svǫrt	svart	fagr	fǫgr	fagrt
acc	svartan	svarta	svart	fagran	fagra	fagrt
dat	svǫrtum	svartri	svǫrtu	fǫgrum	fagri	fǫgru
gen	svarts	svartrar	svarts	fagrs	fagrar	fagrs

- Ricorda (2.1.2) che la -*r* finale di *fagr* è parte della radice, e che la -*r*- della desinenza cade: nom. masc. *fagr*, dat. fem. *fagri*, gen. fem. *fagrar*.

Esercizi

1. Inserisci le desinenza appropriate e le vocali mancanti.

   a. Þeir Eiríkr kóm___ ok nám___ konu___ á brott, sem sagt er í søg_____. (tutti det.)

   b. Gísli var faðir Helg___ in_____ f___gr___, þeirar er átti Bjǫrn in___ vitr___.

   c. Bjǫrn kom ok nam Helg___ in___ f___gr___ á brott.

   d. Jǫrð___ (det.) er stór ok f___gr.

   e. Nótt___ (det.) er sv___rt, en dagr_____ (det.) bj___rt___.

   f. Brá Baldrs var hvít ok bj___rt.

2. Scrivi la III pers. sing. del pres. dei seguenti verbi forti. (Cfr. 11.1. Nota anche che la desinenza di III pers. sing. del pres., -*r*, viene

Es: fá 'ricevere'   fær   helja 'sollevare'   hell

aka 'guidare'	_____	halda 'tenere'	_____
auka 'aumentare'	_____	liggja 'giacere'	_____
bera' portare'	_____	ríða 'cavalcare'	_____
binda 'legare'	_____	sitja 'sedere'	_____
blása 'soffiare'	_____	sjóða 'bollire'	_____
draga 'tirare'	_____	skína 'brillare'	_____
drepa 'uccidere'	_____	sofa 'dormire'	_____
fljúga 'volare'	_____	standa 'stare'	_____
frjósa 'gelare'	_____	svelgja 'ingoiare'	_____
geta 'ottenere'	_____	søkkva 'sprofondare'	_____
gráta 'piangere'	_____	þiggja 'accettare'	_____

3. Inserisci la I pers. pl. del pres. dei seguenti verbi.

Es: kalla 'chiamare' _köllum_   hafa 'avere'   _höfum_

banna 'proibire'	_____	skapa 'plasmare'	_____
falla 'cadere'	_____	svara 'rispondere'	_____
halda 'tenere'	_____	tala 'parlare'	_____

4. Scrivi la III pers. pl. del passato dei seguenti verbi.

Es: leggja (lagð-) _lögðu_   velja (valð-)   _völðu_

berja (barð-)	_____	segja (sagð-)	_____
kveðja (kvadd-)	_____	vekja (vakt-)	_____

5. Scrivi il nome delle seguenti saghe al dat. (Ricorda che la preposizione *ór* regge il dativo).

Ex.: Gunnlaugs saga ormstungu: ór _Gunnlaugs sögu ormstungu_

Fóstbrœðra saga: ór _____

Hrafnkels saga Freysgoða: ór _____

Magnúss saga Erlingssonar: ór _____

Ragnars saga loðbrókar: ór _____

Vápnfirðinga saga: ór _____

Gísla saga Súrssonar: ór _____

Hávarðar saga: ór _____

6. Traduci i seguenti brani.

Egill mælti: "Ek var at búð Þorgríms Einarssonar, ok þar er nú mestr hluti þingheimsins. Þorgrímr segir þar sögu."
  Þormóðr mælti: "Frá hverjum er saga sú, er hann segir?"
  Egill svarar: "Eigi veit ek görla frá hverjum sagan er, en hitt veit ek,

_____

_____

_____

_____

_____

_____

_____

_____

_____

_____

_____

Þormóðr mælti: "Kunna muntu nǫkkurn mann at nefna, þann sem í er sǫgunni, allra helzt er þú segir svá mikit frá, at gaman sé at."

Egill mælti: "Þorgeirr nǫkkurr var mikill kappi í sǫgunni, ok svá virðisk mér sem hann Þorgrímr myndi verit hafa nǫkkut við sǫguna ok gengit mjǫk vel fram, sem líkligt er. Vilda ek, at þú gengir þangat."

"Vera má þat," sagði Þormóðr.

_____

_____

_____

_____

_____

_____

_____

_____

_____

VOCABOLARIO

aka (ekr; ók, óku; ekinn) *vb* guidare
búð *f* tenda, riparo
deyja (deyr; dó, dóu; dáinn) *vb* morire
ekki *pron indef* niente (*n di* **engi**)
en *cong* di, rispetto a (*con il comp*)
engi *pron indef* nessuno (*n* **ekki**)
er *cong* poiché
fram *avv* avanti

frjósa (frýss; fraus, frusu; frosinn) *vb* gelare
gaman *n* divertimento
ganga (gengr; gekk, gengu; genginn) *vb* andare, camminare
gǫrla *avv* pienamente
hafa (-ð-) *vb* avere
hinn *pron* quello (l'altro)

hlaupinn) *vb* correre

hluti *m* parte

hlýða (-dd-) *vb* ascoltare

hlæja (hlær; hló, hlógu; hleginn) *vb* ridere

hǫggva (hǫggr; hjó, hjoggu; hǫgg(v)inn) *vb* colpire

jǫrð (*dat* -u) *f* terra

kappi *m* eroe, campione

koma (kemr; kom, kómu; kominn) *vb* venire

kunna (kann, kunnu; kunni; kunnat) *vb* sapere (fare), essere capace di

líkligr *agg* probabile

mega (má, megu; mátti; mátt) *vb* potere

mjǫk *avv* molto

munu (mun, munu; mundi) *vb* ausiliare per il future; essere probabile

myndi (*inf* **munu**) *vb* dovrebbe, sarebbe probabile (*3sg congiunt pass*)

nefna (-d-) *vb* nominare, menzionare

nǫkkut *avv* un po', piuttosto

sé (*inf* **vera**) *vb* sia (*3sg congiunt pres*; *cfr.* 16.2)

skemmtiliga *avv* in modo divertente

spýja (spýr; spjó, spjó; spúinn) *vb* espellere

stóll *m* sedia

svelgja (svelgr; svalg, sulgu; sólginn) *vb* ingoiare

syngja (syngr; sǫng, sungu; sunginn) *vb* cantare

sǫkkva (søkkr; sǫkk, sukku; sokkinn) *vb* sprofondare

umhverfis *avv* attorno

undir *prep* [+ *acc/dat*] sotto

úti *avv* fuori (*staticità*)

vilja (vill; vildi; viljat) *vb* volere, desiderare

virðask (-rð-) *vb* *rifl* [+ *dat*] sembrare (*impers*)

vita (veit, vitu; vissi; vitaðr) *vb* sapere

þangat *avv* (to) là (*movimento*)

þeira *pron poss* di loro

þingheimr *m* essemblea

Þorgeirr *m* (*nome proprio*)

Þorgrímr *m* (*nome proprio*)

Þormóðr *m* (*nome proprio*)

FRASI ED ESPRESSIONI

allra helzt specialmente, soprattutto

at gaman sé at che sia divertente

ganga vel fram combattere bene

hann segir vel frá racconta bene

kunna muntu at nefna sarai capace di nominare

myndi verit hafa debba essere stato

vera má þat forse, può essere

vera nǫkkut við essere in qualche modo (collegato) a

virðisk mér mi sembra

þangat til fino a

Note

_____

_____

_____

_____

_____

LEZIONE 12

(1) Ór *Ragnars sǫgu loðbrókar* (7. kap. 'Frá Ragnarssonum')

(Dalla *Saga di Ragnarr loðbrók*, cap. 7 'Circa i figli di Ragnar')

Il ragazzino con acqua bagnato
Var sveinninn   vatni   ausinn ok nafn gefit ok kallaðr Ívarr. En sá

ragazzo   senz'ossa   come se cartilagine   ossa dovevano
sveinn var beinlauss ok   sem   brjósk   væri þar, sem bein skyldu vera.

nessuno
Ok þá er hann var ungr, var hann vexti svá mikill, at engir váru hans

eguale   Il più bello All'apparenza
jafningjar. Hann var allra manna fríðastr   sýnum   ok svá vitr,

certo   maggiore   saggio
at eigi er víst, hverr meiri spekingr hefir verit en hann....

Camicia bianca   quarto
Annarr sonr þeira hét Bjǫrn, inn þriði Hvítserkr, inn fjórði Rǫgnvaldr.

molto valorosi   non appena
Þeir váru miklir menn allir ok inir fræknustu, ok   þegar   þeir máttu

qualcosa   intraprendere   di ogni tipo   abilità   ovunque
nǫkkut at   hafask,   námu þeir   alls   konar íþróttir. Ok hvert sem þeir

bastoni perché   camminare
fóru, lét Ívarr bera sik á stǫngum, því at hann mátti eigi ganga,   ok

doveva   piani   qualunque cosa   intraprendessero
skyldi hann hafa ráð fyrir þeim,   hvat sem   þeir   hǫfðusk at.

(2) Ór *Heimskringlu* (1. kap.)

(dalla *Heimskringla* o la *Storia dei re di Norvegia*, cap. 1)[24]

Orbe   umanità   abita   frastagliato
Kringla heimsins, sú er mannfólkit byggvir, er mjǫk vágskorin;

mari vasti   oceani   dentro la terra   mare
ganga hǫf stór ór útsjánum inn í jǫrðina. Er þat kunnigt, at haf

Stretto di Gibilterra   in fondo fino Terra Santa [Terra di Gerusalemme]
gengr frá Nǫrvasundum ok alt   út   til Jórsalalands.

12.1. Pronomi dimostrativi: *sá* 'quello' e *þessi* (*sjá*) 'questo'.

Sá. Forme flesse del pron. dim. *sá* 'quello' sono già comparse nelle letture: *sá* (E.L. 5, 6.6, 10, 12(1)), *sú* (E.L. 5, 11, 12(2)), *þat* (E.L. 3, 7, 9), *þann* (E.L. 6, 10, 11), *þá* (E.L. 9), *þeiri* (E.L. 6), *því* (E.L. 10, 12(1)). Le forme del neut. sing. (*þat*, ecc.) sono anche utilizzate come pron. neut. 'esso, ciò' (E.L. 4, 5, 9, 11, 12(2)).

---

[24] *Heimskringla* significa 'Circolo del mondo' ma è talvolta indicata come *Storia dei re norvegesi*.

lontano. L'acc. sing. masc. *þenna* è apparso negli E.L. 6.6 e 8, mentre il neut. sing. *þetta* è apparso negli E.L. 2 e 9. Qui sotto la declinazione completa di *sá* e *þessi*.

		sá 'quello'			þessi (sjá) 'questo'	
	Masc	**Fem**	**Neut**	**Masc**	**Fem**	**Neut**
Sg nom	sá	sú	þat	þessi/sjá	þessi/sjá	þetta
acc	þann	þá	þat	þenna	þessa	þetta
dat	þeim	þeiri	því	þessum	þessari	þessu
gen	þess	þeirar	þess	þessa	þessarar	þessa
Pl nom	þeir	þær	þau	þessir	þessar	þessi
acc	þá	þær	þau	þessa	þessar	þessi
dat	þeim	þeim	þeim	þessum	þessum	þessum
gen	þeir(r)a	þeir(r)a	þeir(r)a	þessara	þessara	þessara

- Le forme del pl. di *sá* sono identiche a quelle dei pronomi di III pers. pl. (5.1).
- I pron. dim. *sá* e *þessi* concordano in genere e numero con il sostantivo che accompagnano: nom. *sá maðr* 'quell'uomo', *þessi maðr* 'quest'uomo'; acc. *þann mann*, *þessa mann*, ecc.
- Quando *sá* e *þessi* sono seguiti da un aggettivo, questo sarà alla forma **debole** (3.2): nom. *sá/þessi góði maðr* 'quel/questo buon uomo'; acc. *þann/þessa góða mann*, ecc.

12.2. Particelle relative *er* e *sem*.

Una frase relativa viene introdotta da una particella relativa che può essere *sem* oppure *er*. Spesso tale particella rel. è preceduta da una forma del pron. dim. *sá* concordata con il sostantivo al quale si riferisce nella frase precedente. Le part. rel. e i pron. dim compaiono in grassetto negli esempi seguenti. Nota che quando il pron. dim. compare in questi esempi, lo fa accompagnato alla particella relativa.

Bjǫrn hét hersir ríkr í Sogni, **er** bjó á Aurlandi; hans son var Brynjólfr, **er** arf allan tók eptir fǫður sinn. (E.L. 9)
Þar sá hann mey fagra, **þá er** honum fannsk mikit um. (E.L. 9)
Kringla heimsins, **sú er** mannfólkit byggvir (E.L. 12(2))
Kunna muntu nǫkkurn mann at nefna, **þann sem** í er sǫgunni. (E.L. 11)

Nei seguenti esempi, il pron. dem. è parte della frase precedente:

Frá hverjum er saga **sú**, **er** hann segir? (E.L. 11)
Þá mælti Eiríkr jarl við **þann** mann, **er** sumir nefna Finn. (E.L. 10)
Kom ǫrin á boga Einars miðjan í **því** bili, **er** Einarr dró it þriðja sinn bogann. (E.L. 10)

Er può anche essere usata come congiunzione con valore temporale, 'quando':

> Þeir váru menn á ungum aldri, **er** þetta var tíðenda. (E.L. 9)
> Ok **er** hann náði konungs fundi, kvaddi hann konunginn. (E.L. 8)
> Þat var einn dag, **er** þeir Þórólfr ok Bjǫrn gengu ofan til skipsins. (E.L. 4)

Sia *er* sia *sem* possono assolvere le funzioni di altri tipi di congiunzione (I seguenti esempi sono dall'E.L. 11):

> *allra helzt **er*** 'specialmente **poiché'**
> *svá virðisk mér **sem*** 'dunque mi sembra **come se'**
> ***sem** líkligt er* '**come** è probabile che sia, **come** c'è da aspettarsi'

Sem compare anche assieme all'avverbio *þar* come congiunzione con valore spaziale, e in tal caso significa 'laddove, nel luogo che/in cui'.

> Hann býr **þar**, **sem** heitir Breiðablik. (E.L. 7)

12.3. Sostantivi forti: il plurale di tutti i generi.

1. Masc. pl. nom. e acc.

Il nom. pl. dei sostantivi maschili forti termina in *-ar* o *-ir*: *hestar* ('cavalli'), *vinir* ('amici').

Desinenze dei sostantivi forti			
	Masc	Fem	Neut
Pl *nom*	-ar, -ir	-ar, -ir, -(i)r	(ǫ)–
acc	-a, -i	-ar, -ir, -(i)r	(ǫ)–
dat	-um	-um	-um
gen	-a	-a	-a

Una (i) o una (ǫ) indicano che la desinenza scatena metafonia di *i* o di *u* (11.2).

- In gran parte dei casi, nomi masc. con il gen. sing. in *-s* escono al nom. pl. in *-ar* (gen. sing. *hests*, nom. pl. *hestar*), mentre quelli che al nom. pl. escono in *-ar* prendono la desinenza del nom. pl. *-ir* (gen. sing. *vinar*, nom. pl. *vinir*).

- L'acc. pl. ha la stessa forma del nom. pl., tranne che per la *-r* finale, che non è presente: acc. pl. *hesta* e *vini*.

- Tre sostantivi masc. (oltre a quelli discussi sotto nella sezione 14.8) escono in *-r* sia al nom. sia all'acc. pl. Questi sono: *fótr* 'piede', nom./acc. pl. *fœtr* (la desinenza scatena metafonia palatale della vocale radicale; cfr. 11.2.1); *fingr* 'dito', nom./acc. pl. *fingr*; *vetr* 'inverno', nom./acc. pl. *vetr*.

2. Fem. pl. nom. e acc.

Il nom. e l'acc. pl. della declinazione fem. forte sono sempre uguali, anche nelle forme dell'articolo, degli aggettivi forti e deboli, e nei pronomi. Per i sostantivi, le desinenze del plurale sono *-ar*, *-ir*, o *-r*: *farar*, *ættir*, *bœkr* ('libri').

- La desinenza del nom./acc. pl. *-r* scatena metafonia palatale (11.2.1): *bók*, pl. *bœkr*; *hǫnd* (radice *hand-*), pl. *hendr*.

Il nom. e l'acc. pl. dei sostantivi neutri forti sono identici. Non hanno alcuna desinenza e, nella maggior parte dei casi, sono anche identici al nom. e all'acc. sing.: *blót* 'sacrificio' o 'sacrifici', *sverð* 'spada' o 'spade'.

Se la vocale radicale è *-a-*, muta in *-ǫ-* al nom./acc. pl. per metafonia velare: *land*, pl. *lǫnd* ('terre'). Come per i sostantivi femminili forti (es., *fǫr* 'viaggio', 11.2.2; 11.4), la desinenza *u* che ha causato originariamente la metafonia non è più presente.

4. Dat. e gen. pl. di tutti i tre generi.

La desinenza del dat. pl. è *-um* per i sostantivi di ogni genere: *hestum*, *meyjum*, *hǫndum*, *sverðum*. La desinenza del gen. pl. di tutti i sostantivi forti è invece *-a* (cfr. 7.1): *hesta*, *meya*, *handa*, *sverða*.

- Le forme plurali di sostantivi monosillabici che terminano in *-á* mostrano contrazioni in tutti i casi: nom./acc. pl. *brár* (= *brá-ar*), dat. pl. *brám* (= *brá-um*), gen. pl. *brá* (= *brá-a*); oppure nom./acc. pl. *ár*, dat. pl. *ám*, gen. pl. *á*.

12.4. Sostantivi deboli: il plurale di tutti i tre generi.

La desinenza del nom. pl. per i sostantivi masc. è *-ar*. Come per i masc. forti, l'acc. pl. dei masc. deboli corrisponde al nom. ma senza la *-r*: nom. *goðar*, acc. *goða*.

Il nom. e l'acc. pl. dei sostantivi fem. deboli mostrano entrambi la desinenza *-ur* (che scatena metafonia palatale): *konur* (E.L. 13(2)), *sǫgur* (E.L. 16).

Desinenze dei sost. deboli			
	Masc	Fem	Neut
Pl *nom*	-ar	-ur	-u
acc	-a	-ur	-u
dat	-um	-um	-um
gen	-a	-na	-na

Il nom. e l'acc. pl. dei sost. neut. deboli mostrano entrambi la desinenza *-u* (che scatena metafonia palatale): *hjǫrtu*.

Il dat. pl. dei sost. deboli di tutti e tre i generi mostra la desinenza *-um*: *goðum*, *sǫgum*, *hjǫrtum*.

Il gen. pl. dei sostantivi masc. deboli è *-a*, mentre i fem. e i neut. deboli inseriscono una *-n-* tra la radice e la desinenza del gen. pl. *-a*: es., *sagna* dal fem. *saga*; *hjartna* dal neut. *hjarta*.

- Il gen. pl. di *kona* 'donna' è *kvenna*, con mutazione irregolare della vocale radicale; *hún var allra **kvenna** fríðust* 'era di tutte le donne la più bella'.

12.5. Ripasso dei paradigmi: desinenze dei sostantivi, sing. e pl.

	Forti			Deboli		
	Masc	Fem	Neut	Masc	Fem	Neut
Sg *nom*	-r (cfr. 2.1)	(ǫ)–, -r	–	-i	-a	-a

gen	-s, -ar	-ar		-s	-a	-u	-a
Pl nom	-ar, -ir	-ar, -ir, -(i)r	(ǫ)–	-ar	-ur	-u
acc	-a, -i	-ar, -ir, -(i)r	(ǫ)–	-a	-ur	-u
dat	-um	-um		-um	-um	-um	-um
gen	-a	-a		-a	-a	-na	-na

ESERCIZI

1. Inserisci le desinenze appropriate e le vocali mancanti.

   a. Þeir tók__ skip____ (det.) sem váru þar ok fór__ á brott.

   b. Fǫr____ (det.) frá Nóreg__ til Ísland__ er l__ng ok h__rð. (*harðr* 'hard')

2. Inserisci le forme mancanti del pronome dimostrativo *sá*.

	Masc	Fem	Neut
Sg nom	sá	_____	þat
acc	_____	þá	_____
dat	_____	_____	_____
gen	_____	_____	þess
Pl nom	_____	_____	_____
acc	_____	þær	þau
dat	_____	_____	þeim
gen	þeira	_____	_____

3. Inserisci le forme mancanti del pronome dimostrativo *þessi*.

	Masc	Fem	Neut
Sg nom	þessi	_____	_____
acc	_____	_____	þetta
dat	þessum	_____	_____
gen	_____	_____	_____
Pl nom	_____	þessar	þessi
acc	þessa	_____	_____
dat	_____	_____	_____
gen	_____	þessara	_____

4. Sostantivi forti. Declina i seguenti sostantivi al singolare e al plurale.

	Masc	Fem	Neut
Sg nom	hestr	fǫr	land

āat	_____	_____	_____
gen	_____	_____	_____
Pl *nom*	_____	_____	_____
acc	_____	_____	_____
dat	_____	_____	_____
gen	_____	_____	_____

5. Sostantivi deboli. Declina i seguenti sostantivi al singolare e al plurale.

	Masc	Fem	Neut
Sg *nom*	goði	saga	hjarta
acc	_____	_____	_____
dat	_____	_____	_____
gen	_____	_____	_____
Pl *nom*	_____	_____	_____
acc	_____	_____	_____
dat	_____	_____	_____
gen	_____	_____	_____

6. Traduci i seguenti brani.

a. Var sveinninn vatni ausinn ok nafn gefit ok kallaðr Ívarr. En sá sveinn var beinlauss ok sem brjósk væri þar, sem bein skyldu vera. Ok þá er hann var ungr, var hann vexti svá mikill, at engir váru hans jafningjar. Hann var allra manna fríðastr sýnum ok svá vitr, at eigi er víst, hverr meiri spekingr hefir verit en hann....

_____

_____

_____

_____

_____

_____

_____

_____

Annarr sonr þeira hét Bjǫrn, inn þriði Hvítserkr, inn fjórði Rǫgnvaldr. Þeir váru miklir menn allir ok inir frœknustu, ok

mátti eigi ganga, ok skyldi hann hafa ráð fyrir þeim, hvat sem þeir hǫfðusk at.

_____

_____

_____

_____

_____

_____

_____

_____

_____

b. Kringla heimsins, sú er mannfólkit byggvir, er mjǫk vágskorin; ganga hǫf stór ór útsjánum inn í jǫrðina. Er þat kunnigt, at haf gengr frá Nǫrvasundum ok alt út til Jórsalalands.

_____

_____

_____

_____

_____

VOCABOLARIO

alt *avv* fino in fondo

ausa (eyss; jós, jósu/jusu; ausinn) *vb* bagnare, spruzzare, versare

bein *n* osso

beinlauss *agg* senza ossa

brjósk *n* cartilagine

byggva = **byggja** (bygð-) *vb* inabitare

engi *pron indef* nessuno

fjórði *agg* quarto

fríðastr *superl di* **fríðr**

fríðr *agg* bello

frœkn *agg* valente, coraggioso, temerario

frœknustu *m pl deb di* frœknastr, *superl di* **frœkn**

fǫr *f* viaggio

haf *n* mare

harðr *agg* duri

hvert *avv* verso dove

Hvítserkr *m* Camicia bianca (*nome proprio*)

hǫf *pl di* **haf**

inn *avv* in, dentro a

Ívarr *m* (*nome proprio*)

íþrótt (*pl* -ir) *f* abilità, impresa

jafningi (*pl* -jar) *m* eguale, pari

Jórsalaland *n* 'Terra di Gerusalemme', Terra Santa (toponimo)

konar *gen sg di obs* *konr* *m* tipo, sorta

kringla *f* circolo, cerchio

langr *agg* lungo

mannfólk *n* umanità

mikill (*comp* meiri) *agg* grande

meiri *agg comp* maggiore (*cfr.* **mikill**)

Njáll *m* (*nome proprio*)

nǫkkurr (*n* nǫkkut) *pron indef*

(toponimo)
ráð *n* piano
Rǫgnvaldr *m* (*nome proprio*)
sem *cong* [*con congiuntivo*] come se
serkr *m* camicia
skarpr *agg* appuntito
skera (skerr; skar, skáru; skorinn) *vb* tagliare, affettare
skulu (skal, skulu; skyldi) *vb* ausiliare per il futuro

spekingr *m* saggio, sapiente
sund *n* stretto, canale
sveinn *m* ragazzo
sýn *f* vista, apparenza
útsjár *m* oceano
vatn *n* acqua
vágr *m* insenatura
vágskorinn *agg* frastagliato
víss *agg* sicuro, certo
þegar *cong* non appena

FRASI ED ESPRESSIONI

alls konar di ogni tipo
fríðastr sýnum bellissimo alla vista
nǫkkut hafask at intraprendere qualcosa

hvat sem qualunque cosa
hvert sem (to) qualunque luogo
inn í dentro a
því at perché, poiché

Note

_____

_____

_____

_____

_____

_____

_____

_____

_____

_____

_____

_____

_____

_____

LEZIONE 13

(1) Ór *Egils sǫgu Skalla-Grímssonar* (25. kap.)
(Dalla *Saga di Egill Skalla-Grimsson*, cap. 25)

si preparò   viaggio   prima   scelse
Skalla-Grímr   bjósk   til ferðar þeirar, er fyrr var frá sagt; hann valði

servi   suoi   vicini   più forti
sér menn af heimamǫnnum **sínum** ok nábúum þá er váru **sterkastir**

quanto a forza   più audaci   di loro   erano a disposizione dodici   per
at   afli ok **hraustastir** þeira, er   til váru....   Tólf váru þeir til

i   più forti   molti   mutaforma
fararinnar,[25] ok **allir** inir sterkustu menn ok **margir** hamrammir.

(2) Ór *Egils sǫgu Skalla-Grímssonar* (25. kap.)
(Dalla *Saga di Egill Skalla-Grímsson*, cap. 25)

presto   prepararono   loro
Snemma um várit   bjuggu   þeir Kveld-Úlfr skip sín; þeir hǫfðu[26]

grande forza navale   prepararono   *knörr* (mercantili)
mikinn skipakost ok góðan, bjuggu tvá   knǫrru   **mikla** ok

ognuno   trenta   capaci
hǫfðu á hvárum   þrjá tigu manna[27], þeira er **liðfœrir** váru, ok

inoltre   giovani   preparati   salparono
um fram konur ok ungmenni.... En er þeir váru **búnir**, þá sigldu þeir

via   isole   molte
í brott; þeir sigldu í eyjar þær, er Sólundir heita; þat eru **margar**

frastagliate
eyjar ok **stórar** ok svá mjǫk **vágskornar**, at þat er mælt, at þar

è probabile pochi   conoscere   [gli] approdi
munu   **fáir** menn vita   **allar**   hafnir.

(3) Ór *Egils sǫgu Skalla-Grímssonar* (57. kap.)
(Dalla *Saga di Egill Skalla-Grímsson*, cap. 57)

si girò   indietro   chiamo a testimoniare
Þá snerisk Egill   aptr   ok mælti hátt: "Þat skírskota ek undir þik,

sentono causa
Arinbjǫrn, ok þik, Þórðr, ok þá menn **alla** er nú heyra   mál mitt, **lenda**

legali   popolo   proibisco terre
menn ok lǫgmenn ok alla alþýðu, at ek banna jarðir þær **allar** er

posseduto ha   affittare   lavorare   profitti da [esse]

---

[25] Suggerimento: *farar-innar* è il gen. sing. del sostantivo fem. *fǫr* con l'articolo clitico (11.4).

[26] Suggerimento: cfr. 6.5 per la coniugazione di *hafa*.

[27] Gen. in funzione partitiva. Simile all'italiano "**di** uomini ce n'erano 30".

at neyta. Banna ek þér, Berg-Ǫnundr, ok **ǫllum ǫðrum** mǫnnum,
stranieri   *nativi*   *nobili*   *comuni*
útlenzkum ok **innlenzkum, tignum** ok **ótignum,** en hverjum er þat

fa   *accuso di*   *infrazione del diritto della terra*   *collera divina*   *rottura della tregua*
gjǫrir legg ek við   lagabrot landsréttar,   goðagremi ok   griðarof."

(4) Ór *Egils sǫgu Skalla-Grímssonar* (66. kap.)
(Dalla *Saga di Egill Skalla-Grímsson*, cap. 66)

tutti   *figli*   *promettenti*   *il più vecchio*
Ǫll váru bǫrn Egils **mannvæn** ok vel viti **borin;** Þorgerðr var   ellzt
barna Egils.

13.1. Aggettivi forti: il plurale.

Le desinenze plurali degli agg. forti corrispondo a quelle dell'articolo plurale (8.2):

	Desinenze agg. forti			Articolo		
	Masc	**Fem**	**Neut**	**Masc**	**Fem**	**Neut**
Pl nom	-ir	-ar	–(ǫ)	in**ir**	in**ar**	in
acc	-a	-ar	–(ǫ)	in**a**	in**ar**	in
dat	-um	-um	-um	in**um**	in**um**	**i**num
gen	-ra (2.1)	-ra (2.1)	-ra (2.1)	in**na**	in**na**	i**nna**

- Il nom. pl. masc. degli agg. forti esce in *-ir*: *all**ir**, marg**ir**, sterkast**ir**, hraustast**ir*** (E.L. 13(1)).
- L'acc. pl. masc. forte esce in *-a*: *all**a**, lend**a*** (E.L. 13(3)).
- Il nom. e acc. pl. fem. forti escono in *-ar*: *all**ar**, marg**ar**, stór**ar*** (E.L. 13(2) e (3)).
- Come il nom. e acc. pl. dei sostantivi neut. forti (12.3.3), il neut. nom./acc. pl. degli agg. forti non ha desinenza (*mannvæn, borin*), mentre gli aggettivi che presentano vocale radicale *-a-* (es., ***allr***) mostrano l'alternanza *a~ǫ*: ***ǫll*** (E.L. 13(4)).
- Il dat. pl. di tutti gli agg. forti è *-um*: *innlenzk**um**, útlenzk**um*** (E.L. 13(3)), *sín**um*** (E.L. 13(1)), *góð**um***. Come prevedibile, gli aggettivi con vocale radicale *-a-* mostrano l'alternanza *a~ǫ*: ***ǫllum**, **ǫðrum*** (E.L. 13(3)).
- Gli aggettivi disillabici (3.5) perdono la vocale della seconda sillaba quando la desinenza viene aggiunta: *tign**um**, ótign**um*** (= (ó-)*tigin-* + *-um*) (E.L. 13(3) sopra). Nota, tuttavia, che *mannvænn* nell'.L. 13(4) non conta come disillabico perché è un composto di *mann-* più l'aggettivo monosillabico *vænn* 'promettente', così che la vocale *-æ-* non cade quando la desinenza *-um* viene aggiunta: *mannvæn**um***.

13.2. Ripasso dei paradigmi: desinenze complete degli aggettivi forti (cfr. 9.7, 13.1).

	Masc	Fem	Neut
Sg nom	-r (cfr. 2.1)	–(ǫ)	-t
acc	-an	-a	-t
dat	-um	-ri (cfr. 2.1)	-u
gen	-s	-rar (cfr. 2.1)	-s
Pl nom	-ir	-ar	–(ǫ)
acc	-a	-ar	–(ǫ)
dat	-um	-um	-um
gen	-ra (cfr. 2.1)	-ra (cfr. 2.1)	-ra (cfr. 2.1)

Qui sotto sono elencati I casi che hanno forma identica, come desumibile dalla tabella sopra:

- (a) nom. sing. fem. = nom. pl. neut. = acc. pl. neut.
- (b) nom. sing. neut = acc. sing. neut.
- (c) acc. sing. fem. = acc. pl. masc.
- (d) dat. sing. masc. = dat. pl. (tutti)
- (e) gen. sing. masc. = gen. sing. neut.
- (f) nom. pl. fem. = acc. pl. fem.

Le stesse corrispondenze sono rintracciabili nella declinazione dell'articolo (8.2) e, in larga misura, anche in quella dei pronomi dimostrativi, (12.1, fatto salvo per le corrispondenze di (a), dove il nom. sing. fem. *sú* presenta una radice diversa da quelle delle alter forme).

13.3. L'aggettivo *annarr* 'altro, secondo'.

L'agg. *annarr* significa 'un altro, l'altro, uno dei due' . Svolge anche la funzione del numerale ordinale 'secondo'. Ne abbiamo già incontrate diverse forme: *annat* (E.L. 2), *annan* (E.L. 5), *annarr* (E.L. 7, 12(1)), e *ǫðrum* (E.L. 13(3)). La declinazione completa è la seguente:

	Masc	Fem	Neut
Sg nom	annarr	ǫnnur	annat
acc	annan	aðra	annat
dat	ǫðrum	annarri	ǫðru
gen	annars	annarrar	annars
Pl nom	aðrir	aðrar	ǫnnur
acc	aðra	aðrar	ǫnnur
dat	ǫðrum	ǫðrum	ǫðrum

sembra complessa, ma è il risultato di due mutamenti fonetici regolari e prevedibili:

- Metafonia di *u* (11.2.2): *ǫnnur, ǫðrum, ǫðru*;
- Perdita della seconda vocale a seguito dell'aggiunta di una desinenza che inizia per vocale (3.5): *aðra, aðrir, ǫðrum*, ecc.;
- Passaggio da *-nn-* a *-ð-* quando seguita direttamente da *-r*: *aðra, aðrir, ǫðrum*, ecc. Il medesimo mutamento si ha nel nom. sing. del sostantivo *maðr* (la cui radice è *mann-*; cfr. 2.6).

Nel nom./acc. sing. neut., **annart* è stato semplifcato ad *annat*, mente l'acc. sing. masc., **annaran* è diventato *annan*.

13.4. Aggettivi deboli: il plurale.

I seguenti passi includono esempi di aggettivi deboli.

(1) Ór *Egils sǫgu Skalla-Grímssonar* (25. kap.)
(Dalla *Saga di Egill Skalla-Grímsson*, cap. 25)

dodici   i   più forti   molti
Tólf váru þeir til fararinnar, ok allir inir **sterkustu** menn ok margir
   mutaforma
hamrammir.

(2) Ór *Ynglinga sǫgu* (29. kap.)
(Dalla *Saga degli Ynglingar*, cap. 29)

                   appassionato di buoni cavalli
Aðils konungr var mjǫk   kærr   at góðhestum; hann átti ina **beztu**
hesta í þann tíma.

(3) Ór *Egils sǫgu Skalla-Grímssonar* (36. Kap.)
(Dalla *Saga di Egil Skalla-Grímsson*, cap. 36)

                  buoni rapporti
Þórir var þá í inum **mestum** kærleikum við konung.

(4) Ór *Egils sǫgu Skalla-Grímssonar* (77. kap.)
(Dalla *Saga di Egil Skalla-Grimsson*, cap. 77)

      ovest   bosco
Er þeir koma vestr af skóginum ok segja þessi tíðendi Nóregskonungi,
                aspettative   cattivo trattamento
þá eigu vér[28] af honum   ván   inna **mestu**   afarkosta.

La tabella qui a fianco elenca le desinenza plurali degli aggettivi

---

[28] Ricorda da 8.4.3 che la *-m* della 1 pers. pl. può cadere quando segue un pronome; e*igu vér* (= *eigum vér*) ne è un esempio.

- Nom. e acc. pl. escono in -u: *inir sterkustu menn, ina beztu hesta.*
- Il dat. pl. esce in -um: *inum meistum kærleikum.*

Sg nom	-u
acc	-u
dat	-um
gen	-u

- Il gen. pl. esce in -u: *inna mestu afarkosta.*

Tutti gli esempi dalle letture sopra sono superlativi. I superlativi sono spesso preceduti dall'articolo det., e in tal caso si declinano seguendo lo schema della flessione debole. Al plurale, sono molto più frequentemente riscontrabili rispetto ad altri aggettivi deboli.

13.5. Metafonia di *u*: alternanza *a~u*.

Nella sezione 11.2.2 abbiamo visto come la metafonia di *u* causa la mutazione della vocale -a- ad -ǫ- nella sillaba accentata (ovvero generalmente la prima sillaba di una parola).

Questa mutazione è definita alternanza *a~ǫ*. Nelle sillabe non accentate, l'alternanza è invece *a~u*. Ad esempio, *sterkastr* diventa *sterkustu* nel plurale debole (*inir sterkustu menn*).

Entrambe le alternanze possono avvenire nella stessa parola (*a~ǫ* e *a~u*): es., *vaskastr* bravest' diventa *vǫskustu* nel pl. debole: *allir inir vǫskustu menn.*

Queste alternanze sono tipiche dei verbi deboli con vocale connettiva -a- quando si coniugano con una desinenza che contiene -u-. Ad esempio:

kalla (-að-) – pres. *vér kǫllum*, pass. *vér kǫlluðum, þér kǫlluðuð, þeir kǫlluðu.*

elska (-að-) – pass. *vér elskuðum, þér elskuðuð, þeir elskuðu.*

13.6. Ripasso dei paradigmi: desinenze complete di sostantivi e aggettivi deboli (Cfr. 9.2, 12.4, 13.4).

Sostantivi e aggettivi deboli hanno le stesse desinenze nel singolare. Ci sono tuttavia alcune differenze tra sostantivi e aggettivi nella declinazione del plurale.

	Agg. deboli			Agg. forti		
	Masc	Fem	Neut	Masc	Fem	Neut
Sg nom	-i	-a	-a	-i	-a	-a
acc	-a	-u	-a	-a	-u	-a
dat	-a	-u	-a	-a	-u	-a
gen	-a	-u	-a	-a	-u	-a
Pl nom	-u	-u	-u	-ar	-ur	-u
acc	-u	-u	-u	-a	-ur	-u
dat	-um	-um	-um	-um	-um	-um
gen	-u	-u	-u	-a	-na	-na

Nella sezione 6.7 abbiamo visto una lista di aggettivi comunemente riscontrabili nelle saghe e abbiamo fornito la loro declinazione al singolare. Qui presentiamo le declinazioni complete per il singolare e il plurale, forte e debole.

Con *stórr* 'grande' come modello:

	Forte			Debole		
	Masc	Fem	Neut	Masc	Fem	Neut
Sg nom	stór-r	stór	stór-t	stór-i	stór-a	stór-a
acc	stór-an	stór-a	stór-t	stór-a	stór-u	stór-a
dat	stór-um	stór-ri	stór-u	stór-a	stór-u	stór-a
gen	stór-s	stór-rar	stór-s	stór-a	stór-u	stór-a
Pl nom	stór-ir	stór-ar	stór	stór-u	stór-u	stór-u
acc	stór-a	stór-ar	stór	stór-u	stór-u	stór-u
dat	stór-um	stór-um	stór-um	stór-um	stór-um	stór-um
gen	stór-ra	stór-ra	stór-ra	stór-u	stór-u	stór-u

Con *heill* 'sano' come modello:

	Forte			Debole		
	Masc	Fem	Neut	Masc	Fem	Neut
Sg nom	heil-l	heil	heil-t	heil-i	heil-a	heil-a
acc	heil-an	heil-a	heil-t	heil-a	heil-u	heil-a
dat	heil-um	heil-li	heil-u	heil-a	heil-u	heil-a
gen	heil-s	heil-lar	heil-s	heil-a	heil-u	heil-a
Pl nom	heil-ir	heil-ar	heil	heil-u	heil-u	heil-u
acc	heil-a	heil-ar	heil	heil-u	heil-u	heil-u
dat	heil-um	heil-um	heil-um	heil-um	heil-um	heil-um
gen	heil-la	heil-la	heil-la	heil-u	heil-u	heil-u

Con *lítill* 'piccolo' come modello:

	Forte			Debole		
	Masc	Fem	Neut	Masc	Fem	Neut
Sg nom	lítil-l	lítil	líti-t	litl-i	litl-a	litl-a
acc	litl-an	litl-a	líti-t	litl-a	litl-u	litl-a
dat	litl-um	lítil-li	litl-u	litl-a	litl-u	litl-a
gen	lítil-s	lítil-lar	lítil-s	litl-a	litl-u	litl-a
Pl nom	litl-ir	litl-ar	lítil	litl-u	litl-u	litl-u
acc	litl-a	litl-ar	lítil	litl-u	litl-u	litl-u
dat	lítil-um	lítil-um	lítil-um	litl-um	litl-um	litl-um
gen	lítil-la	lítil-la	lítil-la	litl-u	litl-u	litl-u

ESERCIZI

1. Inserisci le desinenze e le vocali mancanti appropriate.

    a. ___ll b___rn Egils váru f___gr ok v___sk.

    b. Spjót___ (det.) váru sk___rp ok l___ng. (*spjót* neut. 'spear')

d. Riscrivi l'ultima frase al singolare.

_____

2. Inserisci le desinenze e le vocali mancanti appropriate.

Skalla-Grím___ valð___ sér marg___ vask___ menn til
ferð_____ (det.). Þeir tók___ með sér m___rg___ góð___ hesta ok
m___rg góð skip. All___ vár___ þeir sterk___ ok stór___ ok ___ll váru
skip___ (det.) in bezt___. Á ___ll skip_____ (det.) váru m___rg spjót
ok sverð. Þá fór___ þeir til m___rg___ land___.

3. Converti il singolare in plurale o viceversa.

inn stóri maðr _____

ins vaska manns _____

inum góða manni _____

inir beztu menn _____

inum vǫskustum mǫnnum _____

ina sterku menn _____

it bezta spjót _____

inu góða hrossi _____

in fǫgru skip _____

inum góðum hestum _____

stórum hrossum _____

góðan mann _____

vǫskum manni _____

stórum hestum _____

fǫgr skip _____

langt sverð _____

góðs hests _____

4. Scrivi le forme forti degli aggettivi _stórr_ e _langr_ nei casi seguenti:

	stórr	langr
a. nom. sing. fem. = nom./acc. pl. neut.:	_____	_____
b. nom./acc. sing. neut.:	_____	_____
c. acc. sing. fem. = acc. pl. masc.:	_____	_____
d. dat. sing. masc. = dat. pl. (all):	_____	_____
e. gen. sing. masc./neut.:	_____	_____
f. nom./acc. pl. fem.:	_____	_____

5. Declina l'agg. _annarr_ ai seguenti casi:

b. nom./acc. sing. neut.: _____

c. acc. sing. fem. = acc. pl. masc.: _____

d. dat. sing. masc. = dat. pl. (all): _____

e. gen. sing. masc./neut.: _____

f. nom./acc. pl. fem.: _____

6. Coniuga i seguenti verbi deboli con vocale connettiva -*a*-.

		kalla	svara	tala
Pres	*1sg*	ek _____	ek _____	ek _____
	2sg	þú _____	þú _____	þú _____
	3sg	hon _____	þat _____	hann _____
	1pl	vér _____	vér _____	vér _____
	2pl	þér _____	þér _____	þér _____
	3pl	þær _____	þau _____	þeir _____
Pass	*1sg*	ek _____	ek _____	ek _____
	2sg	þú _____	þú _____	þú _____
	3sg	hon _____	þat _____	hann _____
	1pl	vér _____	vér _____	vér _____
	2pl	þér _____	þér _____	þér _____
	3pl	þær _____	þau _____	þeir _____

7. Traduci i seguenti brani.

a. Skalla-Grímr bjósk til ferðar þeirar, er fyrr var frá sagt; hann valði sér menn af heimamǫnnum sínum ok nábúum. þá er váru sterkastir at afli ok hraustastir þeira, er til váru... Tólf váru þeir til fararinnar, ok allir inir sterkustu menn ok margir hamrammir.

_____

_____

_____

_____

_____

_____

b. Snemma um várit bjuggu þeir Kveld-Úlfr skip sín; þeir hǫfðu mikinn skipakost ok góðan, bjuggu tvá knǫrru mikla ok hǫfðu á hvárum þrjá tigu manna, þeira er liðfœrir váru, ok um fram konur ok ungmenni... En er þeir váru búnir, þá sigldu þeir í

munu fáir menn vita allar hafnir.

_____

_____

_____

_____

_____

_____

_____

_____

_____

_____

c. Þá snerisk Egill aptr ok mælti hátt: "Þat skírskota ek undir þik, Arinbjǫrn, ok þik, Þórðr, ok þá menn alla er nú heyra mál mitt, lenda menn ok lǫgmenn ok alla alþýðu, at ek banna jarðir þær allar er átt hefr Bjǫrn Brynjólfsson, at byggja ok vinna ok allra gagna af at neyta. Banna ek þér, Berg-Ǫnundr, ok ǫllum ǫðrum mǫnnum, útlenzkum ok innlenzkum, tignum ok ótignum, en hverjum er þat gjǫrir legg ek við lagabrot landsréttar, goðagremi ok griðarof."

_____

_____

_____

_____

_____

_____

_____

_____

_____

_____

d. Ǫll váru bǫrn Egils mannvæn ok vel viti borin; Þorgerðr var ellzt barna Egils.

_____

e. Aðils konungr var mjǫk kærr at góðhestum; hann átti ina beztu hesta í þann tíma.

f. Þórir var þá í inum mestum kærleikum við konung.

g. Er þeir koma vestr af skóginum ok segja þessi tíðendi Nóregskonungi, þá eigu vér af honum ván inna mestu afarkosta.

Vocabolario

Aðils *m* (*nome proprio*)
af *avv* da; via
afarkostir *m pl* cattivo trattamento
afl *n* forza
allr (*pl n* ǫll, *dat* ǫllum) *agg* tutto
alþýða *f* popolo, pubblico
annarr (*pl dat* ǫðrum) *agg* altro, secondo
aptr *avv* di nuovo, indietro
Arinbjǫrn *m* (*nome proprio*)
átt (*inf* **eiga**) *part pass* possedeva (*sg*)
banna (-að-) *vb* proibire
barn *n* bambino, figlio
bera (berr; bar, báru; borinn) *vb* portare
berg *n* roccia, masso
brott *avv* **í brott** via (*movimento*)
búa (býr; bjó, bjuggu; búinn) *vb* abitare, preparare; rifl **búask** prepararsi
búnir (*inf* **búa**) *part pass* preparati (*nom pl masc*)
byggja (bygð-) *vb* abitare, affittare;
eiga (á, eigu; átti; áttr) *vb* possedere,

avere
ellztr *agg superl* il più vecchio
ey (*pl* -jar) *f* isola
fár *agg* poco
ferð *f* trip, viaggio
fram *avv* avanti
fyrr *avv* prima
gagn *n* vantaggio, beneficio, prodotto, rendita
gjǫrir *var di* **gerir** (*inf* **gera**) *vb* fa
goðagremi *f* collera divina
góðhestr *m* buon cavallo
griðarof *n pl* rottura della tregua
hamrammr *agg* terribile, furioso in battaglia (*lett.* 'forma possente'; usato per descrivere guerrieri capaci di 'mutare forma, ovvero cadere in una furia belluina, come i berserkir)
heimamaðr *m* servitore
heyra (-ð-) *vb* sentire
hraustr *agg* coraggioso
hvárr *pron indef* ognuno (dei due)
hǫfn (*pl* hafnir) *f* porto
innlenzkr *agg* nativo

kærleikr *m* affetto, buon rapporto
kærr *agg* caro
lagabrot *n* infrazione della legge
landsréttr *m* diritto della terra
leggja (lagð-, lag(i)ðr/laginn) *vb* stendere, porre; mettere, stabilire
liðfœrr *agg* abile, capace
lǫgmaðr *m* legale, giurista
mannvænn *agg* promettente
margr *agg* molto
mál *n* (legale) causa, questione
mikinn *acc sg masc di* **mikill**
munu (mun, munu; mundi) *vb* ausiliare per il futuro, essere possibile
nábúi *m* vicino
neyta (-tt-) *vb* [+ *gen*] utilizzare
ótiginn *agg* non nobile (di famiglia), di discendenza comune
sigla (-d-) *vb* navigare
skipakostr *m* forza navale
skírskota (-að-) *vb* rivolgersi a, fare appello a
skógr *m* bosco
snemma *avv* presto

snúa (snýr; snøri/sneri; snúinn) *vb* girare; rifl **snúask** girarsi
Sólundir *pl*, isole presso la costa occidentale norvegese (*toponimo*)
stórskip *n* grande nave
tiginn *agg* nobile (di famiglia)
tólf *num* dodici
ungmenni *n* giovani, ragazzi
útlenzkr *agg* straniero
ván *f* aspettativa, speranza
velja (valð-) *vb* scegliere, selezionare
vestr *avv* ovest, verso ovest
vinna (vinnr; vann, unnu; unninn) *vb* lavorare; coltivare (terra)
Ynglingar *m pl* dinastia reale svedese
þrír *num* tre; **þrír tigir** *num* [+ *gen*] trenta
þrjá *num* tre (*masc acc di* **þrír**)
ǫðrum *dat pl di* **annarr**
ǫll *nom/acc pl neut di* **allr**
ǫllum *dat pl di* **allr**
Ǫnundr *m* (*nome proprio*)

FRASI ED ESPRESSIONI

átt hefr = **hefr átt** ha posseduto
banna jarðir at byggja ok vinna proibisco di affittare e sfruttare le terre
búask til prepararsi per
kærr at appassionato di, che ci tiene a
lagabrot landsréttar infrangere il diritto della terra

leggja við accusare di, dichiarare colpevole di o passibile di
sterkr at afli forte
um fram inoltre
vera til esistere, essere a disposizione
skírskota ek undir þik ti chiamo a testimoniare

Note

_____

_____

_____

_____

_____

_____

LEZIONE 14

Ór *Ynglinga sǫgu* (3. Kap. 'Frá brœðrum Óðins')
(Dalla *Saga degli Ynglingar*, cap. 3 'Sui Fratelli di Odino)

<small>fratelli uno   l'altro</small>
Óðinn átti tvá brœðr. Hét annarr Vé, en annarr Vílir. Þeir brœðr hans

<small>governavano il regno   via</small>
 stýrðu ríkinu, þá er hann var í brottu. Þat var eitt sinn, þá er Óðinn

<small>era andato lontano   a lungo rimasto agli Asi [it] sembrava</small>
var farinn langt í brott ok hafði lengi dvalzk, at Ásum þótti

<small>improbabile il suo [ritorno] a casa presero   dividere</small>
ørvænt hans heim. Þá tóku brœðr hans at skipta arfi hans, en

<small>   un po' dopo</small>
konu hans, Frigg, gengu þeir báðir at eiga. En litlu síðar kom Óðinn

heim. Tók hann þá við konu sinni.

14.1. Numerali.

I primi quattro numerali islandesi vengono declinati. Ne abbiamo già riscontrati diversi esempi per *einn* 'uno', *tvá* 'due', e *þrír* 'tre': acc. sing. masc. *einn* (E.L. 3.9, 4), nom. sing. neut. *eitt* (E.L. 7), acc. sing. neut. *eitt* (E.L. 14), dat. sing. neut. *einu* (E.L. 9); acc. pl. masc. *tvá* (E.L. 10, 13(2), 14); acc. pl. masc. *þrjá* (E.L. 13(2)).

I numerali si declinano in modo analogo agli aggettivi forti:

	einn 'uno'			**tveir 'due'**		
	Masc	**Fem**	**Neut**	**Masc**	**Fem**	**Neut**
nom	einn	ein	eitt	tveir	tvær	tvau
acc	einn	eina	eitt	tvá	tvær	tvau
dat	einum	einni	einu	tveim(r)	tveim(r)	tveim(r)
gen	eins	einnar	eins	tveggja	tveggja	tveggja

	þrír 'tre'			**fjórir 'quattro'**		
	Masc	**Fem**	**Neut**	**Masc**	**Fem**	**Neut**
nom	þrír	þrjár	þrjú	fjórir	fjórar	fjǫgur
acc	þrjá	þrjár	þrjú	fjóra	fjórar	fjǫgur
dat	þrim(r)	þrim(r)	þrim(r)	fjórum	fjórum	fjórum
gen	þriggja	þriggja	þriggja	fjǫgurra	fjǫgurra	fjǫgurra

Einn è inoltre usato come pronome indefinito. Significa 'uno, un certo', al singolare e 'alcuni' al plurale. Le desinenze seguono le regole speciali per le radici viste nella sezione 2.1.1 (nom. sing. masc. *einn*, dat. sing. fem. *einni*, gen. sing. fem. *einnar*, gen. pl. *einna*).

	Masc	**Fem**	**Neut**
Pl *nom*	einir	einar	ein
acc	eina	einar	ein

I numerali sopra al quattro sono indeclinabili. I numeri dal cinque al venti sono come segue:

5	fimm	9	níu	13	þrettán	17	sjautján
6	sex	10	tíu	14	fjórtán	18	átján
7	sjau	11	ellifu	15	fimmtán	19	nítján
8	átta	12	tólf	16	sextán	20	tuttugu

14.2. Verbi: verbi deboli con alternanza vocalica.

Abbiamo visto nella sezione 5.6 che alcuni verbi deboli esibiscono vocali diverse nelle loro radici del pres. e in quelle del pass. Questi verbi hanno una radice che consiste in una vocale breve seguita da una consonante singolare, mentre la radice del loro infinito mostra una -j- finale: *kveðja, segja, velja, hyggja,*[29] *spyrja.*

Il passato di questi verbi conserva la vocale di base, mentre il pres. e l'inf. mostrano gli effetti della metafonia di *i*, scatenata appunto dalla *j*- finale.[30] Tale -*j*- non emerge più nella radice del pres., ma l'effetto della sua antica presenza è rimasto, ed è visibile nella mutazione della vocale radicale: *hann kveðr, hann velr; hann hyggr, hann spyrr.*

Il verbo *segja* costituisce eccezione dal momento che la -*i*- (derivate dalla -*j*- originaria) si mantiene nelle forme del presente (*ek segi, þú/hann segir*).

Come già visto (5.6), le alternanze vocaliche più comuni trap res. E pass sono quelle di -*e*- ~ -*a*- e di -*y*- ~ -*u*-:

Esempi di alternanze vocaliche di -*e*- ~ -*a*- e di -*y*- ~ -*u*-:

Pres Pass		Inf	III sing. pres	III sing. pass
e	– a	at kveðja	hann kveðr	hann kvaddi
		at segja	hann segir	hann sagði
		at velja	hann velr	hann valði
y	– u	at hyggja	hann hyggr	hann hugði
		at spyrja	hann spyrr	hann spurði

14.3. Aggettivi possessive riflessivi.

Il. poss 'suo', 'sua', 'suoi', 'loro' etc. possono essere ambigui in italiano, perché non esplicitano se il possessore sia o meno il

---

[29] La doppia -*gg*- di *hyggja* è uno sviluppo successivo. Il passato *hugði* mostra la radice originale *hug*- con una singola -*g*-.

[30] Tale processo è la metafonia di *j*, parallela a quella di *i* (11.2.1). Il suono **j** (come quello dell'italiano **J**esi o **J**acopo) è simile a **i**, ma è pronunciato in modo tale da funzionare come una consonante. Prevede la stessa posizione della lingua utilizzata per articolare **i** (alta e anteriore), e dunque esercita la stessa influenza metafonica di **i** sulle vocali precedenti. Normalmente le metafonie di *i*-e di *j*- sono raggruppate sotto la medesima denominazione: 'metafonia palatale'.

del primo o del secondo. A chi appartiene questa nave?

L'antico islandese ovvia a questo problema impiegando possessivi diversi per la III persona. Da un lato abbiamo *sinn*, un agg. poss. rifl. che funziona similmente a quello italiano, accordandosi in genere, numero e caso con l'oggetto o la cosa posseduta, il quale indica il soggetto della frase come possessore. Dall'altro, quando il possessore è diverso dal soggetto della frase, si utilizza la forma gen. del pronome di terza persona. *hans*, *hennar*, *þess*, o *þeira*.

Nell'esempio di Þorólfr che saluta Eiríkr 'presso **la sua** nave', avremmo *hjá skipi **sínu*** se si trattasse della nave di Þorólfr, ovvero del soggetto; ma *hjá skipi **hans*** se fosse la nave di qualcun'altro (in questo caso di Eiríkr).

Questa differenza è illustrata nell'E.L. di questa lezione Quando I Fratelli di Odino presero sua moglie:

> *þeir gengu báðir at eiga konu **hans***.

Ma quando Odino si riprese la moglie:

> *Tók hann þá við konu **sinni***.

L'agg. poss. rifl. *sinn* si declina come il numerale *einn* (14.1):

	Masc	Fem	Neut	Masc	Fem	Neut
Sg nom	sinn	sín	sitt	**Pl** sínir	sínar	sín
acc	sinn	sína	sitt	sína	sínar	sín
dat	sínum	sinni	sínu	sínum	sínum	sínum
gen	síns	sinnar	síns	sinna	sinna	sinna

- Nota come tutte le vocali seguite da una *n* singola siano lunghe.
- Abbiamo già incontrato molte di queste forme nelle letture precedenti: acc. sing. masc. *tók þá skjǫld **sinn*** (E.L. 10; NB: da non confondere con il sostantivo neut. *sinn* 'volta' che compare negli E.L. 10 e 14); acc. sing. neut. *Bjǫrn hóf upp bónorð **sitt*** (E.L. 9); acc. pl. masc. *stórlyndr við **sína** menn* (E.L. 6), acc. pl. neut. *bjuggu þeir Kveld-Úlfr skip **sín*** (E.L. 13(2)); e dat. pl. masc. *grimmr **sínum** óvinum* (E.L. 6); *hann valði sér menn af heimamǫnnum **sínum*** (E.L. 13(1)).

Il passo seguente illustra ulteriori esempi dell'agg. poss. riflessivo.

Ór *Egils sǫgu Skalla-Grímssonar* (59. Kap.)
(Dalla *Saga di Egill Skalla-Grímsson*, cap. 59)

figli suoi potere prese
Haraldr inn hárfagri setti sonu **sína** til ríkis í Nóregi, þá er hann tók

invecchiare fece re supremo dei figli suoi
at eldask, gerði Eirík konung yfirkonung sona **sinna** allra, ok er

Eiríki syni **sínum** ríki.

14.4. Declinazione di *sonr* nel singolare e nel plurale.

La declinazione del sostantivo masc. *sonr* è alquanto irregolare (cfr. E.L. 3, 6.6, 9, 14.3, 15). La tabella qui sotto ne illustra il sing. e il pl.:

	Sing	Pl
nom	sonr	synir
acc	son	sonu (syni)
dat	syni	sonum
gen	sonar	sona

14.5. Articolo clitico: il plurale.

Quando associato a forme plurali in *-ar*, *-ir*, ed *-r* (masc. e fem., nom. e acc.), l'articolo perde la *i-* iniziale, esattamente come quando viene affisso a forme che terminano per vocale: *hestar* + *inir* = *hestarnir*, likewise *hlutirnir, hendrnir*.

Quando l'art. dat. pl. *inum* viene affisso a un sostantivo (con desinenza *-um*), il risultato logico *-uminum* viene ridotto a *-unum*: *skipunum*.

Dal momento che anche l'art. masc. al dat. sing. è *inum*, il sing. e il pl. del dat. dat. possono essere confuse se non si presta attenzione ai seguenti punti:

- Le forme dell'agg. debole e del sostantivo sono diverse:

  sing.: *af inum sterka hesti*   pl.: *af inum sterk**um** hest**um***

- Le forme dell'articolo clitico sono diverse:

  sing.: *af hest**in**um*   pl: *af hest**un**um*

14.6. Ripasso dei paradigmi: articolo clitico al sing. e al pl.

La tabella qui sotto illustra tutte le forme singolari e plurali dell'articolo determinativo clitico. Per gli esempi sono stati scelti i sostantivi forti *hestr, staðr, fǫr, jǫrð, á*, e *skip*, e quelli deboli *goði, saga*, e *hjarta*.

Sostantivi forti

	Masc		Fem			Neut
	'cavallo'	'luogo'	'viaggio'	'terra'	'fiume'	'nave'
Sg nom	hestr-inn	staðr-inn	fǫr-in	jǫrð-in	á-in	skip-it
acc	hest-inn	stað-inn	fǫr-ina	jǫrð-ina	á-na	skip-it
dat	hesti-num	stað-inum	fǫr-inni	jǫrðu-nni	á-nni	skipi-nu
gen	hests-ins	staðar-ins	farar-innar	jarðar-innar	ár-innar	skips-ins
Pl nom	hestar-nir	staðir-nir	farar-nar	jarðir-nar	ár-nar	skip-in

| | | | gen | hesta-nna | staða-nna | fara-nna | jarða-nna | á-nna | skipa-nna |

Sostantivi deboli

		Masc 'capo'	Fem 'storia'	Neut 'cuore'
Sg nom		goði-nn	saga-n	hjarta-t
	acc	goða-nn	sǫgu-na	hjarta-t
	dat	goða-num	sǫgu-nni	hjarta-nu
	gen	goða-ns	sǫgu-nnar	hjarta-ns
Pl nom		goðar-nir	sǫgur-nar	hjǫrtu-n
	acc	goða-na	sǫgur-nar	hjǫrtu-n
	dat	goðu-num	sǫgu-num	hjǫrtu-num
	gen	goða-nna	sagna-nna	hjartna-nna

14.7. Articolo clitico: contrazioni con sostantivi forti monosillabi che terminano invocale.

Come già accennato (4.8, 14.5), l'articolo si contrae regolarmente quando viene apposto ad un sostantivo che termina per vocale. La lettura seguente contiene un'eccezione a tale regola, la quale occorre quando sia l'art. sia il sost. sono monosillabi: es., *á* + *-in* = *áin* ('il fiume').

Quando uno dei due presenta più di una sillaba (ed è dunque polisillabo), si applica la regola normale e l'articolo perde la sua *i-*: acc. *á* + *ina* = *ána*; dat. *á* + *inni* = *ánni*; gen. *á* + *innar* = *ánnar*.

Ór *Njáls sǫgu* (146. Kap.)
(Dalla *Saga di Njáll*, cap. 146)

Cavalcarono   a est
Riðu   þeir Þorgeirr austr á Arnarstakksheiði.[31] Er nú ekki at segja frá

prima che   giunsero
ferð þeira, fyrr en þeir kómu til Kerlingardalsár;[32] **áin** var mikil.

lungo   cavalli   selle
Riðu þeir upp með **ánni**, því at þeir sá þar hross með sǫðlum. Riðu þeir

dormivano valle   stavano lance
þangat til ok sá, at menn sváfu í dœl nǫkkurri, ok stóðu spjót

sotto   presero le lance [le] portarono
þeira ofan frá þeim; þeir tóku spjótin ok báru út á **ána**.

---

[31] *Arnarstakksheiðr* è una brughiera accanto ad un monte nell'Islanda meridionale, il cui nome è *Arnarstakkr* ('Covone dell'aquila') per via della sua forma che ricorda un covone di fieno. *Arnarstakkr* è un composto di *ǫrn* (masc.) 'aquila', gen. *arnar* + *stakkr* (masc.) 'covone'.

[32] *Kerlingardalsár* (*Kerling-ar* + *dal-s* + *ár*) letteralmente 'Fiume di Val della Vecchia'. È qui al gen. perché segue la prep. *til*. L'ultimo element del composto è *ár* (= *á* + *-ar*) 'del fiume', che mostra la contrazione (con caduta di *-a-*) al gen. sing. fem. *-ar* (cfr. l'ultimo punto alla sezione 9.3).

Questa piccola classe di sostantivi che descrivono rapporto di parentela (9.5) segue un modello flessionale particolare al pl. Tali nomi escono in -r al nom. e acc. pl. e aggiungono una -r- alla radice prima delle desinenze del dat. pl. -um e del gen. pl. -a. La radice mostra gli effetti di metafonia di *I* nel plural.

La tabella qui sotto illustra sia il singolare sia il plurale.

	Masc		Fem		
	faðir	**bróðir**	**móðir**	**systir**	**dóttir**
Sg nom	faðir	bróðir	móðir	systir	dóttir
acc	fǫður	bróður	móður	systur	dóttur
dat	fǫður	bróður	móður	systur	dóttur
gen	fǫður	bróður	móður	systur	dóttur
Pl nom	feðr	brœðr	mœðr	systr	dœtr
acc	feðr	brœðr	mœðr	systr	dœtr
dat	**feðrum**	**brœðrum**	**mœðrum**	**systrum**	**dœtrum**
gen	**feðra**	**brœðra**	**mœðra**	**systra**	**dœtra**

ESERCIZI

1. Inserisci le desinenze appropriate.

a. Hross___ gengu upp með á___ ok kona___ gekk hjá þeim. (all def.)

b. Hross___ horfði á á___ ok gekk þá til á_____. (tutti det.)

c. Á___ (det.) var fegrst um vár___.

d. Spjót___ stóðu hjá búð_____ (sg.) ok skip___ var í á____. (tutti det.)

e. Repeti la frase **d**, convertendo il primo soggetto al singolare e il secondo al plurale.

_____

2. Fornisci il pron. poss. (*hans*) o l'agg. poss. rifl. (*sinn*) al caso appropriato.

a. Egill fór til Englands með mǫnnum _____. Hann fór aptr til Nóregs með fǫður _____.

b. Bjǫrn náði fundi Þóris. Hann hóf upp bónorð _____ ok bað systur _____.

c. Þórir vildi ekki gefa honum systur _____.

d. Óðinn stýrði ríki _____, þá er hann var heima, en brœðr _____ stýrðu ríki _____, þá er hann var i brottu.

3. Inserisci l'infinito dei verbi deboli con mutazione vocalica a partire dalla III pers. sing. del passato, qui fornita.

'struck'	berja	'crushed'	mylja
dvalði 'delayed'	_____	smurði 'anointed'	_____
flutti 'conveyed'	_____	tamdi 'tamed'	_____
hulði 'hid'	_____	vakti 'wakened'	_____
hvatti 'whetted'	_____	valði 'chose'	_____
lamdi 'beat'	_____	þusti 'rushed'	_____

4. Cambia i sostantivi in **grassetto** da singolari a plurali e applica gli aggiustamenti necessary alle frasi.

  a. **Sonr** konungs stýrði ríkinu eptir hann.

    _____

  b. Hann heyrði tíðendi um dauða **bróður** síns. (*dauði* masc. 'death')

    _____

  c. Nǫrvi átti **dóttur**, svǫrt ok døkk.

    _____

  d. Þá var Bjarni heima með **systur** sinni.

    _____

5. Traduci i seguenti brani.

  a. Óðinn átti tvá brœðr. Hét annarr Vé, en annarr Vílir. Þeir brœðr hans stýrðu ríkinu, þá er hann var í brottu. Þat var eitt sinn, þá er Óðinn var farinn langt í brott ok hafði lengi dvalzk, at Ásum þótti ørvænt hans heim. Þá tóku brœðr hans at skipta arfi hans, en konu hans, Frigg, gengu þeir báðir at eiga. En litlu síðar kom Óðinn heim. Tók hann þá við konu sinni.

    _____

    _____

    _____

    _____

    _____

    _____

    _____

    _____

  b. Haraldr inn hárfagri setti sonu sína til ríkis í Nóregi, þá er hann tók at eldask, gerði Eirík konung yfirkonung sona sinna allra, ok

_____
_____
_____
_____
_____
_____
_____

c. Riðu þeir Þorgeirr austr á Arnarstakksheiði. Er nú ekki at segja frá ferð þeira, fyrr en þeir kómu til Kerlingardalsár; áin var mikil. Riðu þeir upp með ánni, því at þeir sá þar hross með sǫðlum. Riðu þeir þangat til ok sá, at menn sváfu í dœl nǫkkurri, ok stóðu spjót þeira ofan frá þeim; þeir tóku spjótin ok báru út á ána.

_____
_____
_____
_____
_____
_____
_____
_____

Vocabolario

Arnarstakkr *m* 'Covone di fieno dell'aquila', montagna nell'Islanda meridionale (*toponimo*)

Arnarstakksheiðr *f* Brughiera di **Arnarstakkr** (*toponimo*)

austr *avv* est

átján *num* diciotto

átta *num* otto

brottu *avv* **í brottu** via (*staticità*)

dvelja (dvalð-) *vb* restare, attardarsi; *rifl* **dveljask** restare

dœl *f* valle, avvallamento

ellifu *num* undici

fimm *num* cinque

fimmtán *num* quindici

fjórtán *num* quattordici

Frigg *f* moglie di Odino (*nome mitologico*)

heiðr *f* brughiera

hross *n* cavallo

hvetja (hvatt-) *vb* stimolare, affilare, incoraggiare

hylja (hulð-) *vb* nascondere, coprire

Kerlingardalsá *f* 'Fiume di Val della Vecchia' (*toponimo*)

langt *avv* lontano

lemja (lamd-) *vb* battere, sbattere

lengi *avv* a lungo

litlu *avv* un po'

nítján *num* diciannove

cavalcare
ríki (-j-) *n* regno, potere
selja (-d-) *vb* consegnare, rendere
sex *num* sei
sextán *num* sedici
síð *avv* tardi
síðar *avv comp* (*cfr.* **síð**) dopo
sjau *num* sette; **sjau tigir** *num* [+ *gen*] settanta
sjautján *num* diciassette
smyrja (smurð-) *vb* ungere
sofa (sefr; svaf, sváfu; sofinn) *vb* dormire
spjót *n* lancia
stakkr *m* covone
stýra (-ð-) *vb* [+ *dat*] governare

taka (tekr; tók, tóku; tekinn) *vb* prendere; [+ *inf*] prendere a, iniziare
temja (tamd-) *vb* ammansire
tíu *num* dieci
tuttugu *num* venti
Vé *m* fratello di Odino (*nome mitologico*)
Vílir *m* fratello di Odino (*nome mitologico*)
yfirkonungr *m* re supremo
þrettán *num* tredici
þykkja (þótt-) *vb* sembrare
þysja (þust-) *vb* affrettarsi
ǫrn (*gen* arnar) *m* aquila

FRASI ED ESPRESSIONI

annarr ... annarr ... l'uno ... l'altro ...
fyrr en prima che
litlu síðar un po' (di tempo) dopo
ofan frá sotto

setja til ríkis porre al potere
selja i hendr cedere, consegnare
sjau tigu vetra per settant'anni (lett. inverni)
upp með lungo

Note

_____
_____
_____
_____
_____
_____
_____
_____

LEZIONE 15

Ór *Egils sǫgu Skalla-Grímssonar* (81. kap.)
(Dalla *Saga di Egil Skalla-Grimsson*, cap. 81)

in seguito   (se)[33]   veggente   qui

Síðan   stóð Egill upp ok mælti hátt: "Hvárt er Ǫnundr   sjóni   hér í

pendio dell'assemblea

þingbrekkunni?"

                            sono contento

Ǫnundr kvazk þar vera, – "ek em feginn orðinn, Egill, er þú ert

                                   ('sta in mezzo)

          tutto migliorare riguardo   qui   ostacolo

kominn; mun þat allt   bœta   til um þat, er hér stendr milli máls manna".

                               ('cerca con denunce')

      sei responsabile per ciò che   tuo   intenta l'azione contro

"Hvárt   ræðr þú   því,   er Steinarr, sonr þinn,   sœkir sǫkum

                  tratto   folla

Þorstein, son minn, ok hefir dregit saman fjǫlmenni, til þess at gera at

         fuorilegge

Þorstein urðarmanni?"

                         ('insoddisfatti')

   causo   che   in lite   ho

"Því veld ek eigi," segir Ǫnundr, "er þeir eru   ósáttir,   hefi ek þar

('posto')

asserito   parole   chiesto   riappacificarsi

lagt til mǫrg orð ok beðit Steinar   sættask   við Þorstein...."

    presto   chiaro   se

"Brátt mun þat," segir Egill, "ljóst verða, hvárt þú mælir þetta af

                   ('quella')

sincerità   falsità   credo quest'ultima meno   ricordo

alvǫru eða hégóma, þótt ek ætla   þat   síðr vera munu. Man ek

                   ('sembrerebbe')

quei   a ognuno dei due di noi   sarebbe sembrato improbabile   noi (due)

þá daga, at hvárumtveggja okkrum mundi þykkja ólíkligt, at   vit

       ci facessimo causa   calmare   nostri

myndim[34] sǫkum sœkjask eða stilla eigi sonu okkra, at þeir

('non vadano con')

con commettano follie tali   sento   qui ci si aspetta sembra a me

fari eigi með   fíflsku slíkri, sem ek heyri, at hér horfisk til. Sýnisk mér

---

[33] Il pronome svolge qui una funzione interrogativa e non ha traduzione letterale; un suo analogo italiano può essere l'espressione 'non è che...?' posta prima di una domanda.

[34] Ausiliare modale che modifica 'sœkjask.

noi			('sotto di noi')	('mettiamo giù)	
(due) prendiamo			nelle nostre mani	(lo) risolviamo	lasciamo

at vit   takim   mál þetta   undir okkr   ok   setim niðr, en látim   eigi

	('incitare')			
	far litigare	figli	nostri	muli da soma

þá Tungu-Odd ok Einar   etja   saman sonum okkrum sem kapalhestum."

15.1. Verbi preterito-presenti: il presente.

Come menzionato in precedenza (3.7), I verbi modali sono ausiliari che si accompagnano all'infinito per esprime caratteristiche come abilità, possibilitò, necessita, intenzione ecc. La maggioranza di essi (eccezion fatta per *hafa*, *vera*, e *vilja*) appartiene ad una piccola ma importante categoria denominata classe dei verbi **preterito-presenti**.

Tali verbi derivano il loro nome dal fatto che il loro presente ha l'aspetto tipico di un preterito (ovvero un passato) dei verbi forti. Le desinenze dei verbi pret.-pres. sono identiche a quelle del passato dei verbi forti (riassunte a lato; cfr. 6.2, 8.4, 9.9).

1sg	–
2sg	-t
3sg	–
1pl	-um
2pl	-uð
3pl	-u

Come per i verbi forti, anche i pret.-pres. esibiscono un'alternanza di vocali tra singolare e plurale, ma mentre per i primi l'alternanza si osserva al preterito, per i secondi essa compare al presente (6.4): *þat má*, *þeir megu*; *þat skal*, *þeir skulu*, ecc.

Qui sotto sono elencati i tre verbi pret.-pres. più importanti, coniugati al presente indicativo.: *mega* ('potere'), *munu* ('futuro; probabilità'), e *skulu* ('necessità'):

Il presente dei verbi preterito-presenti (ausiliari modali)

	mega	munu	skulu
1sg	má	mun	skal
2sg	mátt	munt	skalt
3sg	má	mun	skal
1pl	megum	munum	skulum
2pl	meguð	munuð	skuluð
3pl	megu	munu	skulu

- Numerosi esempi sono già comparsi nelle letture:
  - *þú mátt* (E.L. 7), *þat má* (E.L. 11), entrambi da *mega*;
  - *muntu* (E.L. 11) (= *munt þú*, 10.1.1), *þat mun* (E.L. 10, 15), *fáir menn munu* (E.L. 13(2)), tutti forme di *munu*.

- *Munu* e *skulu* sono unici perché i loro infiniti escono in -*u* anziché in -*a*. In questi verbi pret.-pres., la III pers. pl. del pres.

- Negli altri verbi pret.-pres. (eccetto *muna*, cfr. 15.3), la III pers. pl. del pres. è diversa dall'inf.: *at kunna* (E.L. 11) – *þeir kunnu*; *at mega* – *þeir megu* (E.L. 16 sotto).

- Quando la desinenza della II pers. sing. *-t* viene aggiunta ad una radice in vocale viene raddoppiata: *mátt*.

Oltre agli ausiliari modali, ci sono altri preterito-presenti. Abbiamo già incontrato *muna* 'ricordare': *ek man* (E.L. 15); e *vita* 'sapere': *ek veit* (E.L. 11). Altri esempi comuni sono *eiga* 'possedere, sposare', *kunna* 'sapere; essere in grado di', e *þurfa* 'need'. Questi verbi si coniugano come segue:

Pres. indic. dei preterito-presenti

	eiga	kunna	muna	vita	þurfa
1sg	á	kann	man	veit	þarf
2sg	átt	kannt	mant	veizt	þarft
3sg	á	kann	man	veit	þarf
1pl	eigum	kunnum	munum	vitum	þurfum
2pl	eiguð	kunnuð	munið	vituð	þurfuð
3pl	eigu	kunnu	muna	vitu	þurfu

15.2. *Munu* 'ausiliare per il futuro, essere possibile' e *muna* 'ricordare'.

Il verbo modale *munu* 'futuro, probabilità' può essere confuso con il verbo *muna* 'ricordare' (es., *ek man* E.L. 15). Oltre ad avere un infinito dalla forma diversa, questi due verbi si distinguono in altri modi:

- *Munu* ha la vocale radicale *-u-* al pres. sing. (*ek mun*), mentre *muna* ha *-a-* (*ek man* 'io ricordo').

- *Munu* ha desinenze del passato al pres. pl. (*munum, munuð, munu*), mentre *muna* ha normali desinenze del presente (*munum, munið, muna*). Solo la I pers. pl. *munum* è identica in entrambi i verbi.

- Poiché *munu* è un ausiliare modale, è regolarmente accompagnato da un infinito: *fáir menn munu vita* 'pochi sapranno' (E.L. 13(2)), *brátt mun þat ljóst verða* 'presto ciò diventerà chiaro' (E.L. 15).

15.3. Verbi preterito-presenti: il passato.

I verbi preterito-present verbs al passato hanno le stesse desinenze del passato dei verbi deboli (elencati a destra; cfr. anche 5.5, 9.9): III sing. *átti*

1sg	-a
2sg	-ir
3sg	-i
1pl	-um
2pl	-uð
3pl	-u

solitamente presenta un suffisso in dentale come nei verbi deboli (cfr. 5.3.2): *átt-*, *mátt-*, *mund-*.

Nelle tabelle sotto si trova il passato dei sette verbi preterito-presenti più comuni (cfr. 15.1 per il pres.):

Il passato dei verbi Pret.-Pres.

	mega	munu	skulu
1sg	mátta	munda	skylda
2sg	máttir	mundir	skyldir
3sg	mátti	mundi	skyldi
1pl	máttum	mundum	skyldum
2pl	máttuð	munduð	skylduð
3pl	máttu	mundu	skyldu

	eiga	kunna	muna	vita	þurfa
1sg	átta	kunna	munda	vissa	þurfta
2sg	áttir	kunnir	mundir	vissir	þurftir
3sg	átti	kunni	mundi	vissi	þurfti
1pl	áttum	kunnum	mundum	vissum	þurftum
2pl	áttuð	kunnuð	mundið	vissuð	þurftuð
3pl	áttu	kunnu	munda	vissu	þurftu

- *Kunna* 'conoscere; saper fare' e *vita* 'sapere' hanno radici distinte al passato: *kunn-* e *viss-*. Il suffisso dentale che ci aspetteremmo di trovare è stato in realtà assimilato alla consonante finale della radice.

- *Kunna* presenta le stesse forma al pres. pl. e al pass pl.

- *Munu* e *muna* sono identici al pass. sing. e alla I pl., ma diversi alla II e alla III pl.

- Altri due verbi preterito-presenti sono *kná* 'sapere come, essere in grado di', che segue la coniugazione di *mega*, e *unna* 'amare', che segue quella di *kunna*.

15.4. Verbi: dettagli ulteriori di *vera*.

Al pres. ind., *vera* si coniuga come un verbo pret.-pres. Le desinenze forti del passato sono aggiunte alla radice *er-*, tranne che alla I persona sing., dove la forma è *em*.

	Pres	Past
1sg	em	var
2sg	er-t	var-t
3sg	er	var
1pl	er-**um**	vár-**um**
2pl	er-**uð**	vár-**uð**
3pl	er-**u**	vár-**u**

Al passato, *vera* si coniuga come un verbo forte, con regolari desinenze forti del passato apposte alle radici *var-* (sing.) e *vár-* (pl.). Dunque il sing. e il pl. di *vera* mostrano

15.5. Verbi: congiuntivo presente (cfr. anche 8.5, 8.6).

Il cong. pres. è caratterizzato dalla presenza di -*i*- in tutte le persone eccettuata la I sing. (che esce in -*a*). Tale -*i*- nelle desinenze non causa metafonia di *i* (11.2.1).

1sg	-a
2sg	-ir
3sg	-i
1pl	-im
2pl	-ið
3pl	-i

Useremo *fara* e *taka* come esempi, avendone già incontrate delle forme al congiuntivo: *hann fari* (E.L. 8), *þeir fari*, *vit takim* (both in E.L. 15). Nota che la III sing. e la III pl. sono identiche (*hann fari*, *þeir fari*).

Cong. pres. di *fara* e *taka*

Altri esempi sono: *hann siti* (E.L. 8), *vit látim* (E.L. 15), *þú eigir*, *vér etim*, *vér gerim*, *þér ráðið*, *þér gerið* (tutti presenti nell'E.L. 16 sotto).

	fara	taka
1sg	fara	taka
2sg	farir	takir
3sg	fari	taki
1pl	farim	takim
2pl	farið	takið
3pl	fari	taki

15.6. Verbi: costruzioni impersonali per esprimere opinioni o credenze.

L'islandese utilizza diverse costruzioni impersonali per esprimere opinion o credenze, e tali costruzioni consistono in un verbo alla III pers. sing. seguito da un pronome al dativo. Queste costruzioni sono analoghe a quelle italiano "mi sembra...; mi pare...".

Spesso il verbo è riflessivo: *virðisk mér* 'mi sembra' (E.L. 11), da *virðask*; *sýnisk mér* 'mi sembra' (E.L. 15), da *sýnask*. Il verbo non rifl. *þykkja* è anch'esso molto usato: *Ásum þótti* 'Agli Asi sembrava' (E.L. 14), *hvárumtveggja okkrum mundi þykkja* 'ci sarebbe sembrato a entrambi' (E.L. 15). Essendo espressioni impersonali, il verbo è alla III pers. sing., e il pronome viene omesso, come in italiano:

Ásum þótti 'Agli Asi (ciò) sembrava' (E.L. 14).

A volte, però, il pron. neut. *þat* 'ciò, quello' accompagna il verbo:

óráðligt sýnisk mér **þat** '**quello** mi sembra sconsigliabile' (dalla *Fóstbrœðra saga*, ch. 1).

Come in italiano, la presenza del pronome *þat* implica una certa enfasi.

Proprio come avviene in italiano, le subordinate che seguono questi costrutti grammaticali presentano normalmente il verbo al congiuntivo es. 'mi sembra che **sia**...; non mi pare che **fosse**...; ci sembra che tu **debba**...':

Sýnisk mér *þat ráð ... at vit* **takim** *mál þetta undir okkr ok* **setim** *niðr, en* **látim** *eigi þá Tungu-Odd ok Einar etja saman sonum*

Esercizi

1. Coniuga i seguenti verbi pret.-pres. al pres. e al pass.

	eiga	mega	skulu	vita
Pres 1sg	_____	_____	_____	_____
2sg	_____	_____	_____	_____
3sg	_____	_____	_____	_____
1pl	_____	_____	_____	_____
2pl	_____	_____	_____	_____
3pl	_____	_____	_____	_____
Pass 1sg	_____	_____	_____	_____
2sg	_____	_____	_____	_____
3sg	_____	_____	_____	_____
1pl	_____	_____	_____	_____
2pl	_____	_____	_____	_____
3pl	_____	_____	_____	_____

2. Identifica e distingui il verbo *munu* 'futuro, probabilità' da *muna* 'ricordare'.

Ex.: þér munið <u>muna</u>_____

a. ek mun _____   **d.** þér munduð _____

b. þú mant _____   **e.** þau mundu _____

c. þeir muna _____   **f.** þær munda _____

g. Engi maðr mundi þá fyrri daga. _____

h. Engi maðr mundi þurfa at berjask. _____

i. Traduci **g** e **h**.

   g. _____

   h. _____

3. Fornisci la forma corretta dell'elemento in parentesi.

a. (þú) _____ sýnisk   **e.** (hann) _____ þótti

b. (konungr) _____ þótti   **f.** (vér) _____ mundi þykkja

c. sýndisk (Bjǫrn) _____   **g.** (menn) _____ þykkir

d. (Gísli) _____ virðisk   **h.** virðisk (þeir) _____

4. Fornisci il congiunt. pres. dei verbi dati.

a. Mér sýnisk, konungsson, at þú (hyggja) _____ vandliga at skipinu.

b. Svá virðisk yðr sem ek (vilja) _____ vera yfirmaðr yðarr?

c. Ásum þykkir ørvænt at Óðinn _____ heim koma.

d. Agli þykkir at Steinarr (fara) _____ með fíflsku. (NB: *Agli*, dat. di *Egill*)

e. Agli þykkir at Steinarr ok Þorsteinn (fara) _____ með fíflsku.

5. Traduci i brani seguenti.

Síðan stóð Egill upp ok mælti hátt: "Hvárt er Qnundr sjóni hér í þingbrekkunni?"

Qnundr kvazk þar vera, – "ek em feginn orðinn, Egill, er þú ert kominn; mun þat allt bœta til um þat, er hér stendr milli máls manna."

"Hvárt ræðr þú því, er Steinarr, sonr þinn, sœkir sǫkum Þorstein, son minn, ok hefir dregit saman fjǫlmenni, til þess at gera at Þorstein urðarmanni?"

"Því veld ek eigi," segir Qnundr, "er þeir eru ósáttir, hefi ek þar lagt til mǫrg orð ok beðit Steinar sættask við Þorstein...."

_____

_____

_____

_____

_____

_____

_____

_____

_____

_____

_____

_____

_____

"Brátt mun þat," segir Egill, "ljóst verða, hvárt þú mælir þetta af alvǫru eða hégóma, þótt ek ætla þat síðr vera munu. Man ek þá daga, at hvárumtveggja okkrum mundi þykkja ólíkligt, at vit myndim sǫkum sœkjask eða stilla eigi sonu okkra, at þeir fari eigi með fíflsku slikri, sem ek heyri, at hér horfisk til. Sýnisk mér þat

_____

_____

_____

_____

_____

_____

_____

_____

_____

_____

_____

_____

VOCABOLARIO

alvara *f* serietà; onestà

beðit *part pass di* **biðja**

biðja (biðr; bað, báðu; beðinn) *vb* chiedere

brátt *avv* rapidamente

bœta (-tt-) *vb* migliorare

brekka *f* pendio

deila *f* disputa

draga (dregr; dró, drógu; dreginn) *vb* tirare, trascinare

etja (att-) *vb* [+ *dat*] incitare, provocare; fare lottare (dei cavalli)

feginn *agg* content, soddisfatto

fíflska *f* follia, stupidità

fjǫlmenni *n* folla

hégómi *m* falsità

hér *avv* qui

horfa (-ð-) *vb* guardare

hvárrtveggja *pron indef* entrambi

hvárt *cong* se (spesso usato per introdurre una domanda)

kapalhestr *m* mulo da soma

leggja (lagð-) *vb* stendere

láta (lætr; lét, létu; látinn) *vb* lasciare (fare), permettere

líf *n* vita

ljóss *agg* chiaro

meðan *cong* mentre

milli *prep* [+ *gen*] tra, fra

muna (man, muna; mundi; munaðr) *vb* ricordare

munu (mun, munu; mundi) *vb* futuro, probabilità

myndim (*inf* **munu**) *vb* (we) ausiliare *potremmo*; *dovremmo* (*I pers. pl congiunt. pass.*)

nær *avv* vicinoi, quasi

okkarr *agg poss* di noi due

okkr *pron* noi (due) (*acc di* vit)

orð *n* parola

ólíkligr *agg* improbabile

ósáttr *agg* non conciliato, insoddisfatto

ráð *n* consiglio

ráða (ræðr; réð, réðu; ráðinn) *vb* [+ *dat*] consigliare; pianificare, disporre

síðan *avv* poi, dopo

síðr *avv comp* meno

sjóni *m* 'il Veggente' (*soprannome*)

skulu (skal, skulu; skyldi) *vb* ausiliare (necessità)

slíkr *agg* tale

staddr *agg* posizionato, situato

sýnask (-d-) *vb rifl* [+ *dat*] sembrare, apparire (*impers*)

sættask (-tt-) *vb rifl* riconciliarsi

sœkja (sótt-) *vb* cercare

sǫk *f* causa legale

Tungu-Oddr *m* (*nome proprio*)

dat] causare

vit *pron* noi (due)

þingbrekka *f* pendio sul quale si tenevano nelle riunioni dell'assemblea

ætla (-að-) *vb* credere, ritenere

FRASI ED ESPRESSIONI

á lífi vivo

fara með fíflsku fare una pazzia

horfask til aspettarsi

hvárrtveggja okkarr ognuno di noi due

hvárt ræðr þú því sei responsabile di ciò

leggja til orð dire

setja niðr appianare (una disputa)

standa milli separare

sýnisk mér mi sembra

sættask við riconciliarsi con

sœkja sǫkum fare causa

taka undir sik prendere il controllo di

þótt ek ætla þat síðr mun vera sebbene io pensi [che] ciò sarà improbabile

Note

_____

_____

_____

_____

_____

_____

_____

_____

_____

_____

_____

_____

_____

LEZIONE 16

Ór *Njáls sǫgu* (58. kap.)
(Dalla *Saga di Njáll*, cap. 58)

Ríða þeir brœðr nú til Hlíðarenda. Gunnarr var heima ok gekk út;

accolgono
Kolskeggr gekk út með honum ok Hjǫrtr, bróðir þeira, ok fagna þeim

intendevano
vel ok spurðu, hvert þeir ætlaði at fara.

oltre   a noi   possiedi
"Eigi lengra," segja þeir; "oss er sagt, at þú eigir hest góðan, ok vilju

noi offrire   duello a cavallo
vér bjóða þér hestaat."

(essere raccontate)
piccole   possono viaggiare
Gunnarr svarar: "Litlar sǫgur megu ganga frá hesti mínum; hann

senza esperienza   in tutto
er ungr ok óreyndr at ǫllu."

scelta   concedere   battersi   supponeva
"Kost munt þú láta at etja," segja þeir, "ok gat þess til Hildigunnr

saresti[35] orgoglioso del
"at þú myndir góður af hestinum

Perché parlaste voi
"Hví tǫluðuð þér um þat?" segir Gunnarr.

nessuno   oserebbe
"Þeir menn váru," segja þeir, "er mæltu, at engi myndi þora at etja

nostro
við várn hest."

osare   malignamente
"Þora mun ek at etja," segir Gunnarr, "en gráliga þykki mér þetta

mælt."

('intendere')
noi   accordarsi
"Skulu vér til þess ætla þá?" segja þeir.

a voi   vostri   prevalete
"Þá mun yðr fǫr yður þykkja bezt," segir Gunnarr, "ef þér ráðið

in questo   chiedere a voi   noi
þessu, en þó vil ek þess biðja yðr, at vér etim svá hestunum, at vér

('facciamo ad altri piacere')
Intratteniamo gli altri   a noi nessun problema   voi   nessuna
gerim ǫðrum gaman, en oss engi vandræði ok þér gerið mér enga

---

[35] Il verbo essere non compare per ellissi (omissione), ma rimane soltanto l'ausiliare modale.

occuparmi di voi   voi   difficile   resistere
sveigja þat at yðr, at yðr mun þykkja hart undir at búa. Mun ek þar
                   prima
eptir gera, sem þér gerið fyrir."

                               come gli fosse andata
  Ríða þeir þá heim. Spurði Starkaðr at, hversu þeim hefði farizk.

  dissero   promise
Þeir sǫgðu, at Gunnarr gerði góða ferð þeira; – "hann   hét   at etja
          stabilimmo   quando   lotta   dovesse   sembrava che
hesti sínum, ok kváðu vér á,   nær þat hestavíg skyldi vera. Fannsk þat á
                        essere
in tutto   carente   rispetto [a] noi   era evasivo
í ǫllu, at honum þótti sik   skorta   við   oss, ok bazk hann undan."

                                          difficile da
      spesso   sembrare   provocare
  "Þat mun opt   á finnask," segir Hildigunnr, "at Gunnarr er seinþreyttr
      guai   difficile da gestire   può non   scappare
til vandræða, en   harðdrœgr,   ef hann má eigi undan komask."

16.1. Verbi: il congiuntivo passato.

Le desinenze del congiunt. pass. sono identiche a quelle del congiunt. pres. (15.5), cambiano invece le radici verbali. Ad esempio, negli estratti di lettura abbiamo già incontrato le seguenti forme di congiuntivo passato:

1sg	-a
2sg	-ir
3sg	-i
1pl	-im
2pl	-ið
3pl	-i

hann væri (E.L. 3.9, 8, 10, 12(1))
þeir ætla**ð**i, þat hef**ð**i (E.L. 16)
hann myndi (E.L. 11, 16), *þú myndir* (E.L. 16), *vit myndim* (E.L. 15)

Formazione del congiuntivo passato.

Inf		Indic pass		Cong pass
kalla	–	kallað-	–	hann/þeir kalla**ð**i
hafa	–	haf**ð**-	–	hann/þeir hef**ð**i
vera	–	þeir v**á**ru	–	hann/þeir v**æ**ri

Il congiuntivo passato è caratterizzato dalla metafonia di *i* nella radice verbale di tutti i verbi, eccezion fatta per quelli deboli con vocale connettiva -*a*- (5.3.1).

- Nei verbi deboli con vocale connettiva-*a*-, la radice del congiunt. pass. è identica a quella dell'indicativo pass..: es., *kallað*-.

---

36 Lett. 'nulla [può essere] intrapreso, tranne che io...'

es., indic. pass. *hafð-* → congiunt. pass. *hefð-*.

- Nei verbi forti, la radice del congiunt. pass. si costruisce a partire da quella della III. pers. pl. dell'indic. pass., ma con metafonia di *i*-laddove essa sia applicabile: es., III pers. pl. pass. *vár-u* → congiunt. pass. *vær-*.

La stessa vocale radicale si utilizza in tutta la coniugazione del congiunt. pass.: *hann væri, þeir væri* (a differenza dell'indic. pass.: *hann var, þeir váru*). Oltre alle vocali elencate nella sezione 11.1, le vocali radicali -*ó*- ed -*u*- sono soggette a metafonia nel congiunt. pass.:

Indic. pass.		Congiunt. pass	Esempi
ó	–	œ	koma – þeir k**ó**mu – hann/þeir k**œ**mi
u	–	y	munu – þeir m**u**ndu – hann/þeir m**y**ndi

16.2. Il verbo *essere*: congiuntivo pres. e pass.

Il cong. pres. di *vera* è irregolare e mostra una radice suppletiva *sé-*, mentre le vocali delle desinenze regolari del congiuntivo cadono.

	Sing		Pl	
1	ek sé		vér sé**m**	
2	þú sér		þú sé**ð**	
3	hann hon } sé þat		þeir þær } sé þau	

Il congiunt. pass di *vera* è invece regolare, e si costruisce a partire dalla radice *vær-*:

	Sing		Pl	
1	ek væra		vér værim	
2	þú værir		þú værið	
3	hann hon } væri þat		þeir þær } væri þau	

16.3. Pronomi personali: I e II persona duale.

Oltre al sing. *ek* 'I', *þú* 'tu' e al pl. *vér* 'noi', *þér* 'voi' (3.6), l'antico islandese utilizza dei pronomi **duali**, *vit* 'noi due' e *þit* 'voi due'. *Vit* e *þit* indicano soltanto due persone mentre *vér* e *þér* ne indicano tre o più.

Pronomi al duale

		I		II	
Dual	nom	vit	'noi (due)'	þit/it	'voi (due)'
	acc	okkr	'noi'	ykkr	'voi'
	dat	okkr	'a noi'	ykkr	'a voi'
	gen	okkar	'di noi'	ykkar	'di voi'

> *Vit erum* 'noi [due] siamo' (E.L. 15)
> *Vér erum* 'noi siamo'
> *Vit sǫgðum* 'noi [due] dicemmo'
> *Vér sǫgðum* 'noi dicemmo'

> *Þit eruð* 'voi [due] siete'
> *Þér eruð* 'voi siete'
> *Þit sǫgðuð* 'voi [due] diceste'
> *Þér sǫgðuð* 'voi diceste'

La presenza della -*u*- nella desinenza causa alternanza di *a~ǫ* (11.2.2) nella radice del verbo: *vit tǫkum*, *þit tǫkuð* (da *taka*), *vit sǫgðum*, *þit sǫgðuð* (da *segja*), ecc.

16.4. Aggettivi: i possessivi.

Nella I e nella II persona esistono aggettivi possessive declinabili. Sono tutti basati sul gen. pron. pers. corrispondente (cfr. 3.6).

Pron. pers.	Gen.	Agg. poss.
ek 'io'	*mín* 'di me'	*minn* 'mio'
þú 'tu '	*þín* 'di te'	*þinn* 'tuo'
—	*sín* 'di lui/lei'	*sinn* 'suo'
vit 'noi due'	*okkar* 'di noi due'	*okkarr* 'nostro (duale)'
þit 'voi due'	*ykkar* 'di voi due'	*ykkarr* 'vostro (duale)'
vér 'noi'	*vár* 'di noi'	*várr* 'nostro'
þér 'voi'	*yðar* 'di voi'	*yðarr* 'vostro'

Gli aggettivi poss. *minn* 'mio' e *þinn* 'tuo' si declinano come *sinn* (14.3).

Agg. poss. *minn* e *þinn*

		minn 'mio'			þinn 'tuo'	
	Masc	**Fem**	**Neut**	**Masc**	**Fem**	**Neut**
Sg nom	minn	mín	mitt	þinn	þín	þitt
acc	minn	mína	mitt	þinn	þína	þitt
dat	mínum	minni	mínu	þínum	þinni	þínu
gen	míns	minnar	míns	þíns	þinnar	þíns
Pl nom	mínir	mínar	mín	þínir	þínar	þín
acc	mína	mínar	mín	þína	þínar	þín
dat	mínum	mínum	mínum	þínum	þínum	þínum
gen	minna	minna	minna	þinna	þinna	þinna

Agg. poss. Duali e plurali: *okkarr, ykkarr, várr,* e *yðarr*

Gli altri agg. poss, *okkarr* 'di noidue', *ykkarr* 'di voi due', *várr* 'nostro', *yð(v)arr* 'vostro' si declinano come aggettivi forti regolari: fes., acc.

		okkarr 'di noi due'			ykkarr 'di voi due'	
	Masc	Fem	Neut	Masc	Fem	Neut
Sg nom	okkarr	okkur	okkart	ykkarr	ykkur	ykkart
acc	okkarn	okkra	okkart	ykkarn	ykkra	ykkart
dat	okkrum	okkarri	okkru	ykkrum	ykkarri	ykkru
gen	okkars	okkarrar	okkars	ykkars	ykkarrar	ykkars
Pl nom	okkrir	okkrar	okkur	ykkrir	ykkrar	ykkur
acc	okkra	okkrar	okkur	ykkra	ykkrar	ykkur
dat	okkrum	okkrum	okkrum	ykkrum	ykkrum	ykkrum
gen	okkarra	okkarra	okkarra	ykkarra	ykkarra	ykkarra

		várr 'nostro'			yð(v)arr 'vostro'	
	Masc	Fem	Neut	Masc	Fem	Neut
Sg nom	várr	vár	várt	yð(v)arr	yður	yð(v)art
acc	várn	vára	várt	yð(v)arn	yðra	yð(v)art
dat	várum	várri	váru	yðrum	yð(v)arri	yðru
gen	várs	várrar	várs	yð(v)ars	yð(v)arrar	yð(v)ars
Pl nom	várir	várar	vár	yðrir	yðrar	yður
acc	vára	várar	vár	yðra	yðrar	yður
dat	várum	várum	várum	yðrum	yðrum	yðrum
gen	várra	várra	várra	yð(v)arra	yð(v)arra	yð(v)arra

Non esistono forme dell'aggettivo poss. per la III person. Al suo posto vengono utilizzate le forme genitive dei pronomi: *hans*, *hennar*, *þess*, e *þeira*. Questi sono indeclinabili: *sonr* **hans** (E.L. 3), *spenum* **hennar** (E.L. 5), *yfirmaðr* **þeira** (E.L. 2), ecc.

16.5. Il pronome indefinito *hvárrtveggja*.

Il pron. indef. *hvárrtveggja* 'ognuno dei due' è composto da *hvárr* 'ogni' + *tveggja*, gen. pl. del numerale *tveir* 'due' (14.1). Solo *hvárr*-viene declinato in questo pronome composto: *til hvárstveggja* 'ad ognuno dei due' (gen. sing. masc.), *í hvárutveggja liði* 'in ognuno dei due eserciti' (dat. sing. neut.), *hvárirtveggja* 'entrambi' (nom. pl. masc.), ecc.

Nella I e nella II persona, questo pronome è regolarmente seguito da un agg. poss anziché da un pronome al gen.: *hvárumtveggja* **okkrum** 'ciascuno dei due di noi [lett. 'ognuno di noi (due)']' (E.L. 15). Alla III person si accompagna invece al pronome al gen.: *hvárrtveggja þeira*, 'ognuno di loro (due)'

Esercizi

1. Dall'indicativo al congiuntivo, present e passato. Scrivi la III pers. sing. e la III pl. del congiuntivo pres. e pass dei verbi di

a. Verbi deboli   Presente   Passato

Es: hafa (*pass* hafð-):   hann <u>hafi</u>   hann <u>hefði</u>

                             þeir <u>hafi</u>   þeir <u>hefði</u>

dvelja (*pass* dvalð-):   hon _____ hon _____

                             þær _____ þær _____

fagna (*pass* fagnað-):   hann _____ hann _____

                             þeir _____ þeir _____

gera (*pass* gerð-):   það _____ það _____

                             þau _____ þau _____

spyrja (*pass* spurð-):   hon _____ hon _____

                             þær _____ þær _____

b. Verbi forti   Presente   Pass

Es: halda (*III pl. past* heldu): hon <u>haldi</u>   hon <u>heldi</u>

                             þær <u>haldi</u>   þær <u>heldi</u>

bjóða (*III pl. pass.* buðu):   hann _____ hann _____

                             þeir _____ þeir _____

bera (*III pl. pass.* báru):   það _____ það _____

                             þau _____ þau _____

hlaupa (*III pl. pass.* hljópu):   hann _____ hann _____

                             þeir _____ þeir _____

taka (*III pl. pass.* tóku):   hon _____ hon _____

                             þær _____ þær _____

2. **Dal congiuntivo pass. all'indicativo**. Fornisci le forme richieste per i verbi seguenti a partire dalla III pers. sing del congiuntivo passato.

  a. **Verbi deboli.** Viene qui fornita la III pers. sing. del congiunt. pass. Derivane (1) la radice del pass. indicativo, (2) la III pers. sing. dell'indic. pass., e (3) l'infinito.

Es: það berði: (1) radice dell'indic. pass.: <u>barð-</u>

                     (2) það <u>barði</u>   (3) at <u>berja</u>

    hon legði: (1) radice dell'indic. pass.: _____

                     (2) hon _____ (3) at _____

    hon skipti: (1) radice dell'indic. pass.: _____

                     (2) hon _____ (3) at _____

    hann velði: (1) radice dell'indic. pass.: _____

                     (2) hann _____ (3) at _____

(2) þat _____ (3) at _____

b. Strong Verbs. Viene qui fornita la III pers. sing. del congiunt. pass. Derivane (1) la III pers. pl. dell'ndic. pass., (2) la III sing. dell'indic. eass., e (3) l'infinito.

Es: hann bæri: (1) þeir _báru_____

(2) hann _bar_____ (3) at _bera_____

hon gengi: (1) þær _____

(2) hon _____ (3) at _____

hon gæti: (1) þær _____

(2) hon _____ (3) at _____

þat kœmi: (1) þau _____

(2) þat _____ (3) at _____

hann stœði: (1) þeir _____

(2) hann _____ (3) at _____

3. Completa la cpniugazione di *vera* all'indicativo e al congiuntivo.

		Indicativo	Congiuntivo
Pres.:	ek	em	_____
	þú	_____	sér
	hann	_____	_____
	vér	_____	sém
	þér	eruð	_____
	þeir	_____	_____

		Indicativo	Congiuntivo
Pass:	ek	_____	væra
	þú	vart	_____
	hann	_____	_____
	vér	várum	_____
	þér	_____	værið
	þeir	_____	_____

4. Fornisci un pron. al gen. (*mín, þín, vár, yðar*) o un agg. poss. rifl. (*minn, þinn, várr, yðarr*) nel caso appropriato.

a. Farðu leið þ____ og kom þá aptr til m____. (*leið* fem. 'via, strada')

b. Þórólfr gekk ofan til skips m____.

c. Steinarr, sonr þ____, sœkir sǫkum Þorstein, son m____.

d. Góð þykki mér fǫr m____.

f. Þér skuluð ekki láta vanda menn komask í milli yð___ og v___.

g. Þat skaltu segja konungi yð___, at Haraldr Svíakonungr fór þessa leið. (*Svíakonungr* 're degli svedesi')

h. Engi mun þora at etja við yð___ hesta.

i. Bróðir þ_____ bað systur m_____, en faðir m_____ vildi ekki gefa honum dóttur sína.

5. Traduci i brani seguenti.

Ríða þeir brœðr nú til Hlíðarenda. Gunnarr var heima ok gekk út; Kolskeggr gekk út með honum ok Hjǫrtr, bróðir þeira, ok fagna þeim vel ok spurðu, hvert þeir ætlaði at fara.

"Eigi lengra," segja þeir; "oss er sagt, at þú eigir hest góðan, ok vilju vér bjóða þér hestaat."

Gunnarr svarar: "Litlar sǫgur megu ganga frá hesti mínum; hann er ungr ok óreyndr at ǫllu."

"Kost munt þú láta at etja," segja þeir, "ok gat þess til Hildigunnr at þú myndir góðr af hestinum."

_____

_____

_____

_____

_____

_____

_____

_____

_____

_____

_____

_____

"Hví tǫluðuð þér um þat?" segir Gunnarr.

"Þeir menn váru," segja þeir, "er mæltu, at engi myndi þora at etja við várn hest."

"Þora mun ek at etja," segir Gunnarr, "en gráliga þykki mér þetta mælt."

"Skulu vér til þess ætla þá?" segja þeir.

"Þá mun yðr fǫr yður þykkja bezt," segir Gunnarr, "ef þér ráðið

gerim þórum gaman, en oss eigi vandræði ok þér gerið mér enga skǫmm. En ef þér gerið til mín sem til annarra, þá er eigi ráðit, nema ek sveigja þat at yðr, at yðr mun þykkja hart undir at búa. Mun ek þar eptir gera, sem þér gerið fyrir."

_____

_____

_____

_____

_____

_____

_____

_____

_____

_____

_____

_____

_____

_____

_____

_____

Ríða þeir þá heim. Spurði Starkaðr at, hversu þeim hefði farizk. Þeir sǫgðu, at Gunnarr gerði góða ferð þeira; – "hann hét at etja hesti sínum, ok kváðu vér á, nær þat hestavíg skyldi vera. Fannsk þat á í ǫllu, at honum þótti sik skorta við oss, ok bazk hann undan."

"Þat mun opt á finnask," segir Hildigunnr, "at Gunnarr er seinþreyttr til vandræða, en harðdrœgr, ef hann má eigi undan komask."

_____

_____

_____

_____

_____

_____

_____

_____

af *prep* [+ *dat*] da; di

bjóða (býðr; bauð, buðu; boðinn) *vb* offrire

eiga (á, eigu; átti; áttr) *vb* possedere

fagna (-að-) *vb* [+ *dat*] accogliere

geta (getr; gat, gátu; getinn) *vb* [+ *gen*] supporre

Gunnarr *m* (*nome proprio*)

harðdrœgr *agg* difficile da gestire

harðr *agg* duro

heita (heitir; hét, hétu; heitinn) *vb* promettere

Hildigunnr *f* (*nome proprio*)

Hjǫrtr *m* ('Cervo') (*nome proprio*)

Hlíðarendi *m*, una fattoria nell'Islanda meridionale (*toponimo*)

hví *avv* perché?

Kolskeggr *m* (*nome proprio*)

kostr *m* scelta, opportunità

leið *f* via, strada, percorso

lengra *avv* oltre

mega (má, megu; mátti; mátt) *vb* be potere, saper (fare)

nema *cong* eccetto, tranne

nær *cong* quando

opt *avv* spesso

oss *pron* noi (*pl*) (*acc/dat di* **vér**)

óreyndr *agg* non testato

seinþreyttr *agg* difficile da provocare; **seinþreyttr til vandræða** difficile da trascinare in una lite

skǫmm *f* vergogna, disonore

Starkaðr *m* (*nome proprio*)

undan *avv* via

Svíakonungr *m* re degli Svedesi

vandræði *n pl* problemi

várr *poss agg* nostro

vér *pron* noi (*pl*)

yðarr *poss agg* vostro

yðr *pron* (a) voi (*acc/dat di* **þér**)

þér *pron* voi

þora (-ð-) *vb* osare

þó *avv* yet, sebbene

ætla (-að-) *vb* pensare, avere intenzione di; essere d'accordo

FRASI ED ESPRESSIONI

at ǫllu in ogni aspetto

biðjask undan essere evasivo

etja hestum incitare i cavalli (alla lotta)

finnask á sembrare

gera gaman intrattenere

geta til supporre, ipotizzare

hversu þeim hefði farizk come gli fosse andata

komask undan scappare

kveða á fissare, determinare

Note

_____

_____

_____

_____

_____

_____

LEZIONE 17

Ór *Snorra Eddu* (15., 17. kap.)
(Dall'*Edda di Snorri*, cap. 15, 17)

la cenere   pozzo di Urðr   Norne   luoghi principali degli dèi
Frá askinum, Urðarbrunni, nornum ok hǫfuðstǫðum goðanna.

capitale   luogo sacro
Þá mælti Gangleri: "Hvar er hǫfuðstaðrinn eða helgistaðrinn
goðanna?"

Hárr svarar: "Þat er at aski Yggdrasils....

sala   il pozzo
"Þar stendr salr einn fagr undir askinum við brunninn, ok ór þeim

sala   tre fanciulle   'Fato' 'Divenire' 'Debito' queste
sal koma þrjár meyjar, þær er svá heita: Urðr, Verðandi, Skuld. Þessar

plasmano   vita loro   Norne eppure   altre
meyjar skapa mǫnnum aldr. Þær kǫllum vér nornir. Enn eru fleiri

ogni   plasmare life
nornir, þær er koma til hvers barns, er borit er, at skapa aldr, ok eru

imparentate con gli dèi   altre degli elfi   le terze dei nani
þessar goðkunnigar, en aðrar álfa ættar, en inar þriðju dverga

ættar...."

puoi   (il) cielo
Þá mælti Gangleri: "Mikil tíðendi kannt þú at segja af himninum?

altri luoghi principali   l
Hvat er þar fleiri hǫfuðstaða en at Urðarbrunni?"

luogi   magnificent   place
Hárr segir: "Margir staðir eru þar gǫfugligir. Sá er einn staðr þar, er

Mondo degli elfi   popolo   Elfi di luce
kallaðr er Álfheimr. Þar byggvir fólk þat, er Ljósálfar heita, en

Elfi scuri   sotto   diversi   molto più diversi
Døkkálfar búa niðri í jǫrðu, ok eru þeir ólíkir sýnum ok miklu ólíkari

in realtà   più belli sole
reyndum. Ljósálfar eru fegri en sól sýnum, en Døkkalfar eru

più neri pece   inoltr
svartari en bik. Þar er enn sá staðr, er Breiðablik er kallaðr, ok engi er

più bello   muri
þar fegri staðr. Þar er ok sá, er Glitnir heitir, ok eru veggir hans

pilastri   pali   rosso oro   tetto   argento   inoltre
ok steðr allar ok stólpar af rauðu gulli, en þak hans af silfri. Þar er enn

sá staðr, er Himinbjǫrg heita. Sá stendr á himins enda við brúarsporð,

cielo

þar er Bifrǫst kemr til himins. Þar er enn mikill staðr, er Valaskjálf

ha   gli dei   ricoperto con puro argento

heitir. Þann stað á Óðinn. Þann gerðu goðin ok þǫkðu skíru silfri,

hall   trono

ok þar er Hliðskjálfin í þessum sal, þat hásæti, er svá heitir, ok þá

"tutti i mondi"

vede   su tutto il cosmo   meridione

er Alfǫðr sitr í því sæti, þá sér hann of alla heima. Á sunnanverðum

cielo   fine   sale   il più bello   più luminoso   il sole

himins enda er sá salr, er allra er fegrstr ok bjartari en sólin, er

è   perito

Gimlé heitir. Hann skal standa, þá er bæði himinn ok jǫrð hefir farizk,

abiterà   luogo   giusti   per tutte   ere

ok byggja þann stað góðir menn ok réttlátir of allar aldir."

17.1. Aggettivi: declinazione dei comparativi.

L'estratto per la lettura della lezione mostra diversi aggettivi al grado comparativo:

> *fleiri* – riferito a *nornir* (nom. pl. fem.)
> *fegri* – riferito a *staðr* (nom. sing. masc.) e *Ljósálfar* (nom. pl. masc.)
> *svartari* – riferito a *Døkkálfar* (nom. pl. masc.)
> *bjartari* – riferito a *salr* (nom. sing. masc.)

Gli aggettivi al grado comparativo hanno desinenze speciali:

	Masc	Fem	Neut
Sg nom	-i	-i	-a
acc	-a	-i	-a
dat	-a	-i	-a
gen	-a	-i	-a
Pl nom	-i	-i	-i
acc	-i	-i	-i
dat	-um	-um	-um
gen	-i	-i	-i

Confrontale con quella della flesisone debole dell'aggettivo (13.6). Anche quando usate nella funzione di agg. deboli, i comp. prendono le desinenze loro proprie, e non quelle degli aggettivi deboli: *inna fyrri konunga* (E.L. 7.2).

17.2. Aggettivi: formazione dei comparativi.

Il comp., come il superl. (7.5), si può formare con uno di due possibili

(E.L. 2), *fyrr* (E.L. 13(1), 14.7), *síðar* (E.L. 14).

Gli aggettivi comparativi invece prendono la desinenza del comparativo appropriata (17.1) dopo *-ar-* o *-r-*: *svartar-i* e *fegr-i* nell' E.L. sopra.

Quando il suffiso del comparativo è *-r-*, la vocale radicale spesso subisce metafonia di *i-* (11.2.1): *fagr – fegri, smár* 'piccolo' – *smæri*. Il rapporto tra la vocale radicale del grado positivo (quello "normale") e quella del comparativo, che risulta dalla metafonia di *i* è come segue:

Grado positivo	Comp con *-r*	esempi
a	e	f**a**gr – f**e**gri
á	æ	sm**á**r – sm**æ**ri
ǫ	ø	þr**ǫ**ngr 'narrow' – þr**ø**ngri
ó	œ	st**ó**rr – st**œ**rri
u	y	**u**ngr – **y**ngri
(j)ú	ý	d**jú**pr 'deep' – d**ý**pri

Cfr. 7.5 per simili alternanze nella formazione del superl. con *-st-*, *fagr – fegri – fegrstr*; così anche *smár – smæri – smæstr, stórr – stœrri – stœrstr, ungr – yngri – yngstr*, ecc. Quando la radice dell'aggettivo presenta già una vocale anteriore, la metafonia non si applica e la vocale resta immutata nei vari gradi dell'aggettivo, positivo, comparativo e superlativo: *vænn – vænni – vænstr*.

Qui sotto la declinazione completa di *stœrri* 'maggiore, più grande' come esempio.

	Masc	Fem	Neut
Sg nom	stœrr**i**	stœrr**i**	stœrr**a**
acc	stœrr**a**	stœrr**i**	stœrr**a**
dat	stœrr**a**	stœrr**i**	stœrr**a**
gen	stœrr**a**	stœrr**i**	stœrr**a**
Pl nom	stœrr**i**	stœrr**i**	stœrr**i**
acc	stœrr**i**	stœrr**i**	stœrr**i**
dat	stœrr**um**	stœrr**um**	stœrr**um**
gen	stœrr**i**	stœrr**i**	stœrr**i**

17.3. Aggettivi e avverbi: comparativi e superlativi irregolari.

Alcuni comparativi e superlativi islandesi si formano con radici diverse da quelle del grado positivo. Tali radici si dicono **suppletive**, perché suppliscono alla carenza della radice del grado positivo agli altri gradi.

Diversi esempi di comparativi e superlativi suppletivi esistono anche in italiano, seppur talvolta il loro significato sia leggermente

'alto', 'superiore' e 'supremo' ecc.

Qui sotto si trovano i più comuni aggettivi di questa categoria (da ricordare che il superlativo islandese sostituisce sia il superlativo relativo italiano 'il più alto', sia l'assoluto 'altissimo'; per ragioni di spazio, si indicherà solo l'assoluto nelle traduzioni).

agg.: *góðr – betri – beztr* 'ottimo'	(be) 'buono' – 'migliore' –
avv.: *vel – betr – bezt* 'benissimo'	(do) 'bene' – 'meglio' –
agg.: *illr – verri – verstr* 'pessimo'	(be) 'cattivo' – 'peggiore' –
avv.: *illa – verr – verst* 'malissimo'	(do) 'male' – 'peggio' –
agg.: *lítill – minni – minnstr* 'piccolissimo'	(be) 'piccolo' – 'più piccolo' –
avv.: *lítt – minnr – minnst* 'il minimo'	(do) 'poco' – 'meno' – 'il
agg.: *mikill – meiri – mestr* 'massimo'	'grande' – 'maggiore' –
avv.: *mjǫk – meir(r) – mest*	'molto' – 'più' – 'moltissimo'
agg.: *margr – fleiri – flestr* (possibile)' (nessun avv. corrispondente)	'molto' – 'più' – 'il più
agg.: *gamall – ellri – ellstr* 'vecchissimo' (nessun avv. corrispondente)]	'vecchio' – 'più vecchio' –
agg. *fyrri – fyrstr*	'precedente' – 'primo'
avv. *fyrr – fyrst* (nessuna forma positive corrispondente)	'prima' – 'per prima cosa'

17.4. Verbi: participi presenti.

Come detto in precedenza (8.7), i participi sono aggettivi verbali, e l'antico islandese ne include due tipi, un presente e un passato. I presenti si costruiscono con il suffisso *-and-* (che corrisponde all'italiano '-ant/-ent') e si riconoscono facilmente. Ad esempio, il pres. *verðandi* 'diventante' 'che diventa', dal verbo *verða* 'become', compare nell'E.L. come nome di una delle tre Norne.

I part. pres. seguono la medesima declinazione dei comparativi. (17.1). La flessione di *verðandi* servirà da esempio:

	Masc	Fem	Neut
Sg nom	verðand**i**	verðand**i**	verðand**a**

gen	verð**a**nd**a**	verð**a**nd**i**	verð**a**nd**a**
Pl *nom*	verð**a**nd**i**	verð**a**nd**i**	verð**a**nd**i**
acc	verð**a**nd**i**	verð**a**nd**i**	verð**a**nd**i**
dat	verðǫnd**um**	verðǫnd**um**	verðǫnd**um**
gen	verð**a**nd**i**	verð**a**nd**i**	verð**a**nd**i**

- Nota che il fem. sing. termina in -*i*. Questo spiega la desinenza -*i* nel nome della Norna *Verðandi*.

17.5. Verbs: l'infinito preterito.

L'infinito preterito è una forma speciale dell'infinito che compare soprattutto nei verbi: *munu*; *skulu*; e *vilja*. Il pret. inf. si forma con la desinenza -*u* affissa alla radice del passato debole del verbo.

> *munu* 'futuro, probabilità' – inf. pret. *mundu*
> *skulu* 'necessità' – inf. pret. *skyldu*
> *vilja* 'volere, desiderare' – inf. pret. *vildu*

- L'inf. pret. è identico alla III pers. pl. del passato.

- L'inf. pret. si usa esclusivamente in una costruzione definita con l'espressione latina *accusativus cum infinitivo*, 'accusativo con infinito' perché il verbo principale è seguito da un oggetto all'accusativo, seguito a sua volta da un verbo all'infinito.

- Quando il verbo principale è al presente, seguirà un normale infinito (es., *munu*); quando invece il verbo principale è al passato, seguirà un infinito preterito (es., *mundu*). Nota come, negli esempi seguenti, l'oggetto *hana* è al caso accusativo.

> Pres.: *Ek* **hygg** *hana* **munu** *heim koma* 'Io **penso** che lei **verrà** a casa'.
> Pass.: *Ek* **hugða** *hana* **mundu** *heim koma* 'Io **pensavo** che lei **sarebbe** venuta a casa'.

Questo tipo di costruzione è frequente con i verbi riflessivi (10.5.1):

> Pres.: *Hann* **kvezk munu** *fara* 'Lui dice che andrà' [lett. 'Lui si dice [intenzionato ad] andare'].
> Pass: *Hann* **kvazk mundu** *fara* 'Lui disse che sarebbe andato' (lett. 'Lui disse [di se stesso che] sarebbe andato').

Ór *Þorsteins þætti stangarhǫggs* (3. Kap.)
(Dal *Racconto di Þorsteinn il Bastonato*, cap. 3)

Ok er þeir kómu þar, þá spurði hann, hvert þeir ætluðu, en þeir

sǫgðusk hrossa leita **skyldu.**

(cercare dovevano)

I sostantivi che presentano l'alternanza di *a~ǫ~e* (o *ja~jǫ~i*) al sing. (cfr. 11.5 e 11.6) la esibiscono anche al plurale. I maschili *vǫllr*, *ǫrn*, *skjǫldr*, e il fem. *hǫnd* fungeranno da esempio per questo tipo di declinazione:

	Masc			Fem
	'field'	'eagle'	'shield'	'hand'
Sg nom	vǫllr	ǫrn	skjǫldr	hǫnd
acc	vǫll	ǫrn	skjǫld	hǫnd
dat	velli	erni	skildi	hendi
gen	vallar	arnar	skjaldar	handar
Pl nom	vellir	ernir	skildir	hendr
acc	vǫllu	ǫrnu	skjǫldu	hendr
dat	vǫllum	ǫrnum	skjǫldum	hǫndum
gen	valla	arna	skjalda	handa

ESERCIZI

1. Enserisci le desinenze appropriate e le vocali mancanti.

a. Marg___ hǫfuðstað___ eru á himn___ ok all___ eru þeir fegr___ ok bjartar___ en hǫfuðstað_____ (det.) á jǫrð_____ (det.). Óðin___ átt___ hǫfuðstað sem Valaskjálf hét___, en in___ vitr____ nornir átt___ fagr___ hǫfuðstað undir ask_____ (det.).

b. Egil___ valð___ sér góð___ menn ok sterk___ ok fór með þeim til Himinbj__rg___ (pl.).

c. Inserisci un soggetto plurale alla frase **b** e applica gli aggiustamenti necessari.

_____

_____

d. Ljósálfar er___ ljós___ álf___ sem bú___ í þeim stað, er Álfheim___ heit___.

e. Urðr ok Skuld er___ vitr____ norn____, er skap___ m__rg___ mǫnn____ aldr.

2. Inserisci comparativi e superlativi mancanti (cfr. 17.3.). le forme inserite compaiono negli estratti per la lettura.

Grado positivo	Comparativo	Superlativo
Es.: góðr 'buono'	_betri_____	beztr (E.L. 7)
bjartr 'luminoso'	bjartari (E.L. 17)_____	

gørvingr 'esperto'	_____	gørvingstr (E.L. 9)
hraustr 'audace'	_____	hraustastr (E.L. 13)
hvítr 'bianco'	_____	hvítastr (E.L. 7)
margr 'molti'	fleiri (E.L. 17)	_____
mikill 'grande'	_____	mestr (E.L. 8(2))
mjǫk 'molto' (avv.)	meir (E.L. 2)	_____
sið 'tardi' (avv.)	síðar (E.L. 14)	_____
sterkr 'forte'	_____	sterkastr (E.L. 13)
vaskr 'coraggioso'	_____	vaskastr (E.L. 8)
vitr 'saggio'	_____	vitrastr (E.L. 7)

3. Converti gli aggettivi nelle frasi seguenti al grado comparativo.

a. vitr hǫfðingi: _____

b. inn gamli bróðir: _____

c. góðan hest: _____

d. inn unga svein: _____

e. ina góðu hesta: _____

f. inum vaska bogmanni: _____

g. inum sterkum nábúum: _____

h. stórt haf: _____

i. stór hǫf: _____

j. inu smá skipi: _____

k. ins hvíta grass: _____

l. djúp á: _____

m. in djúpa á: _____

n. fagra mey: _____

o. með mikilli vináttu: _____

p. svartrar nætr: _____ (NB: *nætr*, gen. di *nótt*)

q. margar eyjar ok stórar: _____

r. inna bjartra sala: _____

4. Traduci i seguenti brani.

a. Frá askinum, Urðarbrunni, nǫrnum ok hǫfuðstǫðum goðanna.

Þá mælti Gangleri: "Hvar er hǫfuðstaðrinn eða helgistaðrinn goðanna?"

Hárr svarar: "Þat er at aski Yggdrasils....

"Þar stendr salr einn fagr undir askinum við brunninn, ok ór þeim sal koma þrjár meyjar, þær er svá heita: Urðr, Verðandi,

horni. Enn eru fleiri horrni, þær er koma til hvers barns, er
borit er, at skapa aldr, ok eru þessar goðkunnigar, en aðrar álfa
ættar, en inar þriðju dverga ættar...."

Þá mælti Gangleri: "Mikil tíðendi kannt þú at segja af
himninum? Hvat er þar fleiri hǫfuðstaða en at Urðarbrunni?"

Hárr segir: "Margir staðir eru þar gǫfugligir. Sá er einn staðr
þar, er kallaðr er Álfheimr. Þar byggvir fólk þat, er Ljósálfar
heita, en Døkkálfar búa niðri í jǫrðu, ok eru þeir ólíkir sýnum ok
miklu ólíkari reyndum. Ljósálfar eru fegri en sól sýnum, en
Døkkalfar eru svartari en bik. Þar er enn sá staðr, er Breiðablik
er kallaðr, ok engi er þar fegri staðr. Þar er ok sá, er Glitnir heitir,
ok eru veggir hans ok steðr allar ok stólpar af rauðu gulli, en þak
hans af silfri.

_____
_____
_____
_____
_____
_____

Þar er enn sá staðr, er Himinbjǫrg heita. Sá stendr á himins enda við brúarsporð, þar er Bifrǫst kemr til himins. Þar er enn mikill staðr, er Valaskjálf heitir. Þann stað á Óðinn. Þann gerðu goðin ok þǫkðu skíru silfri, ok þar er Hliðskjálfin í þessum sal, þat hásæti, er svá heitir, ok þá er Alfǫðr sitr í því sæti, þá sér hann of alla heima. Á sunnanverðum himins enda er sá salr, er allra er fegrstr ok bjartari en sólin, er Gimlé heitir. Hann skal standa, þá er bæði himinn ok jǫrð hefir farizk, ok byggja þann stað góðir menn ok réttlátir di allar aldir."

_____
_____
_____
_____
_____
_____
_____
_____
_____
_____
_____

b. Ok er þeir kómu þar, þá spurði hann, hvert þeir ætluðu, en þeir sǫgðusk hrossa leita skyldu.

_____
_____
_____
_____

Alfǫðr *m* 'Padre di tutti', uno dei nomi di Odino

askr *m* frassino

Álfheimr *m* 'Mondo degli elfi' (*toponimo*)

álfr *m* elfo

Bifrǫst *f* ponte dell'arcobaleno verso il cielo

bik *n* pece

bjartr *agg* splendente, luminoso

brunnr *m* pozzo

djúpr *agg* profondo

dvergr *m* nano

endi *m* fine

engi *pron indef* nessuno

enn *avv* ancora (continuità)

farask (fersk; fórsk; fórusk; farizk) *vb rifl* perire

fleiri *agg* altri

fólk *n* gente

Gimlé *n* (*toponimo*)

Glitnir *m* Glitnir (*toponimo*)

goð *n* dio

gull *n* oro

gǫfugligr *agg* manifico

hásæti *n* trono

Himinbjǫrg *n pl* 'Monti Celesti' (*toponimo*)

Hliðskjálf *f*, il trono di Odino

hverr *pron indef* ogni

hǫfuðstaðr *m* capitale, luogo principale

leita (-að-) *vb* [+ *gen*] cercare

meyjar *pl* di **mær**

miklu *avv* [+ *comp*] molto

mær *f* ragazza, fanciulla

niðri *avv* giù (*staticità*)

norn *f* Norna

of *prep* [+ *acc/dat*] sopra (*distanza*); per, durante (*tempo*)

ólíkr *agg* diverso, dissimile

réttlátr *agg* giusto

réttr *agg* dritto; giusto, corretto

salr (*dat* sal) *m* sala

silfr *n* argento

sjá (sér; sá, sá(u); séð) *vb* vedere.

skapa (-að-) *vb* plasmare, formare

skírr *agg* puro

Skuld *f* Skuld ('Debito'), una delle Norne

smár *agg* piccolo

sól *f* sole

staðr *m* luogo

stoð (*pl* steðr) *f* pilastro

stólpi *m* palo

sunnanverðr *agg* meridionale

svartr *agg* nero

Urðarbrunnr *m* Pozzo di Urðr (*toponimo*)

Urðr *f* ('Fato'), una delle Norne

Valaskjálf *f* 'Seggio di Vali'

veggr *m* muro

Verðandi *f* ('Divenire'), *part pres* di verða), una delle Norne

við *prep* [+ *acc*] presso, a, davanti a

Yggdrasill *m* l'albero cosmico

þekja (þakð-) *vb* ricoprire

þessar *pron dim* queste (*fem pl nom/acc*)

þrǫngr *agg* stretto

þær *pron* loro (*fem pl nom/acc*)

FRASI ED ESPRESSIONI

fegri sýnum più bello alla vista

of alla heima su tutti i mondi, su tutto il cosmo

ólíkr sýnum different in appearance

Note

_____

_____

_____

Sono sopravvissuti centinaia di manoscritti medievali islandesi, i quali conservano una serie di testi in antico islandese tra cui saghe, corpus di leggi, resoconti storici, documenti ecclesiastici e letteratura europea, come i romanzi francesi, tradotti in antico islandese, e diverse traduzioni di testi latini.

I manoscritti sono disponibili in una varietà di dimensioni e in diverso stato di conservazione. Le rilegature di alcuni di questi libri erano in legno mentre altri erano rivestiti in pelle di vitello. Alcuni contengono solamente testo, mentre altri sono illustrati.

Molti ci sono pervenuti in condizione frammentaria; si tratta dunque di single pagine o sezioni di quelli che una volta erano libri ben più voluminosi. (Foto per gentile concessione dell'Istituto Árni Magnússon per gli studi islandesi, Reykjavík.)

Appendice 1
Esercizi di lettura dalla *Saga di Sigurðr il Crociato*

I seguenti brani sono tratti dalla *Magnússona saga* ('Saga dei figli di Magnús'), a volte chiamata *Sigurðar saga Jórsalafara*, 'Saga di Sigurðr il Crociato', una delle numerose saghe dei re norvegesi che compongono la compilazione denominata *Heimskringla* ('Circolo del mondo'), che abbiamo già incontrato.

La saga prende le mosse dalla morte del re norvegese Magnús berfœttr ('lo Scalzo'), al quale succedettero i figli Eysteinn, Sigurðr e Óláfr, che si divisero il governo della Norvegia. Dal momento che Óláfr era ancora un bambino, i due fratelli maggiori assunsero la reggenza della sua parte di regno.

Secondo la saga, in quel periodo erano tornati alcuni uomini da viaggi in Terra Santa e da Costantinopoli, e i loro racconti stavano ispirando una moltitudine di persone a mettersi in viaggio a loro volta, perché si era sparsa la voce che i norvegesi disposti a farsi mercenari potevano acquisire grandi ricchezze in quelle terre.

Molti nobili vollero mettersi in viaggio e pretesero che uno dei re fosse il loro leader: fu scelto per questo ruolo re Sigurðr, mentre il fratello Eysteinn avrebbe assunto il governo del regno in assenza del fratello.

Re Sigurðr viaggiò dunque verso la Terra Santa muovendosi prima verso l'Inghilterra, in seguito in Francia, Spagna e attraverso il Mediterraneo fino in Sicilia. Raggiunse poi re Baldovino di Gerusalemme e lo aiutò a conquistare la città di Sidone, nell'anno 1110, per poi fare ritorno in patria passando per Costantinopoli e attraverso i Balcani, fino in Germania e poi in Danimarca, dalla quale raggiungerà la natia Norvegia, dove la sua impresa diventerà leggendaria.

I brani seguenti sono parzialmente abbreviati e forniti senza glosse, a differenza di quanto fatto nelle lezioni, per esercitare la lettura libera e la traduzione, ma sono seguiti da traduzioni complete, il più letterali possibile: ciò risulta giocoforza in una prosa italiana inelegante e innaturale, la quale ha però il pregio di agevolare l'identificazione degli elementi costitutivi del testo.

Per i nuovi termini riscontrati nei brani dalla *Saga di Sigurðr il Crociato* consulta il vocabolario al termine di questa appendice.

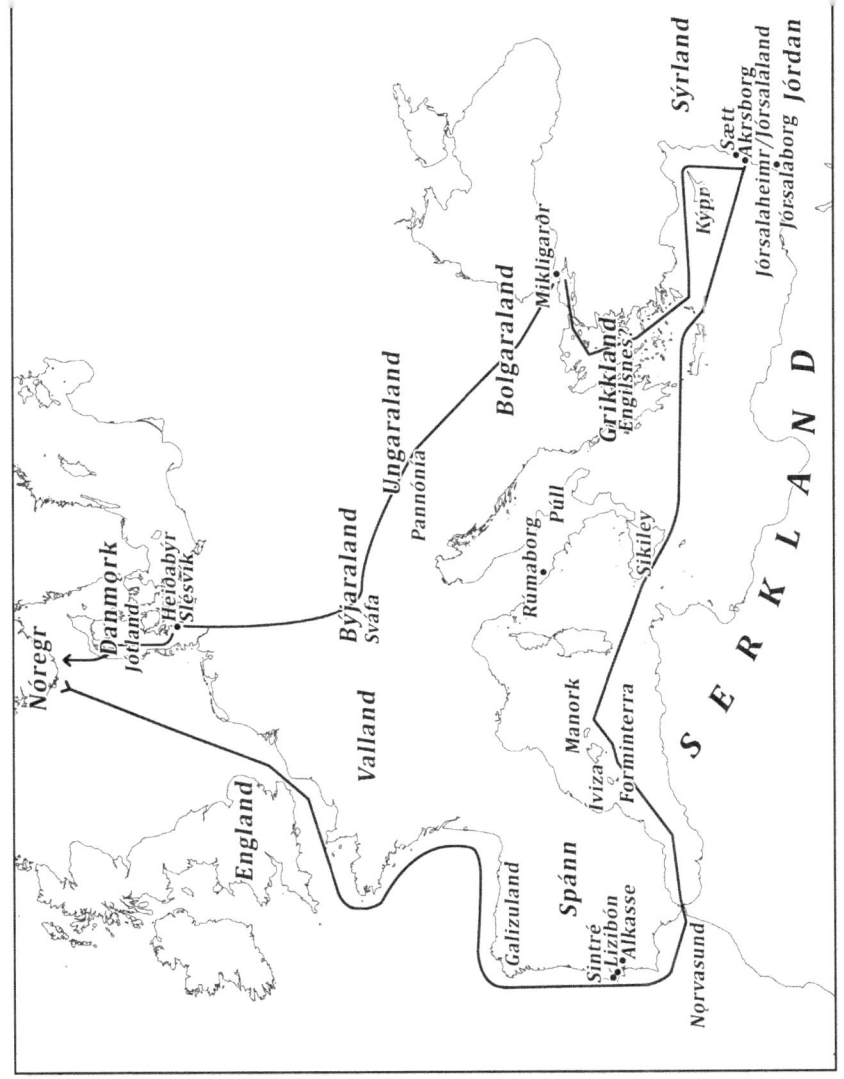

Sigurðr il Crociato naviga con la sua flotta dalla Norvegia al Mediterraneo. Il re norvegese Magnús lo Scalzo morì intorno la fine del periodo delle incursioni vichinghe, nell'anno 1103. La Saga dei figli di Magnús (Magnússona saga) racconta che 4 inverni dopo la morte di Magnús in battaglia, suo figlio Sigurðr, un giovane re di 17 anni, salpò dalla Norvegia con 60 navi in una crociata verso Jórsalaborg (Gerusalemme).

Durante il suo viaggio in Terra Santa (Jórsalaheimr/Jórsalaland), Sigurðr salpò prima per l'Inghilterra, dove trascorse l'inverno con il re Enrico I, e poi a Costantinopoli (Mikligarðr, 'La Grande Città' dei Romani d'Oriente). Il re norvegese tornò infine nel suo Paese viaggiando via terra attraverso l'Europa centrale.

Sigurðr konungr fór eftir um várit liðinu vestr til Vallands[37] ok kom fram um haustit út á Galizuland ok dvaldizk þar annan vetr.

_____

_____

_____

_____

_____

_____

Re Sigurðr viaggiò la primavera dopo (con) l'esercito verso ovest fino alla Francia e giunse in autunno in Galizia e si fermò lì un secondo inverno.

En þat var með þeim atburð at jarl sá er þar réð fyrir landi gerði sætt við Sigurð konung ok skyldi jarl láta setja Sigurði torg til matkaupa allan vetrinn. En þat entisk eigi lengr en til jóla ok gerðizt þá illt til matar því at landit er skarpt ok illt matland. Þá fór Sigurðr konungur með miklu liði til kastala þess er jarl átti ok flýði jarl undan, því at hann hafði lítit lið. Sigurðr konungr tók þar vist mikla ok mikit herfang annað ok lét flytja til skipa sinna, bjóst síðan í brott ok fór vestr fyrir Spán.

_____

_____

_____

_____

_____

_____

_____

_____

_____

E ci fu anche con quell'evento che quel conte che regnava su quella terra fece un accordo con re Sigurðr e il conte avrebbe dovuto lasciare stabilire per Sigurðr un mercato per gli acquisti di cibo tutto l'inverno. Ma ciò non durò più a lungo che fino a Natale, e (la situazione) si fece poi difficile (riguardo) al cibo perché la terra è aspra e inadatta per la

---

[37] Toponimo utilizzato per la Normandia o la Francia in generale.

seguito piccolo. Re Sigurðr prese una grande provvista e un altro grande bottino di guerra e fece portare (tutto) alle sue navi, si preparò dunque (ad andare) via e viaggio verso ovest lungo la Spagna.

Þá er Sigurðr konungur sigldi fyrir Spán barst þat at, at víkingar nǫkkurir, þeir er fóru at fjárfangi, komu í móti honum með galeiðaher. En Sigurðr konungr lagði til orrostu við þá ok hófu svo hina fyrstu orrostu við heiðna menn ok vann af þeim átta galeiður.

Quando re Sigurðr navigò verso la Spagna, successe che alcuni pirati, quelli che andavano a razziare, gli andarono incontro con una flotta di galee ed iniziò la prima battaglia contro i pagani, e conquistò da loro otto galee.

Síðan hélt Sigurðr konungr til kastala þess er Sintré heitir ok barðist þar aðra orrostu. Þat er á Spáni. Þar sat í heiðit fólk ok herjaði á kristna menn. Hann vann kastalann ok drap þar allt fólk, því at ekki vildi kristnask láta, ok tók þar fé mikit.

Poi re Sigurðr mosse vestro il castello che si chiama Sintra, e combatté un'altra battaglia. Ciò è in Spagna. Là risiedeva gente pagana che aggrediva i cristiani. Lui conquistò il castello e uccise tutta quella gente che non voleva lasciarsi battezzare, e prese lì un grande bottino.

5. Unnin Lizibón

Eftir þat helt Sigurðr konungr liðinu til Lizibónar. Þat er borg mikil á Spáni ok hálf kristin en hálf heiðin. Þar skilr Spán kristna ok Spán heiðna. Eru þau heruð heiðin ǫll er vestr liggja þaðan. Þar átti Sigurðr konungr hina þriðju orrostu við heiðna menn ok hafði sigr, fekk þar fé mikit.

_____

_____

_____

_____

_____

_____

_____

_____

_____

_____

_____

_____

5. Lisbona conquistata

Dopo ciò, re Sigurðr condusse l'esercito a Lisbona. Essa è una grande città in Spagna e metà Cristiana ma metà pagana. Là si dividono la Spagna dei Cristiani e la Spagna dei pagani. Quelle regioni che da lì vanno a ovest sono tutte pagane. Lì re Sigurðr ebbe la terza battaglia contro i pagani e ebbe la vittoria, ricevette un grande tesoro.

Þá hellt Sigurðr konungr liðinu vestr fyrir Spán heiðna ok lagði til borgar þeirrar er kǫlluð er Alkassa ok átti þar fjórðu orrostu við heiðna menn ok vann borgina, drap þar margt folk svo að hann eyddi borgina. Þeir fengu þar mikit fé.

_____

_____

_____

Poi re Sigurðr condusse l'esercito a ovest lungo la Spagna dei pagani e attaccò quella città che è chiamata Alcassa ed ebbe là la quarta battaglia contro i pagani e conquistò la città, uccise lì tanta gente da distruggere la città. Ottennero là molta ricchezza.

6. Orrosta í Forminterru

Þá helt Sigurðr konungur fram ferðinni ok lagði til Nǫrvasunda. En í sundunum var fyrir honum víkingaher mikill ok lagði konungr til orrostu við þá ok átti þar hina fimmtu orrostu og hafði sigur.

Síðan lagði Sigurðr konungr herinum fram hit syðra með Serklandi ok kom til eyjar þeirrar er kǫlluð er Forminterra. Þar hafði þá sezk her mikill heiðinna blámanna í helli nǫkkurn ok sett fyrir framan hellisdyrnar **steinvegg**. Þeir herjuðu víða á landit ok fluttu til hellisins allt herfang

6. Battaglia a Formentera
Quindi re Sigurðr continuò il suo viaggio e salpò per Nǫrvasund. Ma

Poi re Sigurðr fece avanzare l'esercito a sud lungo Serkland e giunse all'isola chiamata Formentera. Lì, un grande esercito di uomini blu pagani si era stabilito in una grotta e aveva posizionato un muro di pietra davanti alla porta della grotta. Avevano razziato molte parti del paese e portato tutto il bottino nella grotta.

Sigurðr konungr veitti uppgǫngu í þeirri ey og fór til hellisins og var í bergi nǫkkuru ok var hátt at ganga upp í hellinn til steinveggsins en bjargit skútti yfir steinvegginn fram. Heiðingjar **vǫrðu** steinvegginn ok hræddusk ekki vápn þeirra Norðmanna en þeir máttu bera grjót ok skot niðr undir fœtr sér ofan á Norðmenn. Norðmenn réðu ok ekki til uppgǫngunnar at svá búnu. Þá tóku heiðingjar pell ok aðra dýrgripi ok báru út á vegginn ok skóku at Norðmǫnnum ok **æptu** á þá ok eggjuðu þá ok frýðu þeim hugar.

_____

_____

_____

_____

_____

_____

_____

_____

_____

_____

_____

_____

Re Sigurðr raggiunse su quell'isola e andò alla grotta ed (essa) era in una parete rocciosa e stava per salire nella grotta fino al muro di pietra, ma un masso bloccava [l'accesso al]la parete rocciosa. I pagani difendevano la parete rocciosa e non avevano paura delle armi dei norvegesi, ma potevano gettare pietre e proiettili sotto i piedi sopra i norvegesi. I norvegesi decisero di non salire in quella situazione. Quindi i pagani presero oggetti di valore e altre cose preziose e li portarono al muro e le agitarono davanti ai norvegesi e urlarono contro di loro e li incitarono e li provocarono.

drengja með strengjum digrum allt undir innviðina ok um **stafnana**. Síðan gengu þar í menn, svá sem rúm hafði, létu þá **síga** skipin ofan fyrir hellinn með reipum. Þá skutu þeir ok grýttu er á skipunum váru svá at heiðingjar hrukku af steinvegginum.

_____

_____

_____

_____

_____

_____

_____

_____

_____

_____

Quindi il re Sigurðr cercò una soluzione. Fece portare due imbarcazioni, che si chiamano barkar[38]*, e le fece trascinare sulla roccia sopra la porta della caverna, e fissare con funi attorno al fasciame e alla poppa. Poi vi salirono degli uomini, quanti ce ne stavano, fecero calare le navi in basso verso la caverna con delle funi resistenti. Quindi quelli che erano sulle imbarcazioni scagliarono e gettarono pietre in modo che i pagani arretrassero dalla parete rocciosa.*

Þá gekk Sigurðr konungr með herinn upp í bergit undir steinvegginn ok brutu vegginn ok komust svá upp í hellinn en heiðingjar flýðu inn um steinvegginn þann er settr var um þveran hellinn.

_____

_____

_____

_____

_____

Quindi re Sigurðr condusse l'esercito sulla roccia sotto la parete rocciosa, scalò il muro e poi entrò nella grotta, ma i pagani fuggirono dietro al muro di pietra che era posto dall'altra parte della grotta.

---

[38] Delle chiatte.

hellisdyrunum og slá eldi í. En heiðingjar, er eldr og reykr sótti þá, þá létu sumir lífit, sumir gengu á vápn Norðmanna en allt fólk var drepit eða brennt. Þar fengu Norðmenn hit mesta herfang, þess er þeir hefðu tekit í þessari ferð.

_____

_____

_____

_____

_____

_____

_____

_____

Allora il re fece portare nella caverna molto legname, appiccò un grande falò davanti alle porte della caverna e le diede fuoco. E i pagani, quando il fuoco e il fumo li raggiunsero, alcuni persero la vita, altri caddero sotto le armi dei norvegesi, ma tutte le persone furono uccise o bruciate. Lì i norvegesi ottennero il bottino più grande che avevano preso in questo viaggio.

8. Frá Sigurði Jórsalafara

Sigurðr konungr kom um várit til Sikileyjar og dvaldist þar lengi. Þar var þá Roðgeirr hertogi. Hann fagnaði vel konungi og bauð honum til veizlu. Sigurðr konungr kom þannug ok mikit lið með honum. Þar var dýrligr fagnaðr ok hvern dag at veizlunni stóð Roðgeirr hertogi og þjónaði at borði Sigurðar konungs. Ok hinn sjaunda dag veizlunnar, þá er menn hǫfðu tekit laugar, þá tók Sigurðr konungr í hǫnd hertoganum ok leiddi hann upp í hásæti ok gaf honum konungsnafn og þann rétt at hann skyldi vera konungr yfir Sikileyjarveldi en áðr hǫfðu þar jarlar verit yfir því ríki.

_____

_____

_____

_____

_____

_____

_____

_____

8. A proposito di Sigurðr il Crociato

Re Sigurðr venne in primavera in Sicilia e si trattenne là a lungo. Lì c'era allora il duca Ruggero. Accolse bene il re e lo invitò a una festa. Il re Sigurðr venne dunque e un grande seguito con lui. Fu un grandioso evento e ogni giorno alla festa stava re Ruggero e serviva al tavolo di re Sigurðr. E il settimo giorno della festa, quando gli uomini ebbero preso i bagni, allora prese re Sigurðr per le mani il duca e lo condusse sull'alto seggio e gli diede il titolo di re e tale diritto per cui sarebbe stato re del Regno di Sicilia, mentre prima vi erano stati dei conti [a dominare] su quel regno.

9. Frá Roðgeiri konungi

Roðgeirr Sikileyjarkonungr var hinn ríkasti konungr. Hann vann Púl allan og lagði undir sik ok margar aðrar stóreyjar í Grikklandshafi. Hann var kallaðr Roðgeirr ríki. Hans son var Vilhjálmr konungr í Sikiley er lengi hafði ófrið mikinn haft við Miklagarðskeisara. Vilhjálmr konungr átti þrjár dætr en engan son. Hann gifti eina dóttur sína Heinreki keisara, syni Fríreks keisara, en þeirra sonr var Frírekr er nú var keisari í Rúmaborg. Aðra dóttur Vilhjálms konungs átti hertogi af Kýpr, hina þriðju átti Margrít yfirkussari. Heinrekr keisari drap þá báða. Dóttur Roðgeirs Sikileyjarkonungs átti Mánúli keisari í Miklagarði. Þeirra sonr var Kirjalax keisari.

9. A proposito di re Ruggero

Ruggero re di Sicilia era un grandissimo re. Conquistò la Puglia tutta e assoggettò anche molte altre grandi isole del mare greco. Era chiamato Ruggero il grande. Suo figlio fu re Guglielmo, re di Sicilia, che fu a lungo in guerra con l'imperatore di Costantinopoli. Re Guglielmo ebbe tre figlie ma nessun figlio. Fece sposare una delle sue figlie con l'imperatore Enrico (VI), figlio di Federico (Barbarossa), e il loro figlio fu Federico (II), che era ora imperatore di Roma. Il conte di Cipro sposò un'altra figlia di Guglielmo, mentre la terza andò a Margrít [Margarito di Brindisi], capo corsaro [archipirata]. L'imperatore Enrico li uccise entrambi. L'imperatore Manuele di Costantinopoli sposò la figlia di ruggero re di Sicilia. Il loro figlio fu l'imperatore Kirjalax.

10. Jórsalaferð Sigurðar konungs

Um sumarit sigldi Sigurðr konungr út um Grikklandshaf til Jórsalalands, fór síðan út til Jórsalaborgar ok hitti þar Baldvina Jórsalakonung. Baldvini konungr fagnaði Sigurði konungi forkunnarvel ok reið með honum út til árinnar Jórdanar ok aftur til Jórsalaborgar. Sigurðr konungr dvaldisk mjǫk lengi á Jórsalalandi

10. La crociata di re Sigurðr

In estate re Sigurðr salpò sul Mar Mediterraneo orientale fino alla Terra Santa, andò poi fino a Gerusalemme e incontrò Baldovino, re di Gerusalemme. Re Baldovino lo accolse eccezionalmente bene e cavalcò con lui fino al fiume Giordano e indietro a Gerusalemme. Re Sigurðr si intrattenne molto a lungo in Terra Santa in autunno e all'inizio dell'inverno.

11. Unnin Sæt

Baldvini konungr gerði veizlu fagra Sigurði konungi ok liði miklu með honum. Þá gaf Baldvini konungr Sigurði konungi marga helga dóma ok þá var tekinn spánn af krossinum helga at ráði Baldvina konungs ok patríarka ok sóru þeir báðir at helgum dómi at þetta tré var af hinum helga krossi er Guð sjálfr var píndr á. Síðan var sá heilagr dómr gefinn Sigurði konungi með því at hann sór áðr, ok tólf menn aðrir með honum, at hann skyldi fremja kristni með ǫllum mætti sínum ok koma í land erkibiskupsstóli ef hann mætti ok at krossinn skyldi þar vera sem hinn helgi Ólafr konungr hvíldi ok hann skyldi tíund fremja og sjálfr gera.

11. Sidone conquistata

Re Baldovino fece una bella festa per re Sigurðr e per il grande seguito con lui. Poi re Baldovino diede a re Sigurðr molte sante reliquie e fu dunque preso un pezzo della Santa Croce su iniziativa di re baldovino e del patriarca ed entrambi giurarono sulla reliquia che questo era un pezzo di legno dalla Santa Croce dove Dio stesso era stato torturato. Poi quella santa reliquia fu data a re Sigurðr con ciò [a condizione] che lui prima giurasse, e altri dodici uomini con lui, che promuovesse il Cristianesimo con tutto il suo potere e costituisse una sede arcivescovile e che la croce fosse là dove Sant'Olaf riposava, e che introducesse la decima e la facesse [pagasse] lui stesso.

Sigurðr konungr fór síðan til skipa sinna í Akursborg. Þá bjó ok Baldvini konungr her sinn at fara til Sýrlands til borgar þeirrar er Sætt heitir. Sú borg var heiðin. Til þeirrar ferðar réðst Sigurðr konungr með honum. Ok þá er þeir konungarnir hǫfðu litla hríð setit um borgina gáfust heiðnir menn upp ok eignuðusk konungarnir borgina en liðsmenn annat herfang. Sigurðr konungr gaf Baldvina konungi alla borgina. Eftir þat fór Sigurðr konungr til skipa sinna ok bjósk brott af Jórsalalandi.

Re Sigurðr andò poi alle sue navi. Allora re Baldovino preparò il suo esercito per andare in Siria a quella città che si chiama Sidone. Quella città era pagana. In quel viaggio si unì re Sigurðr con lui. E quando i re ebbero assediato la città per un po', i pagani si arresero e i re si impossessarono della città, mentre i soldati di un altro bottino. Re Sigurðr diede a re Baldovino tutta la città. Dopo ciò re Sigurðr andò alle sue navi e si preparò a lasciare la Terra Santa.

12. Ferð Sigurðar konungs í Miklagarð

Þá er Sigurðr konungr sigldi inn til Miklagarðs sigldi hann nær landi. Þar eru allt á land upp borgir ok kastalar ok þorp svá at hvergi slítr. Þá sá af landi í bug allra seglanna ok bar hvergi í milli svá sem einn garðr væri. Allt fólk stóð úti, þat er sjá mátti sigling Sigurðar konungs.

12. Viaggio di re Sigurðr a Mikligarðr

Quindi, quando re Sigurðr salpò per Miklagarðr, navigò più vicino alla terraferma. Ci sono città e castelli e villaggi in tutto il paese, così che non c'è fine. Poi si vedeva da terra il ringonfiamento di tutte le vele e non c'era nessuno spazio in mezzo [ad esse] come se fosse una barriera unica. Tutta la gente stava fuori, lì si vedeva la navigazione di re Sigurðr.

Spurt hafði ok Kirjalax keisari til ferðar Sigurðar konungs ok lét hann upp lúka borghlið þat á Miklagarði er heitir Gullvarta. Þat hlið skal inn ríða keisari þá er hann hefir lengi áðr í brott verit af Miklagarði ok hafi vel sigrast. Þá lét keisari breiða pell um ǫll stræti borgarinnar frá Gullvǫrtu ok til Laktjarnir. Þar eru keisarahallir inar ágæztu.

_____
_____
_____
_____

Anche l'imperatore Kirjalax aveva udito dei viaggi di re Sigurðr e fece aprire la porta della città a Mikligarðr che si chiama Gullvarta. Da quella porta dovrà entrare l'imperatore quando è stato via a lungo da Mikligarðr e ha ottenuto buona vittoria. Poi löimperatore fece stendere sete preziose su tutte le strade della citta da Gullvarta fino a Laktjarnir. Lì si trovano i palazzi imperiali più grandiosi.

Sigurðr konungr mælti við sína menn at þeir skyldu ríða drambsamliga í borgina ok láta sér lítit um finnast alla nýbreytni er þeir sáu og svo gerðu þeir. Reið Sigurðr konungr ok allir hans menn með þvílíkan prís til Miklagarðs ok svá til hinnar ágætustu konungshallar og var þar fyrir þeim allt búit. Sigurðr konungr dvaldisk þar nǫkkura hríð.

_____
_____
_____
_____
_____
_____

Re Sigurðr disse ai suoi uomini che dovevano cavalcare con fierezza nella città e mostrare poca [meraviglia] da sé per tutte le novità che che vedevano, e così fecero. Re Sigurðr e tutti i suoi uomini cavalcarono con una tale pompa fino a Mikligarðr e poi al più splendido dei palazzi reali, ed era tutto pronto per loro.

Þá sendi Kirjalax konungr menn til hans, hvárt hann vildi þiggja af keisara sex skippund af gulli eða vildi hann, at konungr léti efna til leiks þess er keisari var vanr at láta leika á Paðreimi. Sigurðr konungr kaus leikinn, ok sendimenn sǫgðu, at keisarann kostaði eigi minna leikinn en þetta gull.

_____
_____
_____
_____

Poi re Kirjalax mandò degli uomini da lui, se volesse accettare dall'imperatore sei libbre di cargo navale in oro o volesse che il re facesse preparare per quel gioco che l'imperatore era solito far giocare all'Ippodromo. Re Sigurðr scelse il giocoe i messaggeri dissero che il gioco non costava all'imperatore meno dell'oro.

Þá lét konungr efna til leiksins og var þá leikit at vanda ok veittu allir leikar betr konungi þat sinn. Drottning á hálfan leikinn ok keppast í ǫllum leikum menn þeirra. Ok segja Grikkir at þá er konungr vinnr fleiri leika á Paðreimi en drottning þá mun konungr vinna sigr ef hann ferr herferð.

Poi il re fece preparare per il gioco e il gioco era svolto in modo usuale e tutte le gare andarono meglio per il re quella volta. Metà del gioco [dell'evento] è della regina e i loro uomini si battono in tutte le gare. E i greci dicono che quando il re vince più gare della regina all'Ippodromo, allora il re vincerà [la vittoria] se va in battaglia.

13. Frá ferð Sigurðar Jórsalafara
Eftir þetta bjósk Sigurðr konungr til heimferðar. Hann gaf keisara ǫll skip sín ok hǫfuð gullbúin voru á því skipi er konungr hafði stýrt. Þau voru sett á Péturskirkju. Kirjalax keisari gaf Sigurði konungi marga hesta ok fekk honum leiðtoga um allt ríki sitt. Fór þá Sigurðr konungr brott af Miklagarði en eftir dvaldisk mikill fjǫldi manna.

13. Sul viaggio di Sigurðr il Crociato

Dopo ciò re Sigurðr si preparò al viaggio verso casa. Diede all'imperatore [di Costantinopoli] tutte le sue navi e busti dorati erano sulla nave che il re aveva comandato. Questi furono messi nella Chiesa di S. Pietro. L'imperatore Alexis diede a re Sigurðr molti cavalli e gli fornì una guida su tutto il suo regno. Allora re Sigurðr lasciò Costantinopoli ma indietro rimase una gran moltitudine di uomini.

Sigurðr konungr fór utan fyrst á Bolgaraland ok þá um Ungaraland ok um Pannoniam [39] ok um Sváfa ok Býjaraland. Þar fann hann Lozarium [40] keisara af Rúmaborg ok fagnaði hann honum forkunnarvel, fekk honum leiðtoga allt um sitt ríki ok lét halda þeim torg svo sem þeir þurftu til allra kaupa.

_____

_____

_____

_____

_____

_____

_____

_____

_____

_____

Re Sigurður ritornò per prima cosa in Bulgaria, e poi attraverso Ungheria e Pannonia e Svevia e Baviera. Lì trovò Lotario, imperatore di Roma, e questi lo accolse eccezionalmente bene, gli fornì una guida attraverso tutto il suo regno e fece tenere per loro un mercato per tutti gli acquisti dei quali loro necessitavano.

En er Sigurðr konungr kom í Slésvík í Danmǫrk þá veitti Eilífr jarl

---

[39] Questa è la forma accusativa del toponimo 'Pannonia', secondo la declinazione latina. Quando compaiono termini latini nei testi islandesi antichi, essi seguono le regole sintattiche proprie dell'islandese, dunque compariranno al nominativo, accusativo, dativo o genitivo a seconda di quanto richiesto dalle regole grammaticali islandesi, ma le desinenze usate saranno quelle latine

[40] Questa è la forma accusativa del nome proprio 'Lozarius' ('Lotharius', in latino), ma secondo la declinazione latina.

honum sjálfr norðr á Jótland og gaf honum skip með ǫllum búnaði.

_____

E quando re Sigurðr giunse nello Slesvig in Danimarca, allora lo jarl Eilífr gli offrì una festa sontuosa. Era intorno al periodo di mezza estate [il solstizio]. A Hedeby trovò Nikulás re dei danesi e lui lo accolse piuttosto bene e le seguì personalmente a nord nello Jutland e gli diede una nave con tutto l'equipaggiamento.

Fór þá Sigurðr konungr heim í ríki sitt og var honum vel fagnat ok var þat mál manna at eigi hafi verit farin meiri virðingarfǫr úr Noregi en þessi var ok var hann þá tvítugr at aldri. Hann hafði þrjá vetr verið í þessari ferð. Óláfr bróðir hans var þá tólf vetra gamall.

_____

Andò dunque re Sigurðr a casa nel suo regno e fu ben accolto, ed era il discorso degli uomini che non si sia intrapreso un viaggio più onorevole dalla Norvegia di [quanto] questo fosse e era allora

VOCABOLARIO DALLA *SAGA DI SIGURÐR IL CROCIATO*

Akrsborg *f* Acre (*toponimo*)

Alkasse *f* Alcácer do Sal? (*toponimo*)

Baldvini *m* Baldovino (*nome proprio*)

barki *n* tipo di barca, chiatta

Bolgaraland *n* Bulgaria (*toponimo*)

breiða (-dd-) *vb* stendere

bugr *m* parte concava

Býjaraland *n* Baviera (*toponimo*)

Danmǫrk *f* Danimarca (*toponimo*)

digr *agg* forte, resistente

drambsamliga *avv* fieramente, con fierezza

drottning *f* regina

dýrgripi *n* cosa preziosa

dýrligr *agg* glorioso, grandioso; splendido

efna (-d-) *vb* preparare, provvedere

endask (-t-) *vb rifl* durare

Engilsnes *n* in Grecia (*toponimo*)

entisk *pass* di **endask**

erkibyskupsstóll *m* arcivescovado

fjárfangi *n* bottino

flýði *vb pass di* **flýja**

flýja (-ð-) *vb* fuggire, scappare

forkunnarvel *avv* eccezionalmente bene

Forminterra *f* Formentera (*toponimo*)

fremja (-ð-) *vb* promuovere

Frírekr Federico (*nome proprio*)

galeiða *f* galea, grande nave

galeiðaherr *m* flotta di galee

Galizuland *n* Galizia (*toponimo*)

Grikkland *n* Grecia(*toponimo*)

Grikklandshaf *n* Mar Egeo e Mediterraneo orientale (*toponimo*)

Gullvarta *f* Porta d'Oro

Heiðabý *m* Heddeby

Heinrekr Enrico (*nome proprio*)

herað *n* regione

herfang *n* bottino

hrukku *vb pass* di **hrǫkkva**

hrǫkkva (hrekkr, hrǫkk, hrukku, hrokkinn) *vb* arretrare

hvíla (-d-) *vb* riposare

innviðr *m* legname interno, fasciame

Íviza *f* Ibiza (*toponimo*)

Jórdan *f* Giordano(*toponimo*)

Jórsalaborg f Gerusalemme (*toponimo*)

Jórsalaheimr *m* 'Terra di Gerusalemme', Terra Santa (*toponimo*)

Jórsalaheimr *m* Palestine (*toponimo*)

Jórsalaland *n* 'Terra di Gerusalemme', Terra Santa (*toponimo*)

Jótland *n* Jutland (*toponimo*)

kastali *m* castello

Kirjalax *m* Alessio (*nome proprio*) crasi ('fusione') di *kyrie* ('signore' in greco) e del nome Alexios

Konungsnafn *n* titolo di re

kristnask *vb rifl* cristianizzarsi

Kýpr (**Kípr**) *m* Cipro (*toponimo*)

Laktjarnir *f pl* Palazzi reali di Costantinopoli

Lizibón *f* Lisbona (*toponimo*)

mætti *dat.* di **máttr**

Manork (**Manǫrk**) *f* Minorca (*toponimo*)

Mánúl (*nome proprio*)

Margrít *m* Margarito (*nome proprio*)

matkaup *n* acquisto di cibo

matland *n* terreno produttivo

matr *m* cibo

máttr *m* potere

Miklagarðskeisari *m* imperatore di Costantinopoli

Mikligarðr *m* Costantinopoli (*toponimo*)

Nóregr *m* Norvegia

nýbreytni *n* novità

Nǫrvasund *n* stretto di Gibilterra (*toponimo*)

orrosta *f* battaglia; duello

Paðreimr *m* Ippodromo di Costantinopoli

Pannonia *f* Pannonia (*toponimo*)

pína (-d-) *vb* torturare; tormentare

píndr *part pass di* **pína**

príss *m* pompa

Púll *m* Puglia (*toponimo*)

Roðgeirr *m* Ruggero (*nome proprio*)

Rúmaborg *f* Roma (*toponimo*)

Sætt *f* Sidone (toponimo)

Serkland *n* Africa settentrionale (*toponimo*)

síga (sígr, seig, sigum, siginn) *vb* calare

Sikiley *f* Sicilia (*toponimo*)

Sikileyjarveldi *n* Regno di Sicilia

Sintré *n* Sintra (*toponimo*)

skaka *vb* agitare

skóku *pass di* **skaka**

Slésvík *f* Slesvig

spánn *m* scheggia, pezzetto di legno

Spánn *m* Spagna (*toponimo*)

strengur *m* fune

Sváfa *f* svevia (*toponimo*)

Sýrland *n* Siria (*toponimo*)

tíund *f* decima (tassa); decima parte

Ungaraland *n* Ungheria (*toponimo*)

uppganga *f* ascesa, arrampicata

Valland *n* Francia (*toponimo*)

verja *vb* difendere

Vilhjálmr Guglielmo (*nome proprio*)

vist *f* provvista

yfirkussari *m* archipirata, capitano pirata

þjóna (-að-) *vb* servire

þvílíkr *agg* tale

æpa (-t-) *vb* urlare

æptu *vb pass di* **æpa**

ǫndurðr *agg.* iniziale

FRASI ED ESPRESSIONI

En þat var með þeim atburð at allo stesso tempo successe che

með því at hann sór áðr a condizione che prima giurasse

ok var þat mál manna ed era opinione diffusa

ǫndurðan vetr la prima parte dell'inverno [lett. 'inverno iniziale'

þá er menn hǫfðu tekit laugar quando si furono fatti il bagno

Note

_____

_____

_____

_____

_____

_____

_____

Tavole grammaticali

ARTICOLO

	Masc	Fem	Neut
Sg nom	inn	in	it
acc	inn	ina	it
dat	inum	inni	inu
gen	ins	innar	ins
Pl nom	inir	inar	in
acc	ina	inar	in
dat	→	inum	←
gen	→	inna	←

SOSTANTIVI: forti

Masc

				Desinenze
Sg nom	hest-r	stað-r	bekk-r	-r*
acc	hest	stað	bekk	–
dat	hest-i	stað-i	bekk	-i, –
gen	hest-s	stað-ar	bekkj-ar	-s, -ar
Pl nom	hest-ar	stað-ir	bekk-ir	-ar, -ir
acc	hest-a	stað-i	bekk-i	-a, -i
dat	hest-um	stoð-um	bekkj-um	-um
gen	hest-a	stað-a	bekkj-a	-a

Fem

								Desinenze
Sg nom	for	eng	jorð	Bjorg	á	heið-r	bók	(o)–, -r
acc	for	eng	jorð	Bjorg-u	á	heið-i	bók	(o)–, (-u),-i
dat	for	eng	jorð-u	Bjorg-u	á	heið-i	bók	(o)–, -u, -i
gen	far-ar	engj-ar	jarð-ar	Bjarg-ar	á-r	heið-ar	bók-ar	-ar
Pl nom	far-ar	engj-ar	jarð-ir		á-r	heið-ar	bœk-r	-ar, -ir, (i)-r
acc	far-ar	engj-ar	jarð-ir		á-r	heið-ar	bœk-r	-ar, -ir, (i)-r
dat	for-um	engj-um	jorð-um		á-m	heið-um	bók-um	-um
gen	far-a	engj-a	jarð-a		á	heið-a	bók-a	-a

Neut

				Desinenze
Sg nom	skip	barn	líki	–
acc	skip	barn	líki	–
dat	skip-i	barn-i	lík-i	-i
gen	skip-s	barn-s	líki-s	-s
Pl nom	skip	born	líki	(o)–
acc	skip	born	líki	(o)–
dat			lík-	-um
	skip-um	born-um	um	
gen	skip-a	barn-a	lík-a	-a

Termini di parentela

				Desinenze
Sg nom	fað-ir	móð-ir	syst-ir	-ir
acc	foð-ur	móð-ur	syst-ur	-ur
dat	foð-ur	móð-ur	syst-ur	-ur
gen	foð-ur	móð-ur	syst-ur	-ur
Pl nom	feð-r	mœð-r	syst-r	(i)-r
acc	feð-r	mœð-r	syst-r	(i)-r
dat			syst-	(i)-
	feð-rum	mœð-rum	rum	rum
gen	feð-ra	mœð-ra	syst-ra	(i)-ra

Alternanza di a~o~e

	Masc			Fem	Desinenze
Sg nom	voll-r	orn	skjold-r	hond	(o)-r (o)–
acc	voll	orn	skjold	hond	(o)–
dat	vell-i	ern-i	skild-i	hend-i	(i)-i
gen	vall-ar	arn-ar	skjald-ar	hand-ar	-ar
Pl nom	vell-ir	ern-ir	skild-ir	hend-r	(i)-ir (i)-r
acc	voll-u	orn-u	skjold-u	hend-r	-u (i)-r
dat	voll-um	orn-um	skjold-um	hond-um	-um
gen	vall-a	arn-a	skjald-a	hand-a	-a

---

* Con modifiche, cfr. sezione 2.1.

	Masc		Fem			Neut
Sg nom	hestr-**inn**	staðr-**inn**	fǫr-**in**	jǫrð-**in**	á-**in**	skip-**it**
acc	hest-**inn**	stað-**inn**	fǫr-**ina**	jǫrð-**ina**	á-**na**	skip-**it**
dat	hesti-**num**	stað-**inum**	fǫr-**inni**	jǫrðu-**nni**	á-**nni**	skipi-**nu**
gen	hests-**ins**	staðar-**ins**	farar-**innar**	jarðar-**innar**	ár-**innar**	skips-**ins**
Pl nom	hestar-**nir**	staðir-**nir**	farar-**nar**	jarðir-**nar**	ár-**nar**	skip-**in**
acc	hesta-**na**	staði-**na**	farar-**nar**	jarðir-**nar**	ár-**nar**	skip-**in**
dat	hestu-**num**	stǫðu-**num**	fǫru-**num**	jǫrðu-**num**	á-**num**	skipu-**num**
gen	hesta-**nna**	staða-**nna**	fara-**nna**	jarða-**nna**	á-**nna**	skipa-**nna**

Sostantivi: **deboli**

	Masc	Fem				Neut		Desinenze		
Sg nom	bog-**i**	tung-**a**	sag-**a**	ell-**i**	aug-**a**	hjart-**a**	-i	-a, -i	-a
acc	bog-**a**	tung-**u**	sǫg-**u**	ell-**i**	aug-**a**	hjart-**a**	-a	-u, -i	-a
dat	bog-**a**	tung-**u**	sǫg-**u**	ell-**i**	aug-**a**	hjart-**a**	-a	-u, -i	-a
gen	bog-**a**	tung-**u**	sǫg-**u**	ell-**i**	aug-**a**	hjart-**a**	-a	-u, -i	-a
Pl nom	bog-**ar**	tung-**ur**	sǫg-**ur**		aug-**u**	hjǫrt-**u**	-ar	-ur	-u
acc	bog-**a**	tung-**ur**	sǫg-**ur**		aug-**u**	hjǫrt-**u**	-a	-ur	-u
dat	bog-**um**	tung-**um**	sǫg-**um**		aug-**um**	hjǫrt-**um**	→	-um	←
gen	bog-**a**	tung-**na**	sag-**na**		aug-**na**	hjart-**na**	-a	-na	←

Sostantivi deboli con articolo determinativo clitico

	Masc	Fem			Neut	
Sg nom	bogi-**nn**	tunga-**n**	saga-**n**	elli-**n**	auga-**t**	hjarta-**t**
acc	boga-**nn**	tungu-**na**	sǫgu-**na**	elli-**na**	auga-**t**	hjarta-**t**
dat	boga-**num**	tungu-**nni**	sǫgu-**nni**	elli-**nni**	auga-**nu**	hjarta-**nu**
gen	boga-**ns**	tungu-**nnar**	sǫgu-**nnar**	elli-**nnar**	auga-**ns**	hjarta-**ns**
Pl nom	bogar-**nir**	tungur-**nar**	sǫgur-**nar**		augu-**n**	hjǫrtu-**n**
acc	boga-**na**	tungur-**nar**	sǫgur-**nar**		augu-**n**	hjǫrtu-**n**
dat	bogu-**num**	tungu-**num**	sǫgu-**num**		augu-**num**	hjǫrtu-**num**
gen	boga-**nna**	tunga-**nna**	sagna-**nna**		augna-**nna**	hjartna-**nna**

Aggettivi: **forti**

	Masc					Desinenze
Sg nom	stór-**r**	lang-**r**	vitr	heil-**l**	lítil-**l**	-r*
acc	stór-**an**	lang-**an**	vitr-**an**	heil-**an**	litl-**an**	-an
dat	stór-**um**	lǫng-**um**	vitr-**um**	heil-**um**	litl-**um**	-um
gen	stór-**s**	lang-**s**	vitr-**s**	heil-**s**	lítil-**s**	-s
Pl nom	stór-**ir**	lang-**ir**	vitr-**ir**	heil-**ir**	litl-**ir**	-ir
acc	stór-**a**	lang-**a**	vitr-**a**	heil-**a**	litl-**a**	-a
dat	stór-**um**	lǫng-**um**	vitr-**um**	heil-**um**	litl-**um**	-um
gen	stór-**ra**	lang-**ra**	vitr-**a**	heil-**la**	lítil-**la**	-ra*

Aggettivi: **deboli** (cont.)

	Fem					Desinenze
Sg nom	stór	lǫng	vitr	heil	lítil	(ǫ)–
acc	stór-**a**	lang-**a**	vitr-**a**	heil-**a**	litl-**a**	-a

* Con modifiche, cfr. sezione 2.1.

Pl		stór	lang	vitr	heil	litl	
	nom	stór-**ar**	lang-**ar**	vitr-**ar**	heil-**ar**	litl-**ar**	-ar
	acc	stór-**ar**	lang-**ar**	vitr-**ar**	heil-**ar**	litl-**ar**	-ar
	dat	stór-**um**	lǫng-**um**	vitr-**um**	heil-**um**	litl-**um**	-um
	gen	stór-**ra**	lang-**ra**	vitr-**a**	heil-**la**	lítil-**la**	-a
Neut							Desinenze
Sg	nom	stór-**t**	lang-**t**	vitr-**t**	heil-**t**	líti-**t**	-t
	acc	stór-**t**	lang-**t**	vitr-**t**	heil-**t**	líti-**t**	-t
	dat	stór-**u**	lǫng-**u**	vitr-**u**	heil-**u**	litl-**u**	-u
	gen	stór-**s**	lang-**s**	vitr-**s**	heil-**s**	lítil-**s**	-s
Pl	nom	stór	lǫng	vitr	heil	lítil	(ǫ)–
	acc	stór	lǫng	vitr	heil	lítil	(ǫ)–
	dat	stór-**um**	lǫng-**um**	vitr-**um**	heil-**um**	litl-**um**	-um
	gen	stór-**ra**	lang-**ra**	vitr-**a**	heil-**la**	lítil-**la**	-a

Aggettivi possessivi

Singolare

		minn			þinn			sinn		
		Masc	**Fem**	**Neut**	**Masc**	**Fem**	**Neut**	**Masc**	**Fem**	**Neut**
Sg	nom	minn	mín	mitt	þinn	þín	þitt	sinn	sín	sitt
	acc	minn	mína	mitt	þinn	þína	þitt	sinn	sína	sitt
	dat	mínum	minni	mínu	þínum	þinni	þínu	sínum	sinni	sínu
	gen	míns	minnar	míns	þíns	þinnar	þíns	síns	sinnar	síns
Pl	nom	mínir	mínar	mín	þínir	þínar	þín	sínir	sínar	sín
	acc	mína	mínar	mín	þína	þínar	þín	sína	sínar	sín
	dat	→	mínum	←	→	þínum	←	→	sínum	←
	gen	→	minna	←	→	þinna	←	→	sinna	←

Duale

		okkarr			ykkarr		
		Masc	**Fem**	**Neut**	**Masc**	**Fem**	**Neut**
Sg	nom	okkarr	okkur	okkart	ykkarr	ykkur	ykkart
	acc	okkarn	okkra	okkart	ykkarn	ykkra	ykkart
	dat	okkrum	okkarri	okkru	ykkrum	ykkarri	ykkru
	gen	okkars	okkarrar	okkars	ykkars	ykkarrar	ykkars
Pl	nom	okkrir	okkrar	okkur	ykkrir	ykkrar	ykkur
	acc	okkra	okkrar	okkur	ykkra	ykkrar	ykkur
	dat	→	okkrum	←	→	ykkrum	←
	gen	→	okkarra	←	→	ykkarra	←

Plurale

		várr			yð(v)arr		
		Masc	**Fem**	**Neut**	**Masc**	**Fem**	**Neut**
Sg	nom	várr	vár	várt	yð(v)arr	yður	yð(v)art
	acc	várn	vára	várt	yð(v)arn	yðra	yð(v)art
	dat	várum	várri	váru	yðrum	yð(v)arri	yðru
	gen	várs	várrar	várs	yð(v)ars	yð(v)arrar	yð(v)ars
Pl	nom	várir	várar	vár	yðrir	yðrar	yður
	acc	vára	várar	vár	yðra	yðrar	yður
	dat	→	várum	←	→	yðrum	←
	gen	→	várra	←	→	yð(v)arra	←

---

* Con modifiche, cfr. sezione 2.1.

	Masc		Fem		Neut		Desinenze		
Sg nom	stór-**i**	lang-**i**	stór-**a**	lang-**a**	stór-**a**	lang-**a**	-i	-a	-a
acc	stór-**a**	lang-**a**	stór-**u**	lọng-**u**	stór-**a**	lang-**a**	-a	-u	-a
dat	stór-**a**	lang-**a**	stór-**u**	lọng-**u**	stór-**a**	lang-**a**	-a	-u	-a
gen	stór-**a**	lang-**a**	stór-**u**	lọng-**u**	stór-**a**	lang-**a**	-a	-u	-a
Pl nom	stór-**u**	lọng-**u**	stór-**u**	lọng-**u**	stór-**u**	lọng-**u**	→	-u	←
acc	stór-**u**	lọng-**u**	stór-**u**	lọng-**u**	stór-**u**	lọng-**u**	→	-u	←
dat	stór-**um**	lọng-**um**	stór-**um**	lọng-**um**	stór-**um**	lọng-**um**	→	-um	←
gen	stór-**u**	lọng-**u**	stór-**u**	lọng-**u**	stór-**u**	lọng-**u**	→	-u	←

AGGETTIVI: il comparativo

	Masc	Fem	Neut	Masc	Fem	Neut	Desinenze		
Sg nom	arm-**ar**-i	arm-**ar**-i	arm-**ar**-a	yng-**r**-i	yng-**r**-i	yng-**r**-a	-i	-i	-a
acc	arm-**ar**-a	arm-**ar**-i	arm-**ar**-a	yng-**r**-a	yng-**r**-i	yng-**r**-a	-a	-i	-a
dat	arm-**ar**-a	arm-**ar**-i	arm-**ar**-a	yng-**r**-a	yng-**r**-i	yng-**r**-a	-a	-i	-a
gen	arm-**ar**-a	arm-**ar**-i	arm-**ar**-a	yng-**r**-a	yng-**r**-i	yng-**r**-a	-a	-i	-a
Pl nom	→	arm-**ar**-i	←	→	yng-**r**-i	←	→	-i	←
acc	→	arm-**ar**-i	←	→	yng-**r**-i	←	→	-i	←
dat	→	ọrm-**ur**-um	←	→	yng-**r**-um	←	→	-um	←
gen	→	arm-**ar**-i	←	→	yng-**r**-i	←	→	-i	←

AGGETTIVI: il superlativo

Forti   (Desinenze forti regolari)

	Masc	Fem	Neut	Masc	Fem	Neut
Sg nom	arm-**ast**-r	ọrm-**ust**	arm-**ast**	yng-**st**-r	yng-**st**	yng-**st**
acc	arm-**ast**-an	arm-**ast**-a	arm-**ast**	yng-**st**-an	yng-**st**-a	yng-**st**
dat	ọrm-**ust**-um	arm-**ast**-ri	ọrm-**ust**-u	yng-**st**-um	yng-**st**-ri	yng-**st**-u
gen	arm-**ast**-s	arm-**ast**-rar	arm-**ast**-s	yng-**st**-s	yng-**st**-rar	yng-**st**-s
Pl nom	arm-**ast**-ir	arm-**ast**-ar	ọrm-**ust**	yng-**st**-ir	yng-**r**-i	yng-**st**
acc	arm-**ast**-a	arm-**ast**-ar	ọrm-**ust**	yng-**st**-a	yng-**r**-i	yng-**st**
dat	→	ọrm-**ust**-um	←	→	yng-**st**-um	←
gen	→	arm-**ast**-ra	←	→	yng-**st**-ra	←

AGGETTIVI: il superlativo (cont.)

Deboli   (Desinenze deboli regolari)

	Masc	Fem	Neut	Masc	Fem	Neut
Sg nom	arm-**ast**-i	arm-**ast**-a	arm-**ast**-a	yng-**st**-i	yng-**st**-a	yng-**st**-a
acc	arm-**ast**-a	ọrm-**ust**-u	arm-**ast**-a	yng-**st**-a	yng-**st**-u	yng-**st**-a
dat	arm-**ast**-a	ọrm-**ust**-u	arm-**ast**-a	yng-**st**-a	yng-**st**-u	yng-**st**-a
gen	arm-**ast**-a	ọrm-**ust**-u	arm-**ast**-a	yng-**st**-a	yng-**st**-u	yng-**st**-a
Pl nom	→	ọrm-**ust**-u	←	→	yng-**st**-u	←
acc	→	ọrm-**ust**-u	←	→	yng-**st**-u	←
dat	→	ọrm-**ust**-um	←	→	yng-**st**-um	←
gen	→	ọrm-**ust**-u	←	→	yng-**st**-u	←

PRONOMI: personali

	I	II	III Masc	Fem	Neut	Rifl

dat	mér	þér	hon-**um**	hen-**ni**	því	sér
gen	mín	þín	han-**s**	hen-**nar**	þess	sín
***Du** nom*	vit	(þ)it				
acc	okkr	ykkr				sik
dat	okkr	ykkr				sér
gen	okkar	ykkar				sín
***Pl** nom*	vér	(þ)ér	þei-**r**	þæ-**r**	þau	
acc	oss	yðr	þá	þæ-**r**	þau	sik
dat	oss	yðr	→	þei-**m**	←	sér
gen	vár	yð(v)ar	→	þei(r)-**ra**	←	sín

PRONOMI: **dimostrativi**

	Masc	Fem	Neut	Masc	Fem	Neut
***Sg** nom*	sá	sú	þat	þessi/sjá	þessi/sjá	þetta
acc	þan-**n**	þá	þat	þenna	þessa	þetta
dat	þei-**m**	þei(r)-**ri**	því	þess-**um**	þessa-**ri**	þessu
gen	þess	þei(r)-**rar**	þess	þessa	þessa-**rar**	þessa
***Pl** nom*	þei-**r**	þæ-**r**	þau	þess-**ir**	þess-**ar**	þessi
acc	þá	þæ-**r**	þau	þess-**a**	þess-**ar**	þessi
dat	→	þei-**m**	←	→	þess-**um**	←
gen	→	þei(r)-**ra**	←	→	þessa-**ra**	←

PRONOMI: **interrogativi, indefiniti, ecc.**

Interrogativi (Desinenze regolari degli aggettivi forti)

	Masc	Fem	Neut	Masc	Fem	Neut
***Sg** nom*	hver-**r**	hver	hver-**t**/hvat	hvár-**r**	hvár	hvár-**t**
acc	hver-**n**	hver**j**-**a**	hver-**t**/hvat	hvár-**n**	hvár-**a**	hvár-**t**
dat	hver**j**-**um**	hver-**ri**	hver**j**-**u**	hvár-**um**	hvár-**ri**	hvár-**u**
gen	hver-**s**	hver-**rar**	hver-**s**	hvár-**s**	hvár-**rar**	hvár-**s**
***Pl** nom*	hver-**ir**	hver**j**-**ar**	hver	hvár-**ir**	hvár-**ar**	hvár
acc	hver**j**-**a**	hver**j**-**ar**	hver	hvár-**a**	hvár-**ar**	hvár
dat	→	hver**j**-**um**	←	→	hvár-**um**	←
gen	→	hver-**ra**	←	→	hvár-**ra**	←

Indefiniti (Desinenze regolari degli aggettivi forti)

	Masc	Fem	Neut	Masc	Fem	Neut
***Sg** nom*	nǫkkur-**r**	nǫkkur	nǫkku-**t**	ein-**n**	ein	ei-**tt**
acc	nǫkkur-**n**	nǫkkur-**a**	nǫkku-**t**	ein-**n**	ein-**a**	ei-**tt**
dat	nǫkkur-**um**	nǫkkur-**ri**	nǫkkur-**u**	ein-**um**	ein-**ni**	ein-**u**
gen	nǫkkur-**s**	nǫkkur-**rar**	nǫkkur-**s**	ein-**s**	ein-**nar**	ein-**s**
***Pl** nom*	nǫkkur-**ir**	nǫkkur-**ar**	nǫkkur	ein-**ir**	ein-**ar**	ein
acc	nǫkkur-**a**	nǫkkur-**ar**	nǫkkur	ein-**a**	ein-**ar**	ein
dat	→	nǫkkur-**um**	←	→	ein-**um**	←
gen	→	nǫkkur-**ra**	←	→	ein-**na**	←

Nessuno, nessuna, niente

	Masc	Fem	Neut		Masc	Fem	Neut
***Pl** nom*	báð-**ir**	báð-**ar**	bæð-**i**	***Sg** nom*	engi	engi	ekki

					gen	engi-s/enski-s	eng-ra	engi-s/enski-s
gen	→	be-**ggja**	←		**Pl** nom	eng-**ir**	eng-**ar**	engi
					acc	eng-**ir**	eng-**ar**	engi
					dat	→	eng-**um**	←
					gen	→	eng-**um**	←

NUMERALI

(per *einn* uno', cfr. Pronomi indefiniti)

	Masc	Fem	Neut	Masc	Fem	Neut	Masc	Fem	Neut
nom	tvei-**r**	tvæ-**r**	tvau	þrí-**r**	þrj-**ár**	þrj-**ú**	fjór-**ir**	fjór-**ar**	fjǫg-**ur**
acc	tvá	tvæ-**r**	tvau	þrj-**á**	þrj-**ár**	þrj-**ú**	fjór-**a**	fjór-**ar**	fjǫg-**ur**
dat	→	tvei-**m(r)**	←	→	þri-**m(r)**	←	→	fjór-**um**	←
gen	→	tve-**ggja**	←	→	þri-**ggja**	←	→	fjǫgur-**ra**	←

VERBI: deboli

Indicativo

Pres	lofa	tala	lifa	flytja	kveðja	Desinenze
1sg	lof-**a**	tal-**a**	lif-**i**	flyt	kveð	(-a/i)–
2sg	lof-**a**-**r**	tal-**a**-**r**	lif-**i**-**r**	flyt-**r**	kveð-**r**	(-a/i)-**r**[*]
3sg	lof-**a**-**r**	tal-**a**-**r**	lif-**i**-**r**	flyt-**r**	kveð-**r**	(-a/i)-**r**[*]
1pl	lof-**um**	tǫl-**um**	lif-**um**	flytj-**um**	kveðj-**um**	-um
2pl	lof-**ið**	tal-**ið**	lif-**ið**	flyt-**ið**	kveð-**ið**	-ið
3pl	lof-**a**	tal-**a**	lif-**a**	flytj-**a**	kveðj-**a**	-a
Pass	(-að-)	(-að-)	(-ð-)	(flutt-)	(kvadd-)	
1sg	lof-**að**-**a**	tal-**að**-**a**	lif-**ð**-**a**	flut-t-**a**	kvad-d-**a**	-að/ð[†]-a
2sg	lof-**að**-**ir**	tal-**að**-**ir**	lif-**ð**-**ir**	flut-t-**ir**	kvad-d-**ir**	-að/ð[†]-ir
3sg	lof-**að**-**i**	tal-**að**-**i**	lif-**ð**-**i**	flut-t-**i**	kvad-d-**i**	-að/ð[†]-i
1pl	lof-**uð**-**um**	tǫl-**uð**-**um**	lif-**ð**-**um**	flut-t-**um**	kvǫd-d-**um**	-að/ð[†]-um
2pl	lof-**uð**-**uð**	tǫl-**uð**-**uð**	lif-**ð**-**uð**	flut-t-**uð**	kvǫd-d-**uð**	-að/ð[†]-uð
3pl	lof-**uð**-**u**	tǫl-**uð**-**u**	lif-**ð**-**u**	flut-t-**u**	kvǫd-d-**u**	-að/ð[†]-u

Congiuntivo

Pres						
1sg	lof-**a**	tal-**a**	lif-**a**	flytj-**a**	kveðj-**a**	-a
2sg	lof-**ir**	tal-**ir**	lif-**ir**	flyt-**ir**	kveð-**ir**	-ir
3sg	lof-**i**	tal-**i**	lif-**i**	flyt-**i**	kveð-**i**	-i
1pl	lof-**im**	tal-**im**	lif-**im**	flyt-**im**	kveð-**im**	-im
2pl	lof-**ið**	tal-**ið**	lif-**ið**	flyt-**ið**	kveð-**ið**	-ið
3pl	lof-**i**	tal-**i**	lif-**i**	flyt-**i**	kveð-**i**	-i
Past	(-að-)	(-að-)	(-ð-)	(flutt-)	(kvadd-)	
1sg	lof-**að**-**a**	tal-**að**-**a**	lif-**ð**-**a**	flyt-t-**a**	kved-d-**a**	-að/[(i)]ð[†]-a
2sg	lof-**að**-**ir**	tal-**að**-**ir**	lif-**ð**-**ir**	flyt-t-**ir**	kved-d-**ir**	-að/[(i)]ð[†]-ir
3sg	lof-**að**-**i**	tal-**að**-**i**	lif-**ð**-**i**	flyt-t-**i**	kved-d-**i**	-að/[(i)]ð[†]-i

---

[*] Con modifiche, cfr. sezione 7.8.
[†] Con modifiche, cfr. sezione 5.4.

| 3pl | lof-**að**-i | tal-**að**-i | lif-**ð**-i | flyt-**t**-i | kv**ed**-**d**-i | -að/[i]ð†-i |

Imperativo

| | lof-**a** | tal-**a** | lif | flyt | kveð | -a/– |

Particii

Pres	lof-**andi**	tal-**andi**	lif-**andi**	flytj-**andi**	kveðj-**andi**	(Cfr. below)
Past	(-að-)	(-að-)	(-ð-)	(flutt-)	(kvadd-)	
m	lof-**að**-r	tal-**að**-r	lif-**ð**-r	flut-t-r	kvad-d-r	-að/ð†-
f	lof-**uð**	tǫl-**uð**	lif-**ð**	flut-t	kvǫd-d	(+ Agg.
n	lof-**a-t**	tal-**a-t**	lif-**t**	flut-t	kvat-t	Desinenze)

VERBI: deboli (cont.)

Indicativo

Pres	**duga**	**vaka**	Desinenze
1sg	dug-**i**	vak-**i**	-i
2sg	dug-**i-r**	vak-**i-r**	-i-r
3sg	dug-**i-r**	vak-**i-r**	-i-r
1pl	dug-**um**	vǫk-**um**	-um
2pl	dug-**ið**	vak-**ið**	-ið
3pl	dug-**a**	vak-**a**	-a
Past	(-ð-)	(-t-)	
1sg	dug-**ð-a**	vak-**t-a**	-ð*-a
2sg	dug-**ð-ir**	vak-**t-ir**	-ð*-ir
3sg	dug-**ð-i**	vak-**t-i**	-ð*-i
1pl	dug-**ð-um**	vǫk-**t-um**	-ð*-um
2pl	dug-**ð-uð**	vǫk-**t-uð**	-ð*-uð
3pl	dug-**ð-u**	vǫk-**t-u**	-ð*-u

Congiuntio

Pres			
1sg	dug-**a**	vak-**a**	-a
2sg	dug-**ir**	vak-**ir**	-ir
3sg	dug-**i**	vak-**i**	-i
1pl	dug-**im**	vak-**im**	-im
2pl	dug-**ið**	vak-**ið**	-ið
3pl	dug-**i**	vak-**i**	-i
Pass	(-ð-)	(-t-)	
1sg	dyg-**ð-a**	vek-**t-a**	[i]-ð*-a
2sg	dyg-**ð-ir**	vek-**t-ir**	[i]-ð*-ir
3sg	dyg-**ð-i**	vek-**t-i**	[i]-ð*-i
1pl	dyg-**ð-im**	vek-**t-im**	[i]-ð*-im
2pl	dyg-**ð-ið**	vek-**t-ið**	[i]-ð*-ið
3pl	dyg-**ð-i**	vek-**t-i**	[i]-ð*-i

Imperativo

| | dug(-**i**) | vak(-**i**) | (-i) |

VERBI: forti

Indicativo

Pres	**renna**	**rísa**
1sg	renn	rís
2sg	renn-r	rís-s
3sg	renn-r	rís-s
1pl	renn-**um**	rís-**um**
2pl	renn-**ið**	rís-**ið**
3pl	renn-**a**	rís-**a**
Pass	(rann, runnu)	(reis, risu)
1sg	rann	reis
2sg	rann-t	reis-t
3sg	rann	reis
1pl	runn-**um**	ris-**um**
2pl	runn-**uð**	ris-**uð**
3pl	runn-**u**	ris-**u**

Congiuntivo

Pres		
1sg	renn-**a**	rís-**a**
2sg	renn-**ir**	rís-**ir**
3sg	renn-**i**	rís-**i**
1pl	renn-**im**	rís-**im**
2pl	renn-**ið**	rís-**ið**
3pl	renn-**i**	rís-**i**
Pass	(runnu)	(risu)
1sg	rynn-**a**	ris-**a**
2sg	rynn-**ir**	ris-**ir**
3sg	rynn-**i**	ris-**i**
1pl	rynn-**i**	ris-**im**
2pl	rynn-**ið**	ris-**ið**
3pl	rynn-**i**	ris-**i**

Imperativo

| | renn | rís |

---

* Con modifiche, cfr. sezione 5.4.

Pres	dug-andi	vak-andi	(Cfr. sotto)
Pass			
m	[þol-ð-r]	vak-t-r	(-a)ð°-
f	[þol-ð]	vǫk-t	(+ Agg.
n	dug-a-t	vak-a-t	Desinenze)

Pres	renn-andi	ris-andi
Pass	(runninn)	(risinn)
m	runn-inn	ris-inn
f	runn-in	ris-in
n	runn-it	ris-it

bjóða	fara	gefa	bera	láta	hlaupa	Desinenze
býð	fer	gef	ber	læt	hleyp	(i)–
býð-r	fer-r	gef-r	ber-r	læt-r	hleyp-r	(i)-r*
býð-r	fer-r	gef-r	ber-r	læt-r	hleyp-r	(i)-r*
bjóð-um	fǫr-um	gef-um	ber-um	lát-um	hlaup-um	-um
bjóð-ið	far-ið	gef-ið	ber-ið	lát-ið	hlaup-ið	-ið
bjóð-a	far-a	gef-a	ber-a	lát-a	hlaup-a	-a
(bauð, buðu)	(fór, fóru)	(gaf, gáfu)	(bar, báru)	(lét, létu)	(hljóp, hljópu)	
bauð	fór	gaf	bar	lét	hljóp	–
baut-t	fór-t	gaf-t	bar-t	léz-t	hljóp-t	-t
bauð	fór	gaf	bar	lét	hljóp	–
buð-um	fór-um	gáf-um	bár-um	lét-um	hljóp-um	-um
buð-uð	fór-uð	gáf-uð	bár-uð	lét-uð	hljóp-uð	-uð
buð-u	fór-u	gáf-u	bár-u	lét-u	hljóp-u	-u
bjóð-a	far-a	gef-a	ber-a	lát-a	hlaup-a	-a
bjóð-ir	far-ir	gef-ir	ber-ir	lát-ir	hlaup-ir	-ir
bjóð-i	far-i	gef-i	ber-i	lát-i	hlaup-i	-i
bjóð-im	far-im	gef-im	ber-im	lát-im	hlaup-im	-im
bjóð-ið	far-ið	gef-ið	ber-ið	lát-ið	hlaup-ið	-ið
bjóð-i	far-i	gef-i	ber-i	lát-i	hlaup-i	-i
(buðu)	(fóru)	(gáfu)	(báru)	(létu)	(hljópu)	
byð-a	fœr-a	gæf-a	bær-a	lét-a	hlyp-a	(i)-a
byð-ir	fœr-ir	gæf-ir	bær-ir	lét-ir	hlyp-ir	(i)-ir
byð-i	fœr-i	gæf-i	bær-i	lét-i	hlyp-i	(i)-i
byð-im	fœr-im	gæf-im	bær-im	lét-im	hlyp-im	(i)-im
byð-ið	fœr-ið	gæf-ið	bær-ið	lét-ið	hlyp-ið	(i)-ið
byð-i	fœr-i	gæf-i	bær-i	lét-i	hlyp-i	(i)-i
bjóð	far	gef	ber	lát	hlaup	–
bjóð-andi	far-andi	gef-andi	ber-andi	lát-andi	hlaup-andi	(Cfr. below)
(boðinn)	(farinn)	(gefinn)	(borinn)	(látinn)	(hlaupinn)	
boð-inn	far-inn	gef-inn	bor-inn	lát-inn	hlaup-inn	(Like Article)
boð-in	far-in	gef-in	bor-in	lát-in	hlaup-in	
boð-it	far-it	gef-it	bor-it	lát-it	hlaup-it	

VERBI: preterito-presenti

Indicativo

Pres	mega	munu	skulu	eiga	kná
1sg	má	mun	skal	á	kná

* Con modifiche, cfr. sezione 7.8.

1pl	meg-**um**	mun-**um**	skul-**um**	eig-**um**	kneg-**um**
2pl	meg-**uð**	mun-**uð**	skul-**uð**	eig-**uð**	kneg-**uð**
3pl	meg-**u**	mun-**u**	skul-**u**	eig-**u**	kneg-**u**
Pass	(mátt-)	(mund-)	(skyld-)	(átt-)	(knátt-)
1sg	má-**tt-a**	mun-**d-a**	skyl-**d-a**	á-**tt-a**	kná-**tt-a**
2sg	má-**tt-ir**	mun-**d-ir**	skyl-**d-ir**	á-**tt-ir**	kná-**tt-ir**
3sg	má-**tt-i**	mun-**d-i**	skyl-**d-i**	á-**tt-i**	kná-**tt-i**
1pl	má-**tt-um**	mun-**d-um**	skyl-**d-um**	á-**tt-um**	kná-**tt-um**
2pl	má-**tt-uð**	mun-**d-uð**	skyl-**d-uð**	á-**tt-uð**	kná-**tt-uð**
3pl	má-**tt-u**	mun-**d-u**	skyl-**d-u**	á-**tt-u**	kná-**tt-u**

Congiuntivo

Pres

1sg	meg-**a**	mun-**a**/myn-**a**	skyl-**a**	eig-**a**	kneg-**a**
2sg	meg-**ir**	mun-**ir**/myn-**ir**	skyl-**ir**	eig-**ir**	kneg-**ir**
3sg	meg-**i**	mun-**i**/myn-**i**	skyl-**i**	eig-**i**	kneg-**i**
1pl	meg-**im**	mun-**im**/myn-**im**	skyl-**im**	eig-**im**	kneg-**im**
2pl	meg-**ið**	mun-**ið**/myn-**ið**	skyl-**ið**	eig-**ið**	kneg-**ið**
3pl	meg-**i**	mun-**i**/myn-**i**	skyl-**i**	eig-**i**	kneg-**i**
Pass	(mátt-)	(mund-)	(skyld-)	(átt-)	(knátt-)
1sg	mæ-**tt-a**	myn-**d-a**	skyl-**d-a**	æ-**tt-a**	knæ-**tt-a**
2sg	mæ-**tt-ir**	myn-**d-ir**	skyl-**d-ir**	æ-**tt-ir**	knæ-**tt-ir**
3sg	mæ-**tt-i**	myn-**d-i**	skyl-**d-i**	æ-**tt-i**	knæ-**tt-i**
1pl	mæ-**tt-im**	myn-**d-im**	skyl-**d-im**	æ-**tt-im**	knæ-**tt-im**
2pl	mæ-**tt-ið**	myn-**d-ið**	skyl-**d-ið**	æ-**tt-ið**	knæ-**tt-ið**
3pl	mæ-**tt-i**	myn-**d-i**	skyl-**d-i**	æ-**tt-i**	knæ-**tt-i**

Imperativo

				eig	

Participio

Pres	meg-**andi**			eig-**andi**	
Pass	má-**tt**			á-**tt**	

Infinito preterito

	mun-**d-u**	skyl-**d-u**		kná-**tt-u**

kunna	muna	unna	vita	þurfa	Desinenze
kann	man	ann	ve**it**	þarf	–
kann-**t**	man-**t**	ann-**t**	ve**iz-t**	þarf-**t**	-t
kann	man	ann	ve**it**	þarf	–
kunn-**um**	mun-**um**	unn-**um**	vit-**um**	þurf um	-um
kunn-**uð**	mun-**ið**	unn-**uð**	vit-**uð**	þurf-**uð**	-uð
kunn-**u**	mun-**a**	unn-**u**	vit-**u**	þurf-**u**	-u
(kunn-)	(mund-)	(unn-)	(viss-)	(þurft-)	
kunn-**a**	mun-**d-a**	unn-**a**	vis-**s-a**	þurf-**t-a**	-ð*-a
kunn-**ir**	mun-**d-ir**	unn-**ir**	vis-**s-ir**	þurf-**t-ir**	-ð*-ir

---

* Con modifiche, cfr. sezioni 5.4, 15.3.

kunn-**um**	mun-**a-um**	unn-**um**	vis-**s-um**	þurf-**t-um**	-ð*-um
kunn-**uð**	mun-d-**ið**	unn-**uð**	vis-**s-uð**	þurf-**t-uð**	-ð*-uð
kunn-**u**	mun-d-**a**	unn-**u**	vis-**s-u**	þurf-**t-u**	-ð*-u
kunn-**a**	mun-**a**	unn-**a**	vit-**a**	þurf-**a**	-a
kunn-**ir**	mun-**ir**	unn-**ir**	vit-**ir**	þurf-**ir**	-ir
kunn-**i**	mun-**i**	unn-**i**	vit-**i**	þurf-**i**	-i
kunn-**im**	mun-**im**	unn-**im**	vit-**im**	þurf-**im**	-im
kunn-**ið**	mun-**ið**	unn-**ið**	vit-**ið**	þurf-**ið**	-ið
kunn-**i**	mun-**i**	unn-**i**	vit-**i**	þurf-**i**	-i
(kunn-)	(mund-)	(unn-)	(viss-)	(þurft-)	
kynn-**a**	myn-d-**a**	ynn-**a**	vis-**s-a**	þyrf-**t-a**	(i)-ð*-a
kynn-**ir**	myn-d-**ir**	ynn-**ir**	vis-**s-ir**	þyrf-**t-ir**	(i)-ð*-ir
kynn-**i**	myn-d-**i**	ynn-**i**	vis-**s-i**	þyrf-**t-i**	(i)-ð*-i
kynn-**im**	myn-d-**im**	ynn-**im**	vis-**s-im**	þyrf-**t-im**	(i)-ð*-im
kynn-**ið**	myn-d-**ið**	ynn-**ið**	vis-**s-ið**	þyrf-**t-ið**	(i)-ð*-ið
kynn-**i**	myn-d-**i**	ynn-**i**	vis-**s-i**	þyrf-**t-i**	(i)-ð*-i
kunn	mun	unn	vit		–
kunn-**andi**	mun-**andi**	unn-**andi**	vit-**andi**	þurf-**andi**	(Cfr. below)
kunn-**a-t**	mun-**a-t**	unn(-**a**)-**t**	vit-**a-t**	þurf-**t**	(-a)-t
					-ð*-u

VERBI: il riflessivo

Indicativo

		Deboli		Forti	Desinenze
Pres	**kallask**	**sýnask**	**gleðjask**	**farask**	wk | str
1sg	kǫll-**umk**	sýn-**umk**	gleðj-**umk**	fer-**umk**	-umk
2sg	kall-**a-sk**	sýn-**i-sk**	gle-**zk**	fer-**sk**	-sk*
3sg	kall-**a-sk**	sýn-**i-sk**	gle-**zk**	fer-**sk**	-sk*
1pl	kǫll-**um(s)k**	sýn-**um(s)k**	gleðj-**um(s)k**	fǫr-**um(s)k**	-um(s)k
2pl	kall-**izk**	sýn-**izk**	gleð-**izk**	far-**izk**	-izk
3pl	kall-**ask**	sýn-**ask**	gleðj-**ask**	far-**ask**	-ask
Pass	(-að-)	(-d-)	(gladd-)		
1sg	kǫll-**uð-umk**	sýn-**d-umk**	glǫd-**d-umk**	fór-**umk**	-umk
2sg	kall-**að-isk**	sýn-**d-isk**	glad-**d-isk**	fór-**zk**	-isk | -zk
3sg	kall-**að-isk**	sýn-**d-isk**	glad-**d-isk**	fór-**sk**	-isk | -sk*
1pl	kǫll-**uð-um(s)k**	sýn-**d-um(s)k**	glǫd-**d-um(s)k**	fór-**um(s)k**	-um(s)k
2pl	kǫll-**uð-uzk**	sýn-**d-uzk**	glǫd-**d-uzk**	fór-**uzk**	-uzk
3pl	kǫll-**uð-usk**	sýn-**d-usk**	glǫd-**d-usk**	fór-**usk**	-usk

Congiuntivo

Pres					
1sg	kǫll-**umk**	sýn-**umk**	gleðj-**umk**	fǫr-**umk**	-umk
2sg	kall-**isk**	sýn-**isk**	gleð-**isk**	far-**isk**	-isk
3sg	kall-**isk**	sýn-**isk**	gleð-**isk**	far-**isk**	-isk
1pl	kall-**im(s)k**	sýn-**im(s)k**	gleð-**im(s)k**	far-**im(s)k**	-im(s)k
2pl	kall-**izk**	sýn-**izk**	gleð-**izk**	far-**izk**	-izk
3pl	kall-**isk**	sýn-**isk**	gleð-**isk**	far-**isk**	-isk

---

* Consonante dentale + -*sk* = -*zk*, cfr. sezione 10.5.

1sg	koll-að-umk	sýn-d-umk	gled-d-umk	fœr-umk	(i)-umk
2sg	kall-að-isk	sýn-d-isk	gled-d-isk	fœr-isk	(i)-isk
3sg	kall-að-isk	sýn-d-isk	gled-d-isk	fœr-isk	(i)-isk
1pl	kall-að-im(s)k	sýn-d-im(s)k	gled-d-im(s)k	fœr-im(s)k	(i)-im(s)k
2pl	kall-að-izk	sýn-d-izk	gled-d-izk	fœr-izk	(i)-izk
3pl	kall-að-isk	sýn-d-isk	gled-d-isk	fœr-isk	(i)-isk

Imperativo

	kall-a-sk	sýn-sk	gle-zk	far-sk	-sk*

Participio

Pres	kall-andi-sk	sýn-andi-sk	gleðj-andi-sk	far-andi-sk	-sk
	(-að-)	(-d-)	(gladd-)		
Pass	kall-a-zk	sýn-zk	gla-zk	far-izk	-zk | -izk

VERBI: irregolari

vera 'essere'

Pres	Indicativo	Congiuntivo
1sg	em	sé
2sg	er-t	sé-r
3sg	er	sé
1pl	er-um	sé-m
2pl	er-uð	sé-ð
3pl	er-u	sé
Pass 1sg	var	vær-a
2sg	var-t	vær-ir
3sg	var	vær-i
1pl	vár-um	vær-im
2pl	vár-uð	vær-ið
3pl	vár-u	vær i

Imperativo

Sg	ver
Pl	ver-ið

Participio

Pass	ver-it

hafa 'avere'

Pres	Indicativo	Congiuntivo
1sg	hef-(i)	haf-a
2sg	hef-(i)r	haf-ir
3sg	hef-(i)r	haf-i
1pl	hǫf-um	haf-im
2pl	haf-ið	haf-ið
3pl	haf-a	haf-i
Pass 1sg	haf-ð-a	hef-ð-a
2sg	haf-ð-ir	hef-ð-ir
3sg	haf-ð-i	hef-ð-i
1pl	hǫf-ð-um	hef-ð-im
2pl	hǫf-ð-uð	hef-ð-ið
3pl	hǫf-ð-u	hef-ð-i

Imperativo

	haf

Participio

Pres	haf-andi
Pass m	haf-ð-r
f	hǫf-ð
n	haf-t

VERBI: declinazione del participio

	Masc	Fem	Neut	Desinenze (come quelle del comparativo.)		
Sg nom	verð-and-i	verð-and-i	verð-and-a	-i	-i	-a
acc	verð-and-a	verð-and-i	verð-and-a	-a	-i	-a
dat	verð-and-a	verð-and-i	verð-and-a	-a	-i	-a
gen	verð-and-a	verð-and-i	verð-and-a	-a	-i	-a
Pl nom	→	verð-and-i	←	→	-i	←
acc	→	verð-and-i	←	→	-i	←
dat	→	verð-ǫnd-um	←	→	-um	←
gen	→	verð-and-i	←	→	-i	←

Appendice 3
Vocabolario di termini ed espressioni

Questo vocabolario è una lista completa dei termini ed espressioni significative incontrati nelle lezioni, negli esercizi e nelle letture. I termini sono elencati in ordine alfabetico secondo le seguenti convenzioni:

- *ð* è inserito assieme a *d*.

- *þ, æ, œ, ǫ, ø* compaiono alla fine della lista in quest'ordine.

- Vocali brevi e lunghe sono trattate come lettere separate. Le parole che iniziano per vocale breve sono inserite prima di quelle che iniziano per la sua controparte lunga. La stessa regola si applica alle vocali in corpo di parola. Ad esempio, *austr* viene prima di *á*, e *farmaðr* prima di *fá*.

a, á, b, d, ð, e, é, f, g, h, i, í, j, k, l, m, n, o, ó,
p, r, s, t, u, ú, v, x, y, ý, z, þ, æ, œ, ǫ(ö), ø

Le forme principali dei verbi sono presentate come segue:
- Verbi deboli:
  infinito (suffisso dentale o radice del passato)
- Verbi forti:
  infinito (III pers. sg. pres.; III sg. pass., III pl. pass.; part. pass.)
- Verbi preterito-presenti:
  infinito (III pers. sg. pres, III pl. pres.; III sg pass.; part. pass. o inf. pret.)

Laddove sono elencate frasi o espressioni, è stata adottata la convenzione islandese per la quale si utilizzano i pronomi **einnhverr** 'qualcuno' [qlcn] e **eitthvat** 'qualcosa' [qlcs] per indicare in quale caso deve trovarsi l'oggetto di un verbo o di una preposizione, e per distinguere i casi in cui l'oggetto è una persona da quelli in cui esso è una cosa.

> **[e-n]** (**einhvern**) =qualcuno [qlcn] *acc*
> **[e-t]** (**eitthvat**) =qualcosa [qlcs] *acc*
> **[e-m]** (**einhverjum**) =(a) [qlcn] *dat*
> **[e-u]** (**einhverju**) =(a) [qlcs] *dat*
> **[e-s]** (**einhvers**) =(di) [qlcn] o [qlcs] *gen*

Esempi:
> **fala [e-t] af [e-m]** offrire di comprare [qlcs] da [qlcn]
> **firra [e-n] [e-u]** privare [qlcn] di [qlcs]
> **mæla [e-t] við [e-n]** dire [qlcs] a [qlcn]

A

Aðalból n (toponimo)

Aðalsteinn m (nome proprio)

Aðils m (indecl) (nome proprio)

aðrar agg, cfr. **annarr**

af prep [+ dat] da, fuori daf; di; con; riguardo a, rispetto a; dato che, poiché; **skjóta af** scagliare con

af avv via; **verða af** succedere, apparire

afarkostir m pl condizioni dure

afl n forza; **sterkr at afli** forte

aka (ekr; ók, óku; ekinn) vb guidare

Akrsborg f Acre (toponimo)

aldar, aldir f, cfr. **ǫld**

aldr m età, vita; **á ungum aldri** giovane, di giovane età

aldri avv mai

aldrlag n fato, destino; fine vita

Alfǫðr m 'padre di tutti', uno dei nomi di Odino

Alkasse f Alcácer do Sal? (toponimo)

allmikill agg grandissimo

allr (f ǫll, n allt) agg/pron tutto, intero; **um alla hluti** in tutti i sensi, in ogni cosa; **alls konar** di ogni tipo; **allra helzt** soprattutto, specialmente; **at ǫllu** in ogni cosa

allvaldr m sovrano, re

alskipaðr agg completamente equipaggiato

alt avv fino a

alvara f serietà, onestà

alþýða f la popolazione, la gente comune

Andvari m ('Vigilanza') (nome proprio), nano il cui oro viene usato per pagare il guidrigildo di Otr.

annarr (f ǫnnur, n annat; acc m annan, f aðra, dat m ǫðrum, n ǫðru; pl m aðrir, ecc.; cfr. 13.3) agg altro, un altro; secondo; **annarr…**

annarr… pron indef l'uno… l'altro…; **at ǫðrum kosti** altrimenti

aptr avv indietro

arfr m eredità

Arinbjǫrn m (nome proprio)

armr (f ǫrm, n armt) agg vile, disgraziato, riprovevole; povero

Arnarstakkr m 'Covone dell' Aquila, montagna nell'Islanda meridionale (toponimo)

Arnarstakksheiðr f Brughiera di Arnarstakkr (toponimo)

askr m frassino

at prep [+ dat] a, ad; riguardo a; poiché; **auðigr at fé** ricco; **kærr at** appassionato di, che ci tiene a; **sterkr at afli** forte; **vera/verða at sætt** costituire un accordo

at avv **berask at** succedere; [e-t] **er/var at** è/era [qlcs]; **gaman sé at** che sia divertente

at cong che; così che

at particella dell'inf

auðigr agg facoltoso; **auðigr at fé** ricco

Auðhumla f (nome mitologico, la vacca cosmica)

Auðr f (nome proprio)

auga n occhio

auka (eykr; jók, jóku; aukinn) vb aumentare

Aurland n (toponimo)

ausa (eyss; jós, jósu/jusu; ausinn) vb spruzzare, versare

austr avv est

austanverðr agg orientale

Á

á prep [+ acc] su, sopra a, dentro (movimento); riguardo a; [+ dat] on, at, in (staticità); **á dǫgum** nei giorni; **á einu hverju sumri** una certa estate; **á himni** in cielo; **á lífi** in vita; **á ungum aldri** in giovane età; **fegrð á hár (líki)** bellezza dei capelli; **kveða á** stabilire,

cosa ne pensi di

á (*gen* ár; *pl* ár, *dat* ám, *gen* á) *f* fiume

á *vb, cfr.* **eiga**

áðr *avv* prima, già; *cong* prima

ágætr (*superl* ágætastr) *agg* eccellente, eccezionale

Álfheimr *m* 'Mondo degli elfi (*toponimo*)

álfr *m* elfo

Álfr *m* ((*nome proprio*)

ár *n* anno

Ásgerðr *f* (*nome proprio*)

áss (*dat* æsi/ás, *gen* áss/ásar; *pl* æsir, *acc* ásu/æsi) *m* dio; **Æsir** *pl* uno dei due gruppi principali di divinità nordiche

át *vb, cfr.* **eta**

átján *num* diciotto

átt, átti, áttar *vb, cfr.* **eiga**

átta *num* otto

B

bað *vb, cfr.* **biðja**

bak *n* schiena

Baldr *m* (*nome mitologico*)

Baldvini *m* Baldovino (*nome proprio*)

bani *m* morte

banna (-að-) *vb* proibire; **banna jarðir at byggja ok vinna** proibire di affittare o sfruttare terreni

bar *vb, cfr.* **bera**

bardagi *m* battaglia

barðisk *vb, cfr.* **Berja**

barki *n* tipo di barca, chiatta

barn (*pl* bǫrn) *n* bambino, figlio

barsk, báru *vb, cfr.* **bera**

batt *vb, cfr.* **binda**

bauð *vb, cfr.* **bjóða**

baugr (*dat* baug(i)) *m* anello

bazk *vb, cfr.* **biðja**

báðir (*f* báðar, *n* bæði, *gen* beggja) *agg/pron dual* entrambi

báru *vb, cfr.* **bera**

beðit *vb, cfr.* **biðja**

beiða (-dd-) *vb* [+ *gen*] chiedere; *rifl* **beiðask** richiedere per sé

bein *n* osso

beinlauss *agg* senza ossa

bekkr (*dat* bekk, *gen* -jar; *pl* -ir) *m* panca

belgr (*dat* belg, *gen* -s/jar; *pl* -ir) *m* pelle animale (intera); borsa di pelle

bera (berr; bar, báru; borinn) *vb* portare; **bera saman** raccogliere, riunire; **bera út á** estrarre e mettere ; **bera vápn á [e-n]** estrarre le armi contro [qlcn]; **vel**

viti **borinn** intelligente, dotato di buon senso; *rifl* **berask at** succedere, accadere

berg *n* roccia, masso

berja (barð-) *vb* colpire, battere; *rifl* **berjask** battersi

betr *avv comp* meglio (*cfr.* **vel**)

betri *comp agg* migliore (*cfr.* **góðr**)

bezt *avv superl* best (*cfr.* **vel**)

beztr *agg superl* best (*cfr.* **góðr**)

biðja (biðr; bað, báðu; beðinn) *vb* ask, request, bid; [+ *gen*] ask for, request; **biðja konu** ask for a woman in marriage; *rifl* **biðjask undan** be evasive

Bifrǫst *f* arcobaleno, ponte verso i cieli

bik *n* pece

bil *n* momento

binda (bindr; batt, bundu; bundinn) *vb* legare, avvolgere

bitu *vb, cfr.* **bíta**

bíta (bítr; beit, bitu; bitinn) *vb* mordere

Bjarnardóttir *f* figlia di Bjorn

bjartr *agg* luminoso, radiante

bjó *vb, cfr.* **búa**

bjóða (býðr; bauð, buðu; boðinn) *vb* [+ *acc di person, dat di thing*] offrire

bjósk *vb, cfr.* **búa**

Bjǫrgyn (*dat* Bjǫrgyn) *m* Bergen, Norway (*toponimo*)

bjǫrn (*dat* birni, *gen* bjarnar; *pl* birnir, *acc* bjǫrnu; *cfr.* 11.5, 17.6) *m* orso

Bjǫrn (*dat* Birni, *gen* Bjarnar; *cfr.* 11.5) *m* ('Orso') (*nome proprio*)

vb blow

blóð *n* sangue

blót *n* sacrificio

blunda (-að) *vb* chiudere gli occhi, sonnecchiare

boð *n* richiesta, comando; messagio

bogi *m* arco; **kom á boga Einars miðjan** colpì nel mezzo l'arco di Einar

bogmaðr *m* arcere

borg (*pl* -ir) *f* fortezza; città

Borg *f* Borg (*toponimo*)

Borgarfjǫrðr *m* 'Fiordo di Borg', un fiordo nell'Islanda occidentale (*toponimo*)

borinn *ppart, cfr.* **bera**

botn (*gen* botns; *pl* botnar) *m* fondo; fondo di una baia, lago, valle, ecc.

bók (*pl* bœkr) *f* libro

ból *n* dimora

Bolgaraland *n* Bulgaria (*toponimo*)

bóndi (*pl* bœndr) *cfr.* **búandi**

bónorð *n* richiesta, petizione; **hefja upp bónorð** propose marriage

bragð *n* movimento improvviso; momento; **af bragði**, presto

brann *vb, cfr.* **brenna**

brast *vb, cfr.* **bresta**

braut *var di* **brot(t)**

brá *f* ciglio

brá, brásk *vb, cfr.* **bregða**

brátt *avv* veloce

Brávǫllr *m* Bravoll, pianura in Svezia (*toponimo*)

bregða (bregðr; brá, brugðu; brugðinn) *vb* [+ *dat*] far muovere; estrarre (un'arma); cambiarer, mutare; *rifl* **bregðask** trasformarsi

breiða (-dd-) *vb* stendere

Breiðablik *n* ('Ampio bagliore') (*toponimo mitologico*)

brekka *f* pendio

brenna (brennr; brann, brunnu; brunninn) *vb* bruciare

bresta (brestr; brast, brustu; brostinn) *vb* rompere

brestr (*pl* -ir) *m* rottura; **eigi mun svá mikill brestr orðinn** una tale rottura non è probabile che sia avvenuta

vb rompere

brot(t) *avv* **á brott** away (*movimento*); **í brot(t)** via (*movimento*)

brottu *avv* **í brottu** via (*staticità*)

bróðir (*acc/dat/gen* bróður; *pl* brœðr, *dat* brœðr, *gen* brœðra; *cfr.* 9.5, 14.8) *m* fratello

bróðurgjǫld *n pl* riscatto, guidrigildo per un fratello

brók (*pl* brœkr) *f* pantaloni, brache

brunnr *m* pozzo

brúarsporðr *m* imboccatura di un ponte

brúðlaup *n* matrimonio; **gera brúðlaup til** sposare

brynja *f* coatta di maglia

Brynjólfr *m* (*nome proprio*)

brýtr *vb, cfr.* **brjóta**

brœðr, brœðra *m pl, cfr.* **Bróðir**

bugr *m* parte concava

bundit *part pass, cfr.* **binda**

Buri *m* (*nome proprio*)

búa (býr; bjó, bjoggu; búinn) *vb* vivere (in un luogo), abitare; *rifl* **búask** prepararsi; **búask til** prepararsi a; **undir at búa** resistere

búandi (*o* **bóndi**) (*pl* búendr) *m* fattore; proprietario di una tenuta

búð (*pl* -ir) *f* tenda, riparo

bygð *f* insediamento, abitazione

byggja (bygð-) *vb* abitare, affittare, prendere in affitto

byrðr *f* carico, peso

byrr (*gen* -jar; *pl* -ir) *m* vento favorevole; **[e-m] gefr vel byri** *impers* [qlcn] gode di vento favorevole

býr, býsk *vb, cfr.* **búa**

bǫrn *n pl, cfr.* **barn**

bæði *avv* sia... (sia...); entrambi

bœkr *f pl, cfr.* **bók**

bœndr *m pl, cfr.* **bóndi**

bœr (*dat* bœ, *gen* bœjar; *pl* bœir) *m* fattoria, tenuta

bœta (-tt-) *vb* migliorare

bǫl (-v-) *n* inconveniente, sfortuna

bǫlvasmiðr *m* creatore di sfortune

dagr *m* giorno; **á dǫgum** nei giorni (di); **í dag** oggi; **þann dag** quel giorno

dalr (*dat* dal(i)) *m* valle

Danmǫrk (*dat* Danmǫrku) *f* Danimarca

dauðr (*n* dautt) *agg* morto

deyja (deyr; dó, dóu; dáinn) *vb* morire

deila *f* disputa

djúpr *agg* profondo

dóttir (*acc/dat/gen* dóttur; *pl* dœtr, *dat* dœtrum, *gen* dœtra; *cfr.* 9.5, 14.8) *f* figlia

draga (dregr; dró, drógu; dreginn) *vb* tirare; **draga fyrir** trascinare oltre; **draga saman** riunire

drakk *vb*, *cfr.* **Drekka**

drambsamliga *avv* fieramente, con fierezza

drap *vb*, *cfr.* **drepa**

draup *vb*, *cfr.* **drjúpa**

drápu *vb*, *cfr.* **drepa**

dregr *vb*, *cfr.* **draga**

drekka (drekkr; drakk, drukku; drukkinn) *vb* bere

drepa (drepr; drap, drápu; drepinn) *vb* uccidere; [*+ dat*] porre

drjúpa (drýpr; draup, drupu; dropit) *vb* sgocciolare

drottning *f* regina

dró *vb*, *cfr.* **draga**

dvelja (dvalð-) *vb* ritardare, posticipare; *rifl* **dveljask** restare

dvergr *m* nano

dýr *n* animale, bestia

dýrgripi *n* cosa preziosa

dýrligr *agg* glorioso, grandioso; splendido

dældarmaðr *m* persona gentile

dœgr *n* a mezza giornata (dodici ore di giorno o notte); una giornata intera (24 ore); **fjǫgurra (fimm) dœgra haf**, navigazione di quattro (cinque) giorni; **sjau dœgra sigling** navigazione di sette giorno

dœl *f* valle, avvallamento

dǫgum *m*, *cfr.* **dagr**

Døkkálfr *m* 'Elfo scuro'

døkkr (-v-) *agg* scuro

E

eða *cong* o, oppure

Edda *f* Edda (*testo letterario*); **Snorra Edda** 'Edda di Snorri', *Edda in prosa* composta da Snorri Sturluson

ef *cong* se

efla (-d-) *vb* fare

efna (-d-) *vb* preparare, provvedere

egg (-j-) *f* margine, orlo, filo

eggja (-að-) *vb* incitare, aizzare

Egill *m* (*nome proprio*)

eiga (á, eigu; átti; áttr) *vb* avere, possedere; sposare, essere parenti di; **eiga eptir** lasciare indietro; **sem hon átti ætt til** che era tipico della sua famiglia

eigi *avv* non

Einarr *m* (*nome proprio*)

einn (*f* ein, *n* eitt) *num* uno; *agg* uno, un certo; **einn hverr** qualcuno, un tal; **á einu hverju sumri** una qualche estate; (*n* **eitt**) una cosa, la stessa cosa

einvaldskonungr *m* unico sovrano

Eiríkr *m* (*nome proprio*)

eitt *num* (*n*), *cfr.* **einn**

ek (*acc* mik, *dat* mér, *gen* mín; *cfr.* 3.6) *pron* io

ekki *pron indef* (*n*), *cfr.* **engi**; *come avv* non

eldask (-ld-) *vb rifl* invecchiare

eldr *m* fire

Elfráðr *m* Alfredo (*nome proprio*)

Ella *m* Ælla, re di Northumbria (*nome proprio*)

elli *f* vecchiaia

ellifu *num* undici

ellri *comp agg* più vecchio (*cfr.* **gamall**)

ellstr *agg superl* il più vecchio (*cfr.*

em *vb, cfr.* **vera**

en *cong* ma; e (dall'altro lato)

en *cong* rispetto a, di (*nei comp*)

endask (-t-) *vb rifl* durare

endi *m* fine

engi (*f* engi, *n* ekki; *gen m/n* enskis) *pron indef* nessuno; (*pl*) nessuno; (*dopo una neg*) alcuno; (*n* **ekki**) niente

England *n* Inghilterra

enn *avv* ancora (*continuità*); inoltre

enskis *pron indef, cfr.* **engi**

entisk *pass* di **endask**

eptir *prep* [+ *acc*] dopo (*tempo*); [+ *dat*] dopo; secondo [qlcs]; **þar eptir** di conseguenza, perciò; **eiga eptir** lasciare indietro; **spyrja eptir** domandare circa

eptir *avv* indietro, lasciato

þar er laddove; **þá er** quando

er, ert, erum *vb, cfr.* **vera**

erkibyskupsstóll *m* arcivescovado

Erlingr *m* (*nome proprio*)

es = **er**

eta (etr; át, átu; etinn) *vb* mangiare

etja (att-) *vb* [+ *dat*] incitare, aizzare; **etja hestum** incitare i cavalli (a lottare)

ey (*dat* ey/eyju, *gen* -jar; *pl* -jar) *f* isola

eyða (-dd-) *vb* distruggere, sprecare, sperperare; *rifl* **eyðask** essere sprecato

Eylimi *m* (*nome proprio*); re leggendario padre di Hjǫrdís

eyra *n* orecchio

Eymundr *m* (*nome proprio*)

Eysteinn *m* (*nome proprio*)

F

faðir (*acc/dat/gen* fǫður; *pl* feðr, *dat* feðrum, *gen* feðra; *cfr.* 9.5, 14.8) *m* padre

fagna (-að-) *vb* [+ *dat*] accogliere

fagr (*f* fǫgr, *n* fagrt; *comp* fegri, *superl* fegrstr) *agg* bello; **fagr álitum** bello di aspetto

falla (fellr; fell, fellu; fallinn) *vb* cadere

fannsk *vb, cfr.* **finna**

fara (ferr; fór, fóru; farit) *vb* andare, viaggiare; **var farinn** aveva viaggiato; **fara með fíflsku** fare una pazzia; *rifl* **farask** andare (di eventi); perire

farar *f pl, cfr.* **fǫr**

farmaðr *m* viaggiatore, navigatore

fá (fær; fekk, fengu; fenginn) *vb* ottenere; [+ *gen*] sposare; **fá sér liðs** riunire un seguito

Fáfnir *m* (*nome proprio*); figlio di Hreiðmarr che si trasforma in drago

fár *agg* poco

feðgar *m pl* padre e figlio/i

feginn *agg* contento

fegrð *f* bellezza; **fegrð á hár** (**líki**) bellezza di capelli (corpo)

fegri *comp agg* più bello (*cfr.* **fagr**)

fegrstr *agg superl* il più bello, bellissimo (*cfr.* **fagr**); **fegrst talaðr** estremamente eloquente

fekk *vb, cfr.* **fá**

fell *n* montagna

fell, fellr *vb, cfr.* **falla**

ferð (*pl* -ir) *f* viaggio

fé (*gen* fjár; *pl gen* fjá) *n* patrimonio, ricchezza, denaro; bestiame; **auðigr at fé** ricco

fimm *num* cinque

fimmtán *num* quindici

fingr *m* dito

finna (finnr; fann, fundu; fundinn) *vb* trovare; *rifl* **finnask** apparire; **finnask á** apparire; **þá er honum fannsk mikit um** gli piacque molto

Finnr *m* (*nome proprio*)

finnskr *agg* finnico

Firðir *m pl* i Fiordi (*toponimo*)

fiskr *m* pesce

fíflska *f* follia, pazzia; **fara með fíflsku** fare una pazzia

fjárfang *n* bottino

fjórtán *num* quattordici

fjǫgur, **fjǫgurra** *num, cfr.* **fjórir**

fjǫldi *m* moltitudine

fjǫlkunnigr *agg* versato nella magia, 'che sa molto'

fjǫlmenni *n* folla

fjǫlmennr *agg* affollato, con grande partecipazioned

fjǫr (-v-) *n* vita

fjǫrðr (*dat* firði, *gen* fjarðar; *pl* firðir, *acc* fjǫrðu, *gen* fjarða; *cfr.* 11.5, 17.6) *m* fiordo

Fjǫrðu, Fjǫrðum *m pl, cfr.* **Firðir**

fjǫrlausn *f* riscatto per salvare la vita

fjǫrsegi *m* cuore ('muscolo vitale')

flá (flær; fló, flógu; fleginn) *vb* scuoiare

fleiri *comp agg* più (*cfr.* **margr**)

flestr *comp agg* la maggior parte (*cfr.* **margr**)

flytja (flutt-) *vb* trasmettere, trasferire, recitare; **flytja til eyrna [e-m]** trasmettere alle orecchie di [qlcn], informare [qlcn]

flýja (-ð-) fuggire

formáli *m* 'pre-discorso', introduzione

Forminterra *f* formentera (toponimo)

fors (*pl* -ar) *m* cascata

forvitni *f* curiosità

fólk *n* gente

fór, fóru *vb, cfr.* **fara**

fóstbróðir *m* fratellastro

fóstr (*gen* -rs) *n* adozione, affido

fóstri *m* padre adottivo

fram *avv* avanti; **ganga vel fram** battersi con onore; **um fram** inoltre

frauð *n* schiuma, succo (di carne arrosto)

frá *prep* [+ *dat*] da; circa; **segja frá** riporare, raccontare

frá *avv* via da; **ofan frá** sotto

fránn *agg* scintillante, splendente

fremja (-ð-) *vb* promuovere

Freyr *m* Frey (*nome mitologico*, uno (*soprannome*)

frétt (*pl* -ir) *f* notizia

Frigg *f* Frigg, moglie di Odino (*nome mitologico*)

fríðastr *agg superl, cfr.* **fríðr**

fríðr (*n* frítt) *agg* beautiful, bello; **fríðr sýnum** di bell'aspetto

Frírekr Federico (*nome proprio*)

frjósa (frýss; fraus, frusu; frosinn) *vb* gelare

famoso

frœkn (*anche* **frœkinn**) *agg* audace, coraggioso, valente

fugl *m* uccello

fuglsrǫdd *f* voce di uccello, linguaggio degli uccelli

fullr *agg* pieno

fullsteiktr *part pass* cotto a puntino (*from* **steikja**)

fundr (*gen* -ar; *pl* -ir) *m* incontro; udienza

funi *m* fiamma

furða *f* meraviglia

fylking *f* coorte, battaglione; parte di esercito

fylla (-d-) *vb* riempire

fyrir *prep* [+ *acc*] davanti a, movimento); per, a causa di; invece di; [+ *dat*] davanti (*staticità*); di fronte a (condurre); con; per, da; a causa di; **fyrir ... sakar** per ragioni di...; **fyrir sér** di se stesso; **fyrir sik** per se stesso,; **fyrir strauminum** lungo la corrente; **fyrir útan** [+ *acc*] fuori; al di fuori di; **fyrir því, at** poiché; **draga fyrir** trascinare oltre; **ráða fyrir** regnare su

fyrr *avv* prima; **fyrr en** *cong* prima di

fyrri *comp agg* precedente

fyrst *avv superl* prima, al principio

fyrstr *agg superl* primo, principale

fœða (-dd-) *vb* nutrire

fœra (-ð-) *vb* portare, trasmettere; mandare, consegnare, dare; prendere

fǫður *m, cfr.* **faðir**

fǫr (*pl* farar) *f* viaggio

gaf *vb*, *cfr.* **gefa**

gagn (*pl* gǫgn) *n* vantaggio, beneficio, advantage, produzione, rendita, benefit,

galeiða *f* galea, grande nave

galeiðaherr *m* flotta di galee

Galizuland *n* Galizia (*toponimo*)

galtar *m*, *cfr.* **gǫltr**

gamall (*acc* gamlan, *f* gǫmul, *n* gamalt; *comp* ellri, *superl* ellstr) *agg* vecchio

gaman *n* fun, divertimento, piacere; **gera gaman** intrattenere; **at gaman sé at** che sia divertente

gamli (*gen* -a) *m* vecchio il Vecchio (*soprannome*) (*m nom sg deb di* **gamall**)

ganga (gengr; gekk, gengu; genginn) *vb* andare, camminare; uscire; **ganga af** smettere, concludere; **ganga at [e-m]** attaccare [qlcn]; **ganga á hǫnd [e-m]** sottomettersi a [qlcn], entrare a servizio di [qlcn], diventare parte del seguito di [qlcn]; **ganga fyrir** presentarsi di fronte a [qlcn] ; **ganga til** avvicinare, raggiungere; **ganga vel fram** combattere valorosamente; **ganga yfir [e-n]** succedere, accadere a [qlcn]

Gangleri *m* (*nome proprio*)

garðr *m* recinto, zona racchiusa, muro

gefa (gefr; gaf, gáfu; gefinn) *vb* dare

gegnum (*anche* **í gegnum**) *prep* [+ *acc*] attraverso

geirr *m* lancia

gekk, gengir, gengit, gengr *vb*, *cfr.* **ganga**

gera (-ð-) *vb* fare, fabbricare; **gera brúðlaup til** sposare; **gera gaman** intrattenere; *rifl* **gerask** diventare

gert *ppart*, *cfr.* **gera**

geta (getr; gat, gátu; getinn) *vb* get; [+ *gen*] indovinare; **geta at eiga** sposare; **geta til** supporre

Gimlé *n* (*toponimo*)

Gísli *m* (*nome proprio*)

gjald *n* (*spesso al pl* gjǫld) tributo; pagamento; ricompensa; riscatto; guidrigildo

glepja (glapð-) *vb* confondere

Glitnir *m* Glitnir (*toponimo*)

Gnitaheiðr (*gen* -ar) *f* (*toponimo*), dove giace il drago Fáfnir, sdraiato sul suo tesoro

gnótt *f* abbondanza

gnyðja (gnudd-) *vb* grugnire

goð *n* god, dio pagano

goðagremi *f* collera divina

goði (*pl* goðar) *m* chief, chieftain

goðkunnigr *agg* imparentato con gli dei

goðorð *n* titolo, e rango di **goði**, signore locale con funzione amministrativa, giuridica e religiosa

góðr (*n* gott; *comp* betri, *superl* beztr) *agg* good; **góðr af** orgoglioso di

góðhestr *m* buon cavallo (da corsa)

grafa (grefr; gróf, grófu; grafinn) *vb* scavare

Gramr *m* (*nome mitologico*), nome della spada di Sigurðr l'ammazza draghi

granahár *n* baffi

grand *n* ferita

Grani *m* (*nome mitologico*), nome del cavallo di Sigurðr l'ammazza draghi

gras *n* erba, pianta

gráliga *avv* malignamente

gráta (grætr; grét, grétu; grátinn) *vb* piangere

greiða (-dd-) *vb* pagare

gremi *f* collera, rabbia

griðarof *n pl* violazione della tregua, rotture della pace

Grikkland *n* Grecia (*toponimo*)

Grikklandshaf *n* Mar Egeo e Mediterraneo orientale (*toponimo*)

grimmr *agg* inquietante, feroce, selvaggio

gríss (*gen* -s; *pl* -ir) *m* porcellino

grjót *n* pietre (*collective*), macerie

Grjótgarðr *m* ('Recinto di Pietre')

Grœnland *n* Groenlandia

grœnn *agg* verde

grǫf (*gen* grafar; *pl* grafir/grafar) *f* buca, fossa

grǫn (*gen* granar; *pl* granar) *f* labbro, baffo

gull *n* oro

gullbaugr (*dat* gullbaug(i)) *m* anello d'oro

Gullvarta *f* Porta d'Oro

Gunnarr *m* (*nome proprio*)

Gunnlaugr *m* (*nome proprio*)

gǫfugligr *agg* magnifico, maestoso

gǫfugr *agg* nobile

gǫgnum *var di* **gegnum**

gǫltr (*dat* gelti, *gen* galtar; *pl* geltir,

gǫrla *avv* completamente, del tutto; piuttosto, alquanto

gǫrr (-v-) *agg* fatto, compiuto; **at svá gǫrvu** dunque, così, in questo modo

gørr *avv comp* più compiutamente, chiaramente (*cfr.* **gǫrva**); **at gørr** di sicuro

gørst *avv superl* il più completo, il più chiaro [possibile] (*cfr.* **gǫrva**)

gørt *var di* gert *ppart, cfr.* **gera**

gǫrva (*comp* gørr, *superl* gørst) *avv* piuttosto, ovviamente

gørviligstr *agg superl, cfr.* **gørviligr**

gørviligr *agg* affermato, capace, intraprendente

H

haf (*pl* hǫf) *n* mare; **fjǫgurra (fimm) dœgra haf** navigazione di quattro (cinque) giorni

hafa (hef(i)r, -ð-) *vb* avere; tenere, mantenere; prendere; **hafa [e-m] heim með sér** portare [qlcn] a casa con sé; **nǫkkut hafask at** intraprendere qualcosa

hafnar, **hafnir** *f, cfr.* **hǫfn**

hafsbotn (*gen* -botns; *pl* -botnar) *m* golfo; l'Oceano Artico (*toponimo*)

hagr *m* stato, condizione

halda (heldr; helt, heldu; haldinn) *vb* [+ *acc/dat*] tenere, reggere; mantenere, trattenere; dirigere, mantenere una rotta; *rifl* **haldask** restare valido, valere

hamrammr *agg* terribile, furioso in battaglia (*lett.* 'forma possente'; usato per descrivere guerrieri capaci di 'mutare forma, ovvero cadere in una furia belluina, come i berserkir)

hana *pron, cfr.* **hon**

hanga (hengr/hangir; hékk, hengu/héngu, hanginn) *vb* essere appeso

hann (*acc* hann, *dat* honum, *gen* hans; *pl* þeir; *cfr.* 5.1) *pron* he

hans *pron poss* di lui

Haraldr *m* (*nome proprio*)

harðdrœgr *agg* difficile da gestire

harðliga *avv* duramente, severamente, forzosamente

harðr (*f* hǫrð, *n* hart) *agg* duro

Haukadalr (*dat* Haukadal(i)) *m* 'Valle dei Falchi' (*toponimo*)

haust *n* autunno

Hákon (*gen* -ar) *m* (*nome proprio*)

hálfa *f* regione, parte

hár *n* hair

hár *agg* alto; rumoroso

Hár *m* Har ('High') (*nome mitologico*, pseudonimo di Odino)

hárfagr *agg* dai bei capelli

hásæti *n* alto seggio, trono

hátt *avv* rumorosamente, ad alto volume

Hávarðr *m* (*nome proprio*)

hefði, **hefi**, **hefir**, **hefr** *vb, cfr.* **hafa**

hefja (hefr; hóf, hófu; hafiðr/hafinn) *vb* sollevare; iniziare; **hefja upp bónorð** fare una proposta di matrimonio

hefna (-d-) *vb* vendicare

Heiðabý *m* Heddeby

heiðr (*pl* -ar) *f* brughiera

heill *agg* sano, integro,

heim *avv* (verso) casa (*movimento*)

heima *avv* a casa (*staticità*)

heima *m, cfr.* **heimr**

heimamaðr *m* servo, domestico

heimr *m* abitazione; terra, regione

heima su tutto il mondo

Heinrekr Enrico (*nome proprio*

heita (heitir; hét, hétu; heitinn) *vb* chiamarsi; promettere

heldi, heldr, heldu *vb, cfr.* **halda**

Helgi *m* ('Santo') (*nome proprio*)

helgistaðr *m* luogo santo

helmingr *m* metà; **skipta í helminga** dividere a metà

helzk *vb, cfr.* **halda**

helzt *avv superl* soprattutto; **allra helzt** specialmente

hendi *f, cfr.* **hǫnd**

hennar *pron poss* di lei

herað *n* regione

herkonungr *m* re guerriero

herfang *n* bottino

herr (*gen* -jar; *pl* -jar) *m* esercito, battaglione

herra *m* signore

hersaga *f* notizie di guerra (*cfr. anche* **herr, saga**)

hersir *m* signore di alto rango; leader militare nominato dal re

hersǫgu *f, cfr.* **hersaga**

hestaat *n* lotta di cavalli

hestavít *n* lotta di cavalli

hestr *m* cavallo

heyra (-ð-) *vb* sentire

hégómi *m* insincerità

hér *avv* qui

hét *vb, cfr.* **heita**

Hildigunnr *f* (*nome proprio*)

Himinbjǫrg *n pl* 'Monti del Cielo' (*toponimo*)

himinn *m* cielo; **á himni** in cielo

hinn *art, var di* **inn**

hinn *pron* quello (quell'altro)

hitta (-tt-) *vb* incontrare; *rifl* **hittask** incontrarsi

hjarta (*pl* hjǫrtu, *gen* hjartna) *n* cuore

hjartablóð *n* sangue del cuore

hjá *prep* [+ *dat*] con, presso, accanto

hjálmr *m* elmo

Hjálprekr *m* (*nome proprio*), un re leggendario

hjó *vb, cfr.* **hǫggva**

Hjǫrdís *f* (*nome proprio*); madre di

hjǫrtr (*dat* hirti, *gen* hjartar; *pl* hirtir, *acc* hjǫrtu; *cfr.* 11.5, 17.6) *m* cervo

Hjǫrtr (*dat* Hirti, *gen* Hjartar; *cfr.* 11.5) *m* ('Cervo') (*nome proprio*)

hlaup *n* salto, balzo

hlaupa (hleypr; hljóp; hljópu; hlaupinn) *vb* correre

Hliðskjálf *f,* nome diel trono di Odino

Hlíðarendi *m* fattoria nell'Islanda meridionale (*toponimo*)

hlíf (*pl* -ar) *f* copertura, protezione (spec. di scudo o armatura)

hluti *m* parte

hlutr (*dat* hlut, *gen* -ar; *pl* -ir) *m* cosa; **um alla hluti** in ogni cosa, in ogni aspetto

hlýða (-dd-) [+ *dat*] *vb* ubbidire; **hlýða til** ascoltare

hlæja (hlær; hló, hlógu; hleginn) *vb* laugh

hof *n* tempio

Hof *n* ('Tempio') (*toponimo*)

Hofsland *n* la tenuta di Hof

hon (*acc* hana, *dat* henni, *gen* hennar; *pl* þær; *cfr.* 5.1) *pron* lei

honum *pron, cfr.* **hann**

horfa (-ð-) *vb* guardare, volgere lo sguardo **horfa á** osservare; **horfask til** aspettarsi

horn *n* corno

Horn *n* fattoria nell'Islanda sudorientale, nonché uno dei primi insediamenti (*toponimo*)

hóf *vb, cfr.* **hefja**

hófsmaðr *m* uomo moderato, morigerato

hógværr *agg* gentile, tranquillo

Hrafn *m* ('Corvo') (*nome proprio*)

Hrafnkell *m* (*nome proprio*)

hraustr *agg* audace

Hreiðmarr *m* (*nome mitologico*), padre di Otr, Fáfnir, e Reginn

hrím *n* brina

hrímsteinn *m* roccia [coperta] di brina

hringr *m* anello

hross *n* cavallo

Hróaldr *m* (*nome proprio*)

Hróðgeirr *m* (*nome proprio*)

hrósa (-að-) *vb* [+ *dat*] vantarsi

hræða (-dd-) *vb* [+ *acc*] spaventare; *rifl* **hræðask** spaventarsi; **hræðask [e-t]** temere [qlcs]

hrøkkva (hrekkr, hrøkk, hrukku, hrokkinn) *vb* arretrare

hugða, hugði *vb, cfr.* **hyggja**

hugr (*dat* hug(i), *gen* -ar; *pl* -ir) *m* mente; umore; coraggio; **vera í hug [e-m]** venire in mente a [qlcn]

hulði, huldr *vb, cfr.* **hylja**

hundrað (*pl* hundruð) *n* cento (inizialmente centoventi)

hús *n* casa

hvar *int avv* dove

hvarf *n* sparizione

Hvarf *n* 'Sparizione', Capo Farewell in Groenlandia (*toponimo*)

hvass (*f* hvǫss, *n* hvas(s)t) *agg* affilato, acuto

hvat *n pron int* che cosa; *pron rel* che, il quale (*cfr.* **hverr**)

hvárr *int pron* chi, quale (di due); *pron indef* ognuno (dei due)

hvárrtveggja *pron indef* ognuno (dei due)

hvárt *cong* se

hváta *vb* infilzare, infilare, punzecchiare

hverr (*n* hvat, *acc m* hvern; -j-) *int pron* chi, cosa; **af hverju** perché, per che motivo; *pron indef* ogni, ognuno; **einn hverr** qualcuno, un certo

hversu *avv* come; **hversu lízk þér á**

hvetja (hvatt-) *vb* affilare

hvé *avv* come, fino a che punto

hví *avv* perché, per quale motivo (*n dat di* **hvat**)

hvíla (-d-) *vb* riposare

hvítr *agg* bianco

Hvítserkr *m* ('Camicia bianca') (*nome proprio*)

hyggja (hugð-) *vb* pensare; **hyggja at** prestare attenzione a, considerare

hylja (huld/hulð-) *vb* nascondere, coprire

Hœnir *m* (*nome mitologico*), uno degli Æsir

hǫf *n pl, cfr.* **haf**

hǫfðingi *m* capo

hǫfðu *vb, cfr.* **hafa**

hǫfn (*gen* hafnar; *pl* hafnir) *f* porto

hǫfuð *n* testa

hǫfuðsbani *m* morte, distruzione

hǫfuðstaðr *m* capitale, sede principale

hǫgg (-v-) *n* colpo, botta

hǫggva (hǫggr; hjó, hjoggu; hǫgg(v)inn) *vb* colpire, ferire

hǫnd (*dat* hendi, *gen* handar; *pl* hendr) *f* mano; **ganga á hǫnd [e-m]** sottomettersi a [qlcn], andare a servizio di [qlcn], diventare servitore di [qlcn] **ór hendi þér** dalle tue mani; **selja í hendr** consegnare, cedere; **taka hǫndum** catturare, afferrare

Hǫrðakonungr *m* re di Hǫrðaland (in Norvegia occidentale)

I

igða *f* picchio (specie di uccello)

illa (*comp* verr, *superl* verst) *avv* male

illr (*comp* verri, *superl* verstr) *agg* cattivo

Ingi *m* (*nome proprio*)

Ingibjǫrg *f* (*nome proprio*)

inn (*f* in, *n* it) *art* il

inn *avv* in (*movimento*); **inn í** dentro

innlenzkr *agg* nativo

innviðr *m* legname interno, fasciame

it *art* (*n*), *cfr.* **inn**

Í

í *prep* [+ *acc*] in (*movimento*); [+ *dat*] in; dentro a (*staticità*); **í þann tíma**

Ísland *n* Islanda
íslenzkr *agg* islandese

íþrótt (*pl* -ir) *f* abilità, impresa

J

jafna (-að-) *vb* comparare, paragonare; **jafna til** paragonare a
jafningi (*pl* -jar) *m* eguale
jalda *f poet* giumenta
jarl *m* titolo nobiliare
Játvarðr *m* (*nome proprio*)

Jórdan *f* Giordano (*toponimo*)
Jórsalaborg f Gerusalemme (*toponimo*)
Jórsalaheimr *m* Palestine (*topo-nimo*)
Jórsalaland *n* 'Terra di Gerusalemme', Terra Santa (*toponimo*)
Jótland *n* Jutland (*toponimo*)
Jǫlduhlaup *n* 'Salto della giumenta', Slyne Head in Irlanda (*toponimo*)
jǫrð (*dat* -u) *f* terra
jǫtunn *m* gigante
Jǫtunheimar *m pl* Mondo dei giganti

K

kalla (-að-) *vb* chiamare, nominare
kanna (-að-) *vb* cercare, esplorare
kannt *vb, cfr.* **kunna**
kapalhestr *m* cavallo da soma
kapítuli *m* capitolo
kappi *m* eroe
kasta (-að-) *vb* [+ *dat*] lanciare, gettare; **kasta boganum** gettare l'arco
kastali *m* castello
kaupa (keypt-) *vb* comprare
kemr *vb, cfr.* **koma**
Kirjalax *m* [l'imperatore] Alessio (*nome proprio*) crasi ('fusione') di *kyrie* ('signore' in greco) e del nome Alexios
kjósa (kýss; kaus/kǫri, kusu/kuru, kosinn/kørinn) *vb* scegliere
Kerlingardalsá *f* 'Fiume di Val della Vecchia' (*toponimo*)
klauf *vb, cfr.* **kljúfa**
kljúfa (klýfr; klauf, klufu; klofinn) *vb* spezzare
klyf (*pl* -jar) *f* soma (per un cavallo)
klæði *n* panno; abito, vestito
knǫrr (*acc* knǫrr, *dat* knerri, *gen* knarrar; *pl* knerrir, *acc* knǫrru, *dat* knǫrrum, *gen* knarra) *m* nave; mercantile
Kolskeggr *m* (*nome proprio*)
koma (kemr; kom, kómu; kominn) *vb* venire; *rifl* **komask** raggiungere, arrivare; **koma at** arrivare; **koma á** colpire; **koma upp** avvenire, succedere; **komask undan** scappare
komsk *vb, cfr.* **koma**
kona (*pl gen* kvenna) *f* donna, moglie; **biðja konu** chiedere una donna in sposa
konar *gen sg di obs* *konr* *m* tipo, sorta; **alls konar** di ogni sorta
konungr *m* re
Konungsnafn *n* titolo di re
konungsson *m* principe
kostr (*gen* -ar; *pl* -ir) *m* scelta, alternativa; opportunità; **at ǫðrum kosti** altrimenti
kómu *vb, cfr.* **koma**
krapparúm *n* spazio a prua (su una nave)
kringla *f* disco, circolo, orbe; **kringla heimsins** il globo terrestre
kristnask *vb rifl* cristianizzarsi
kunna (kann, kunnu; kunni; kunnat) *vb* conoscere, capire; essere in gredo
kunnigr *agg* conosciuto; saoiente, versato nella magia
kvað *vb, cfr.* **kveða**
kvaddi *vb, cfr.* **kveðja**
kváðu, kváðusk *vb, cfr.* **kveða**
kveða (kveðr; kvað, kváðu;

kveðja (kvadd-) *vb* salutare

kveld *n* sera

Kveld-Úlfr *m* ('Lupo della sera') (*nome proprio*)

kvikvendi *n pl* creatura, animale, bestia

Kvígandafell *n* 'Monte delle Giovenche' (*toponimo*)

kýr (*acc/dat* kú, *gen* kýr; *pl nom/acc* kýr, *dat* kúm, *gen* kúa) *f* mucca

kǫllum *vb*, *cfr.* **kalla**

kærleikr *m* affetto, buon rapporto

kærr *agg* caro; **kærr at** appassionato di, che ci tiene a

kœmi *vb*, *cfr.* **koma**

L

lagabrot *n* linfrazione della legge; **lagabrot landsréttar** infrazione del diritto della terra

lagði, lagðisk *vb*, *cfr.* **leggja**

lagǫr *m* ciuffo (di lana o capelli)

lagt *vb*, *cfr.* **Leggja**

Laktjarnir *f pl* Palazzi reali di Costantinopoli

land (*pl* lǫnd) *n* terra

landnám *n* colonizzazione, insediamento, 'presa di terra'

Landnámabók *f* 'Libro degli insedia-menti'

landsréttr *m* legge della terra; **lagabrot landsréttar** infrazione del diritto della terra

Langanes *n* ('Lunga Penisola'), penisola Islanda nordorientale (*toponimo*)

langfeðgar *m pl* padri, antenati (per linea paterna)

langr *agg* lungo

langt *avv* lontano

lausn (*gen* -ar; *pl* -ir) *f* riscatto

lauss *agg* senza

laust *n agg*, *cfr.* **lauss**

laust *vb*, *cfr.* **ljósta**

lax (*gen* lax; *pl* laxar) *m* salmone

lá *vb*, *cfr.* **liggja**

láta (lætr; lét, létu; látinn) *vb* lasciare, permettere; liberare; mettere, porre; [+ *inf*] far fare qualcosa; **láta fram** consegnare; **láta lífit** perdere la vita; *rifl* **látask** dichiararsi, descriversi

leggja (lagð-, lag(i)ðr/laginn) *vb* porre, stendere; [+ *dat*] pugnalare, colpire; **leggja [e-t] á [e-n]** imporre, assegnare [qlcs] a [qlcn];

leggja [e-u] í gegnum [e-n] infilzare [qlcs] attraverso [qlcn]; **leggja til (orð)** dire; **leggja við** accusare, dichiarare colpevole di o passibile di; *rifl* **leggjask** sdraiarsi, giacere; **leggjask at sofa** andare a letto

leggr (*gen* -jar; *pl* -ir) *m* gamba, arto; osso cavo (di braccio o gamba)

leið (*pl* -ir) *f* via; sentiero, strada

leit *vb*, *cfr.* **líta**

leita (-að-) *vb* [+ *gen*] cercare

lemja (lamd-) *vb* battera, sbattere

lendr *agg* ; nobile

endr maðr nobile norvegese le cui terre e rendite erano conferite dal re

lengi *avv* a lungo

lengja (-d-) *vb* allungare

lengra *avv comp* oltre

lét, lézk *vb*, *cfr.* **láta**

lið *n* truppa, forza, banda di uomini armati, alleari; aidaiuto assistenza; **fá sér liðs** radunare un seguito

liðfœrr *agg* capace, abile

lifa (-ð-) *vb* vivere; **lifa við** campare di, nutrirsi di

liggja (liggr; lá, lágu, leginn) *vb* giacere

litlu *avv* un po' (*dat sg neut di* **lítill**); **litlu síðar** un po' dopo

Lizibón *f* Lisbona (*toponimo*)

líf *n* vita; **á lífi** vivo

líki *n* forma, sembianze; corpo

líkligr *agg* possibile, probabile; **sem líkligt er** come c'è da aspettarsi

líknsamr *agg* magnanimo

líta (lítr; leit, litu; litinn) *vb*

cosa ne pensi

lítill (*f* lítil, *n* lítit; *acc m* litlan, *f* litla, *dat m* litlum, *n* litlu; *pl* litlir, ecc.; *comp* minni, *superl* minnstr) *agg* piccolo

lítt (*comp* minnr, *superl* minnst) *avv* poco

Ljósálfr *m* 'Elfo della luce'

ljóss *agg* luminoso, splendente, chiaro

ljósta (lýstr; laust, lustu; lostinn) *vb* colpire

lofa (-að-) *vb* lodare

Loki *m* (*nome mitologico*), il dio imbroglione, uno degli Æsir

lokit *ppart, cfr.* **lúka**

lunga *n* polmone

lúka (lýkr; lauk, luku; lokinn) *vb* [+ *dat*] concludere, finire

lýsa (-t-) *vb* illuminare

lætr *vb, cfr.* **láta**

lǫg *n pl* leggi

lǫgmaðr *m* uomo della legge, avvocato

M

maðr (*acc* mann, *dat* manni, *gen* manns; *pl nom/acc* menn, *dat* mǫnnum, *gen* manna; *cfr.* 2.6) *m* uomo; persona, essere umano; **hvat manna** che tipo di persona

Magnús *m* (*nome proprio*)

man *vb, cfr.* **muna**

mann, **manna**, **manns** *m, cfr.* **maðr**

mannfólk *n* umanità

mannraun *f* pericolo, avversità, prova di coraggio

mannvænn *agg* promettente

Manork (**Manǫrk**) *f* Minorca (*toponimo*)

Mánúl *m* Manuele(*nome proprio*)

margr (*f* mǫrg, *n* mar(g)t; *comp* fleiri, *superl* flestr) *agg* [*w sg*] molti sing. in senso collettivo); [+ *pl*] molti; **mǫrgu sinni** molte volte

Margrít *m* Margarito (*nome proprio*)

marka (-að-) *vb* notare; dedurre

matkaup *n* acquisto di cibo

matland *n* terreno produttivo

matr *m* cibo

má *vb, cfr.* **mega**

mál *n* lingua; caso, questione

málmr *m* giacimento; metallo

mátt, **mátti** *vb, cfr.* **mega**

máttr *m* potere

með *prep* [+ *acc*] con (portare, trasfportare); [+ *dat*] con (che si accompagna); insieme; con; utilizzando, tramite; tra; **upp með** in su, lungo

meðan *cong* mentre

mega (má, megu; mátti; mátt) *vb* potere; **vera má þat** forse

mein *n* ferita, danno; **verða [e-m] at meini** causare danno a [qlcn]

meir(r) *avv comp* maggiore, più (*cfr.* **mjǫk**)

meiri *agg com* più grande, maggiore (*cfr.* **mikill**)

menn *m pl, cfr.* **maðr**

mest *avv superl* massimo, il più grande (*cfr.* **mjǫk**); **sem mest** il più possibile

mestr *agg superl* il più grande, il massimo(*cfr.* **mikill**)

metnaðarmaðr *m* uomo di ambizione

mey, **meyjar** *f, cfr.* **mær**

mér *pron, cfr.* **ek** (*cfr. anche* 3.6)

miðla (-að-) *vb* dividere

miðr (-j-) *agg* mezzo; **boga Einars miðjan** nel mezzo dell'arco di Einarr

mik *pron, cfr.* **ek** (*cfr. anche* 3.6)

mikill (*f* mikil, *n* mikit, *acc m* mikinn; *comp* meiri, *superl* mestr) *agg* grande; in piena (di fiumi),; **mikill fyrir sér** forte, potente

mikit *avv* molto (*cfr.* **mikill**)

Miklagarðskeisari *m* imperatore di Costantinopoli

Mikligarðr *m* Costantinopoli (*toponimo*)

miklu *avv* [+ *comp*] molto (*n dat sg* di **mikill**)

milli *prep* [+ *gen*] tra; **standa milli**

mína, *dat m* **mínum**, *n* **mínu**, *gen m/n* **míns**; *pl m* **mínir**, *f* **mínar**, *n* **mín**, *acc m* **mína**, *dat* **mínum**; *cfr.* 16.4) *poss agg* mio

minni *comp agg* meno, minore, più piccolo (*cfr.* **lítill**)

minnr *avv comp* meno (*cfr.* **lítt**)

minnst *avv superl* minimo, il più piccolo (*cfr.* **lítt**)

minnstr *agg superl* il più piccolo, il minimo (*cfr.* **lítill**)

mín *pron*, *cfr.* **ek** (*cfr. anche* 3.6)

mjólk *f* milklatte

mjólk-á *f* fiume di latte

mjǫk (*comp* meir(r), *superl* mest) *avv* molto; quasi

móðir (*acc/dat/gen* móður; *pl* mœðr, *dat* mœðr, *gen* mœðra; *cfr.* 9.5, 14.8) *f* madre

muna (man, muna; mundi; munaðr) *vb* ricordare

munnr *m* bocca

munu (mun, munu; mundi; *pret inf* mundu) *vb* ausiliare per il futuro; essere probabile

mylja (muld-) *vb* sbriciolare

myndi *vb*, *cfr.* **munu**

mæla (-t-) *vb* say, parlare; **mæla við** dire

mær (*acc* mey, *dat* meyju, *gen* meyjar; *pl nom/acc* meyjar, *dat* meyjum, *gen* meyja) *f* ragazza, fanciulla

mætti *dat.* di **máttr**

mǫgr (*dat* megi, *gen* magar; *pl* megir, *acc* mǫgu) *m* giovane, ragazzo

N

nafn (*pl* nǫfn) *n* nome

nakkvat *var di* **nǫkkut** (*cfr.* **nǫkkurr**)

nam *vb*, *cfr.* **nema**

nauð *f* bisogno

nauðgjald *n* pagamento forzoso

ná (-ð-) *vb* [+ *dat*] raggiungere, ottenere

nábúi *m* vicino

nám *n* acquisizione, occupazione; **landnám** land-taking, settlement

nár (*gen* -s; *pl* -ir, *dat* nám) *m* corpse, dead man

nátt *var di* **nótt**

náttstaðr *m* alloggio per la nonne,

nefna (-d-) *vb* nominare, chiamare; menzionare

neinn (= **né einn**) (*n* neitt) *pron indef* nessuno; [+ *neg*] (non ...) nessuno

neitt *pron indef*, *cfr.* **neinn**

nema *cong* but (that), tranne

nema (nemr; nam, námu; numinn) *vb* prendere; **nema á brott** rapire

nes (-j-) *n* penisola

neyta (-tt-) *vb* [+ *gen*] fare, utilizzare

né *cong* né

niðr *avv* giù; **setja niðr** dirimere (una disputa)

niðri *avv* già (*staticità*)

nítján *num* diciannove

níu *num* nove

Njáll *m* Njal (*nome proprio*)

norðanverðr *agg* diciannove

norðr *avv* north

norðrhálfa *f* regione settentrionale

Norðrlǫnd *n pl* Terre del nord (Europa settentrionale) (*toponimo*)

norn *f* Norna

Nóregr *m* Norvegia

nótt (*gen* nætr; *pl* nætr) *f* notte

nú *avv* ora, adesso

nýbreytni *n* novità

nær *prep* [+ *dat*] vicino

nær *avv* quasi

nær *cong* quando

næst *avv* prossimo (seguente); **því næst** poi, dopodiché

nǫkkurr (*f* nǫkkur, *n* nǫkkut) *pron indef* qualche, qualcuno; un tale, un certo; (*n*) qualcosa

nǫkkut *n agg as avv* piuttosto, in qualche modo (*cfr.* **nǫkkurr**); **nǫkkut hafask at** intraprendere; **vera nǫkkut við** avere in qualche

O

oddr *m* punta
of *avv* troppo
of *prep* [*+ acc/dat*] sopra (*distance*); per, durante
ofan *avv* giù, da su; **ofan frá** sotto
ok *cong* e (inoltre); *comp* come
okkarr *poss agg* di noi (due); **okkrum mundi þykkja** a noi due sembrerebbe
okkr *pron*, *cfr*. **vit** (*cfr. anche* 16.3)
opt *avv* spesso
orð *n* parola
orðinn *part pass*, *cfr*. **verða**

ormr *m* serpente
ormslíki *n* forma di serpente
ormstunga *f* 'Lingua di serpente' (*soprannome*)
orrosta *f* battaglia
oss *pron*, *cfr*. **vér** (*cfr. anche* 3.6)
otr (*gen* -rs; *pl* -rar) *m* lontra
Otr *m* (*nome mitologico*), figlio di Hreiðmarr
otrbelgr *m* pelle di lontra
otrgjǫld *n pl* riscatto della lontra, guidrigildo per lǫuccisione di Otr
oxi (*pl* øxn) *m* ascia

Ó

ó- (*ancheú-*) *pref* in-
Óðinn *m* Odino (*nome mitologico*), capo degli dèi Æsir
ójafnaðr (*gen* -ar) *m* ingiustizia
ójafnaðarmaðr *m* uomo ingiusto, litigioso, prepotente e difficile
Óláfr *m* Olaf (*nome proprio*)
ólíkligr *agg* improbabile
ólíkr *agg* diverso, dissimile; **ólíkr sýnum** diverso all'apparenza; **ólíkari reyndum** più diverso in realtà

ór (*ancheúr*) *prep* [*+ dat*] fuori da, da; **ór hendi þér** dalle tue mani
óráð *n* piano malvagio, piano catti o
óreyndr *agg* non provato
ósáttr *agg* irriconciliato, insoddisfatto
ótiginn *agg* non nobile (di famiglia), di ascendenza comune
óttask (-að-) *vb rifl* temere
óvinr (*gen* -ar; *pl* -ir) *m* nemico
óœðri *comp agg* inferiore

P

Paðreimr *m* Ippodromo di Costantinopoli
Pannonia *f* Pannonia (*toponimo*)
patríarki *m* patriarca
pell *n* oggetto di valore, velluto

penningr *m* soldo, moneta
pína (-d-) *vb* torturare; tormentare
píndr *part pass di* **pína**
príss *m* pompa
Púll *m* Puglia (*toponimo*)

R

Ragnarr *m* (*nome proprio*)
rak *vb*, *cfr*. **reka**
Randalín *f* (*nome proprio*)
rangr (*f* rǫng) *agg* sbagliato
rani *m* muso
rann *vb*, *cfr*. **renna**
rauðavíkingr *m* pirata 'rosso', un delinquente particolarmente feroce e violento
rauðr *agg* rosso
ráð *n* consiglio, piano; matrimonio;

synja ráðs rifiutare una proposta di matrimonio; **taka til ráða** sceglier eun piano d'azione
ráða (ræðr; réð, réðu; ráðinn) *vb* [*+ dat*] consigliare, decidere, stabilire; controllare, governare, gestire; prevalere; **ráða fyrir** governare su; **ráða um við [e-n]** consultarsi con [qlcn]; **þá er eigi ráðit** non c'è nulla da fare
Refill *m* (*nome mitologico*), nome di

Reginn *m* (*nome mitologico*), sofiglio di Hreiðmarr e padre adottivo di Sigurðr

reið *vb, cfr.* **ríða**

reiði *f* rabbia

reiðr (*n* reitt) *agg* arrabbiato

reka (rekr; rak, ráku; rekinn) *vb* essere trasportato, essere alla deriva; **reka fyrir strauminum** andare alla deriva lungo la corrente

renna (rennr; rann, runnu; runninn) *vb* run, flow

Reykjanes *n* ('Penisola dei fumi'), penisola in Islanda sudoccidentale (*toponimo*)

reykr (*gen* -jar; *pl* -ir) *m* fumo, vapore

reyna (-d-) *vb* provare, tentare; fare esperienza di; **reyna með** mettere alla prova

reynd *f* esperienza; **reyndum** in realtà

réð *vb, cfr.* **ráða**

réttr *agg* diritto; giusto, corretto

ríða (ríðr; reið, riðu; riðinn) *vb* cavalcare; [+ *dat di animale, acc di strada o luogo*]; **ríða hesti** cavalcare un cavallo; **ríða leið sína** cavalcare (lungo) la propria strada

ríkr (-j-) *agg* potente

ríki (-j-) *n* regno; potere; **setja til ríkis** porre al potere

rísa (ríss, reis, risu, risinn) *vb* alzare, innalzare

Roðgeirr *m* Ruggero (*nome proprio*)

róg *f* discordia

rógmálmr *m* metallo della discordia

runnu *vb, cfr.* **renna**

Rúmaborg *f* Roma (*toponimo*)

rýrr *agg* magro, scarso

ræðr *vb, cfr.* **ráða**

rǫdd (*gen* raddar; *pl* raddir) *f* voce

Rǫgnvaldr *m* (*nome proprio*)

rǫnum *m, cfr.* **rani**

S

saga *f* storia

sagði, sagt *vb, cfr.* **segja**

salr (*dat* sal, *gen* -ar; *pl* -ir) *m* stanza, sala

saltr *agg* salato

saman *avv* insieme; **bera saman** riunire

samr *agg* stesso

sá (*f* sú, *n* þat; *acc* þann, *dat* þeim, *gen* þess; *pl* þeir; *cfr.* 12.1) *pron dim/agg* quello

sá *vb, cfr.* **sjá**

sár *n* ferita

sátu *vb, cfr.* **sitja**

segi *m* tagliare, fare a brandelli

segja (sagð-) *vb* dire; **segja frá** riportare, raccontare; **segja til** informare di

seinþreyttr *agg* difficile da provoca-re; **seinþreyttr til vandræða** difficile da trascinare in una lite

selagnúpr *m* 'Scoglio delle foche' (*so-prannome*)

selja (-d-) *vb* consegnare, cedere; **selja í hendr** trasferire (a qualcuno)

sem *pron rel* che, il quale; *cong* come; [+ *congiuntivo*] il che; [+ *superl*] il più ... possibile; **sem mest** il più possibile; **sem skjótast** immediatamente, il prima possibile; **þar sem** laddove

senda (-nd-) *vb* inviare

Serkland *n* Africa settentrionale (*toponimo*)

serkr (*gen* -s/jar; *pl* -ir, *gen* -ja) *m* camicia

setja (-tt-) *vb* porre, mettere; **setja [e-n] fyrir** ordinare a [qlcn] di fare la guardia; **setja niðr** dirimere (una disputa); **setja til ríkis** porre al potere; *rifl* **setjask** sistemarsi, sedersi

sextán *num* sessanta

sé *vb, cfr.* **vera** (*cfr. anche* 16.2)

sér *pron rifl, cfr.* **sik**

sér *vb, cfr.* **sjá**

sigla (-d-) *vb* navigare

sigling (*pl* -ar) *f* navigazione; viaggio in nave; **sjau dœgra sigling** una navigazione di sette giorni

sigra (-að-) *vb* conquistare, sgominare, vincere, sconfiggere; *rifl* **sigrask** ottenere la vittoria

Sigríðr *f* (*nome proprio*)

sigrsæll *agg* vittorioso

sigrumsk *vb, cfr.* **sigra**

Sigmundr (*gen* -ar) *m* (*nome proprio*); padre di Sigurðr

Sigurðr (*gen* -ar) *m* (*nome proprio*); eroe leggendario e uccisore del drago Fáfnir

sik (*dat* sér, *gen* sín) *pron sé*

Sikiley *f* Sicilia (*toponimo*)

Sikileyjarveldi *n* Regno di Sicilia

silfr *n* argento

sinn *n* a volta, occasione; **mǫrgu sinni** molte volte, in molte occasioni

sinn (*f* sín, *n* sitt; *acc m* sinn, *f* sína, *dat m* sínum, *n* sínu, *gen m/n* síns; *pl m* sínir, *f* sínar, *n* sín, *acc m* sína, *dat* sínum; *cfr.* 14.3) *agg poss rifl* suo, loro

Sintré *n* Sintra(*toponimo*)

sitja (sitr; sat, sátu; setinn) *vb* sedere

sitt *agg poss rifl* (*n*), *cfr.* **sinn** (*cfr. anche* 14.3)

síð *avv* late

síðan *avv* poi, dopo, in seguito

síðar *avv comp* più tardi (*cfr.* **síð**)

síðr *avv comp* meno; **þótt ek ætla þat síðr mun vera** sebbene consideri meno probabile che ciò succeda

síga (sígr, seig, sigum, siginn) *vb* calare

sín, sína, síns, sínum *agg poss rifl, cfr.* **sinn** (*cfr. anche* 14.3)

Farmstead') (*toponimo*)

sjau *num* seven; **sjau tigir** *num* [+ *gen*] settanta

sjautján *num* diciassette

sjá (= þessi) *pron dim/agg* questo

sjá (sér; sá, sá; sénn) *vb* cfr.

sjálfr *agg* (sé) stesso

sjóða (sýðr; sauð, suðu; soðinn) *vb* bollire

sjón *f* vista

sjóni *m* 'il Veggente' (*soprannome*)

sjónlítill *agg* dalla vista scarsa

skaka *vb* agitare

skal *vb, cfr.* **skulu**

Skalla-Grímr *m* (*nome proprio*)

skammr (*f* skǫmm, *n* skam(m)t; *comp* skem(m)ri, *superl* skem(m)str) *agg* corto, breve

skapa (-að-) *vb* plasmare, formare

skarpr *agg* acuto, affilato

skaut *vb, cfr.* **skjóta**

skáld *n* poeta, 'scaldo'

Skáldskaparmál *n pl* 'Discorso sulla creazione poetica', la seconda sezione dell'*Edda* in prosa

skáldskapr (*gen* -ar; *pl* -ir) *m* poesia, arte del comporre poesie

skemmstr *agg superl, cfr.* **skammr**

skemmtiliga *avv* in modo divertente

skera (skerr; skar, skáru; skorinn) *v* tagliare

skildi, skildir *m, cfr.* **skjǫldr**

skilja (-d-) *vb* dividere, separare; discernere, capire; *rifl* **skiljask** separarsi

skilnaðr *m* separazione

skip *n* nave

skipakostr *m* forza navale

skipta (-pt-) *vb* [+ *dat*] dividere, condividere; **skipta í helminga** fare a metà

skína (skínn; skein, skinu; skininn) *vb* brillare

skírr *agg* puro

skírskota (-að-) *vb* fare riferimento a, appellarsi a; **skírskota ek undir þik** vi chiamo a testimoniare con

skjǫldr (*dat* skildi, *gen* skjaldar; *pl* skildir, *acc* skjǫldu, *gen* skjalda; *cfr.* 11.5, 17.6) *m* scudo

skotit *ppart, cfr.* **skjóta**

skógr (*gen* -ar; *pl* -ar) *m* bosco

skóku *pass* di **skaka**

skór (*dat* skó, *gen* skós; *pl* skúar, *acc/gen* skúa, *dat* skóm) *m* scarpa

skreið *vb, cfr.* **skríða**

skríða (skríðr; skreið, skriðu; skriðinn) *vb* strisciare, andare a carponi, insinuarsi

Skuld *f* Skuld ('Debito'), una delle Norne

skulu (skal, skulu; skyldi; *pret inf* skyldu) *vb* sfuturo (necessità); dovere

skúa *m, cfr.* **skór**

skúta *f* piccola imbarcazione

skyldi, skyldu *vb, cfr.* **skulu**

skǫmm *f* vergogna

sleikja (-t-) *vb* leccare

Slésvík *f* Slesvig

slíkr *agg* tale

smár *agg* piccolo

smiðr *m* fabbro

smíða (-að-) *vb* fabbricare, costruire

smyrja (smurð-) *vb* ungere

smæri *comp agg* più piccolo (*cfr.* **smár**)

snemma (*anche***snimma**) (*comp* snemr, *superl* snemst) *avv* presto

sneri, sneru *vb, cfr.* **snúa**

Snorri *m* (*nome proprio*); Snorri Sturluson, autore dell'*Edda in prosa*

snúa (snýr; snøri/sneri; snúinn) *vb* girare, svoltare; *rifl* **snúask** girarsi, voltarsi

snær (*gen* snævar/snæfar) *m* neve

Snæfellsnes *n* ('Penisola di Montenevoso), penisola nell'Islanda occidentale (*toponimo*)

sofa (sefr; svaf, sváfu; sofinn) *vb*

Sogn *n* Sogn, regione della Norvegia occidentale (*toponimo*)

Sólundir *pl* Isole presso Sogn in Norvegia (*toponimo*)

sonargjǫld *n pl* riscatto, guidrigildo per l'uccisione di un figlio.

sonr (*dat* syni, *gen* sonar; *pl* synir, *acc* syni/sonu; *cfr.* 0, 14.4) *m* figlio

sól *f* sole

spakr *agg* saggio

Spánn *m* Spagna (*toponimo*)

spánn *m* scheggia, pezzetto di legno

spekingr *m* saggio

speni *m* capezzolo

spilla (-t-) *vb* [+ *dat*] rovinare, distruggere

spillir *m* guastatore; **spillir bauga** *poet* signore generoso, (= dispensatore di anelli (ricchezze)

spjót *n* lancia

spurði, spurðr *ppart, cfr.* **spyrja**

spyrja (spurð-) *vb* chiedere; **spyrja eptir** chiedere circa

spýja (spýr; spjó, spjó; spúinn) *vb* espellere, vomitare

staddr *agg* presente; situato

staðr (*gen* -ar; *pl* -ir) *m* luogo; porzione di terreno

Staðr (*gen* -ar) *m*, una penisola in Norvegia occidentale (*toponimo*)

stakkr *m* covone di fieno

standa (stendr; stóð, stóðu; staðinn) *vb* stare, trovarsi; **standa milli** separare, porre in disaccordo; **standa við** sopportare

stangarhǫgg *n* il Bastonato (*sopran-nome*)

Starkaðr *m* (*nome proprio*)

steði (-ja) *m* incudine

steðr *f pl, cfr.* **stoð**

steig *vb, cfr.* **stíga**

steikja (-t/ð-) *vb* roast

Steinarr *m* (*nome proprio*)

Steinbjǫrn *m* ('Pietr'orso') (*nome proprio*)

steinn *m* pietra, roccia

steinveggr *n* parete rocciosa

sterkr *agg* forte; **sterkr at afli** forte

stíga (stígr; steig/sté, stigu; stiginn) *vb* fare un passo (up); **stíga á bak** montare a cavallo

stoð (*pl* steðr) *f* palo

stokkinn *part pass* macchiato, (*spec* di sangue) (*da* **støkkva**)

stokkr *m* base di incudine

stóð, stóðu *vb*, *cfr.* **standa**

stóll *m* sedia

stólpi *m* paletto

stórlyndr *agg* magnanimo

stórr *agg* grande, importante

stórráðr *agg* ambizioso

stórskip *n* grande nave

straumr *m* corrente

strengr *m* fune

stund (*dat* -u; *pl* -ir) *f* periodo di tempo, un po' (di tempo)

stundum *avv* a volte (*dat pl di* **stund**); **stundum… stundum…** alcune volte… altre…

Sturlubók *f* 'Libro di Sturla', versione della **Landámabók** composta da Sturla Þórðarson

stýra (-ð-) *vb* [+ *dat*] comandare; governare

støkkva (støkkr; støkk, stukku; stokkinn) *vb* sgorgare, irrompere, spruzzare, macchiare

stǫng (*gen* stangar; *pl* stangir/stengr) *f* palo, bastone

suðr (*gen* suðrs) *n* il sud; *avv* verso sud; **í suðr** in direzione sud

Suðrríki *n* 'regni del Sud' (Europa meridionale) (*toponimo*)

sumar (*dat* sumri) *n* estate

sumr *agg* qualche

sund *n* stretto, canale

sundr (*anche* **í sundr**) *avv* a pezzi

sunna *f* sole

sunnan *avv* from il sud; sul lato sud; **fyrir sunnan** [+ *acc*] a sud di

sunnanverðr *agg* meridionale; **á sunnanverðum enda** sul lato sud

Sunnudalr (*dat* Sunnudal(i)) *m* Sunnudal ('Val di Sole') (*toponimo*)

sú (*acc* þá, *dat* þeiri, *gen* þeirar; *pl* þær; *cfr.* 12.1) *pron dim/agg* (*f*),

vb succhiare, risucchiare

Súrr *m* (*nome proprio*)

Sváfa *f* svevia (*toponimo*)

Svalbarði *m* Svalbard ('Costa fredda'), forse l'attuale Jan Mayen, opggi arcipelago nell'oceano artico (*toponimo*)

svalr *agg* fresco

svara (-að-) *vb* [+ *dat*] rispondere, ribattere

svardagi *m* voto, giuramento

Svartálfar *m pl* elfi neri

Svartálfheimr *m* mondo degli elfi neri

svartr (*f* svǫrt, *n* svart) *agg* nero

svá *avv* così, in tal modo; tale; **svá … at** talmente … che; **ok svá** e poi

sváfu *vb*, *cfr.* **sofa**

sveigja (-ð-) *vb* piegare; **sveigja at** trattare duramente

svelgja (svelgr; svalg, sulgu; sólginn) *vb* ingoiare

sveinn *m* ragazzo

sveiti *m* sudore; sangue

sverð *n* spada

sverðsegg (-j-) *f* filo di spada

sverja (svarð-) *vb* giurare

svipta (-pt-) *vb* [+ *dat*] estrarre rapidamente

Svíakonungr *m* re degli Svedesi

Svíar *m pl* Svedesi

Svíþjóð *f* Svezia

svíkja (svíkr; sveik, sviku; svikinn) *vb* tradire

svǫrt *agg*, *cfr.* **svartr**

syngja (*older* **syngva**) (syngr; sǫng, sungu; sunginn) *vb* cantare

syni, synir *m*, *cfr.* **sonr**

synja (-að-) *vb* [+ *gen*] rifiutare, negare

systir (*acc/dat/gen* systur; *pl* systr, *dat* systrum, *gen* systra; *cfr.* 9.5, 14.8) *f* sorella

sýn (*pl* -ir) *f* segno, visione, apparizione; **ólíkr sýnum** ddi aspetto diverso; **fegri sýnum** più bello all'apparenzo

sýna (-d-) *vb* mostrare; *rifl* **sýnask**

Sýrland *n* Siria (*toponimo*)

sæti *n* seggio

sætt *f* accordo, riconciliare; **vera/ verða at sætt** stabilire un accordo

Sætt *f* Sidone (*toponimo*)

sættask (-tt-) *vb rifl* riconciliarsi

sœkja (sótt-) *vb* cfr.k; **sœkja sǫkum** prosecute

sœnskr *agg* svedese

sǫgu *f, cfr.* **saga**

sǫk (*gen* sakar; *pl* sakar/sakir) *f* ragione, motivo, causa; accusa, causa legale; **sǫk til [e-s]** ragione per [qlcs], causa di [qlcs]; **fyrir ... sakar** a causa di ...

sǫkkva (søkkr; sokk, sukku; sokkinn) *vb* sprofondare

T

taka (tekr; tók, tóku; tekinn) *vb* prendere, afferrare, catturare, raggiungere, allungare, toccare; ricevere (una persona); iniziare; [+ *inf*] prendere a fare; *rifl* **takask** iniziare, succedere; **taka af** portare via, rimuovere da; **taka á** toccare; **taka hǫndum** impossessarsi, prendere tra le mani; **taka í sundr** tagliare in due; **taka til ráða** scegliere un piano d'azione; **taka [e-m] vel** accogliere [qlcn] (bene); **taka við** ricevere; **taka undir sik** prendere il controllo di

tala (-að-) *vb* parlare; **fegrst talaðr** estremamente eloquente

Tálknafjǫrðr *m* nome di un fiordo in Islanda nordoccidentale

tekit *ppart, cfr.* **taka**

temja (tamd-) *vb* ammansire, domare

tiginn *agg* nobile (di famiglia)

tigr (*gen* -ar; *pl nom* -ir, *acc* -u) *m* dieci, decina; **sex tigir** *num* [+ *gen*] sessanta; **sjau tigir** *num* [+ *gen*] settanta; **þrír tigir** *num* [+ *gen*] trenta

til *prep* [+ *gen*] a, fino a; per; per quanto riguarda; **til þess** il motivo per cui; **til þess at** al fine di; **til þess er** fino a; **búask til** prepararsi per; **gera brúðlaup til** sposare;

jafna til paragonare a; **sem hon átti ætt til** che era tipico della sua famiglia

til *avv* **vera til** esistere, esserci; **bœta til um** migliorare; **ganga til** avvicinare, presentarsi a un assmeblea; **leggja til (orð)** dire

tíðendi *n pl* notizie, novità; **er þetta var tíðenda** quando ciò avvenne

tími *m* tempo; **þenna tíma** a quel tempo; **í þann tíma** in quel tempo

tíu *num* dieci

tíund *f* decima (tassa); decima parte

topt *f,* sito di una casa; ffondazione o scheletro di un edificio, rovine di un edificio

Toptavǫllr *m* ('Campo delle Rovine') (*toponimo*)

tók, tóksk, tóku *vb, cfr.* **taka**

tólf *num* dodici

trúa (-ð-) *vb* [+ *dat*] trust

Tryggvi *m* (*nome proprio*)

tunga *f* lingua

tuttugu *num* venti

tveir (*f* tvær, *n* tvau; *acc m* tvá, *al dat* tveim(r), *al gen* tveggja; *cfr.* 14.1) *num* due

tylft (*pl* -ir) *f* dozzina; mezza giornata di navigazione

tæla (-d-) *vb* tradire; attirare, intrap-polare

tœki *vb, cfr.* **taka**

U

ull (*dat* ullu) *f* lana

ullarlagðr *m* ciuffo di lana

um *prep* [+ *acc*] intorno, circa, per quanto riguarda; durante, in

(*tempo*); **um alla hluti** in tutte le cose; **um fram** inoltre; **um várit** in primavera; **bœta til um** migliorare

umhverfis *avv* attorno, intorno

scappare

undir *prep* [+ *acc/dat*] sotto

Ungaraland *n* Ungheria (*toponimo*)

ungmenni *n* giovane, bambino

ungr *agg* giovane; **á ungum aldri** in gioventù

unna (ann, unnu; unni; unn(a)t) *vb* [+ *dat di person, gen di thing*] permettere, concedere; [+ *dat*] amare

upp *avv* su (*movimento*); **upp með** lungo; **koma upp** avvenire,

Uppsalir *m pl* Uppsala ('Sale superiori'), città svedese (*toponimo*)

Urðarbrunnr *m* 'Pozzo di Urðr' (*toponimo*)

urðarmaðr *m* fuorilegge; **gera at urðarmanni** bandire, dichiarare fuorilegge

Urðr *f* Urd ('Fato'), una delle Norne (*cfr.* **verða**)

urðu *vb, cfr.* **verða**

Ú

ú- *pref, cfr.* **ó-**

úlfr *m* lupo

úr *prep, cfr.* **ór**

út *avv* out (*movimento*), fuori

útan *avv* da fuori; **fyrir útan** [+ *acc*] fuori da; oltre

úti *avv* fuori (*staticità*)

útlenzkr *agg* straniero

útsjár *m* oceano

V

Valaskjálf *f* 'Seggio di Vali' (*toponimo*)

valda (veldr; olli, ollu; valdit) *vb* [+ *dat*] detenere, controllare, governare; causare, far sì che

valði *vb, cfr.* **velja**

Valland *n* Francia (*toponimo*)

vandliga *avv* con attenzione

vandræði *n pl* problema, difficoltà

var *vb, cfr.* **vera**

vara (-ð-; *part pass* varat) *vb* mettere in guardia; **þat varir [e-n]** [qlcn] ha un presentimento

varð *vb, cfr.* **verða**

varr *agg* consapevole; **verðr [e-m] varr við [e-t]** [qlcn] diventare conscio di [qlcs]

vaskligr *agg* coraggioso, audace

vaskr *agg* coraggioso, valente

vatn (*pl* vǫtn) *n* acqua

vágr *m* bay

vágskorinn *agg* frastagliato

ván (*pl* -ir) *f* speranza; aspettativa, prospettiva

vándr (*n* vánt) *agg* cattivo, disgraziato

vápn *n* arma; **bera vápn á [e-n]** sguainare le armi contro [qlcn]

Vápnafjǫrðr *m* ('Fiordo di Vápni') (*toponimo*)

vár *n* primavera; **um várit** in primavera

vár *pron, cfr.* **vér** (*cfr. anche* 3.6)

várr *poss agg* nostro

váru *vb, cfr.* **vera**

veggr (*gen* -jar/s; *pl* -ir) *m* muro

vegr *m* strada, percorso

veiða (-dd-) *vb* cacciare

veiðr (*acc/dat* veiði, *gen* veiðar; *pl* veiðar) *f* cattura, preda, bottino di caccia, pescato

veikr *agg* debole

veit *vb, cfr.* **vita**

veitt *ppart, cfr.* **veiða**

veizla *f* festa

vekja (vakt-) *vb* wake

vel (*comp* betr, *superl* bezt) *avv* well, very, very much; **vel viti borinn** intelligente, dotato di buon senso

veld *vb, cfr.* **valda**

velja (valð-) *vb* scegliere, selezionare

venja (vanð-/vand-) *vb* abituare, allenare

vera (er; var, váru; verit) *vb* be; **vera nǫkkut við** essere in qualche modo connesso con; **vera til** exist, be at hand; **er/var [e-m] [e-t]** [qlcn] has/had [qlcs]; **[e-t] er/var**

diventare; succedere, accadere; **verða af** comparire, apparire; **verða at** [*w inf*] dovere, essere costretto a [fare qlcs]; **verða [e-m] at meini** causare danno a [qlcn]; **verða varr við [e-t]** diventare conscio di [qlcs]; **eigi mun svá mikill brestr orðinn** una tale rottura non è probabile che sia avvenuta

Verðandi *f* Verdandi ('Ciò che diviene', *pres part di* **verða**), una delle Norne

verit *part pass*, *cfr.* **vera**

verja *vb* difendere

verr *avv comp* peggio (*cfr.* **illa**)

verri *agg comp* peggiore (*cfr.* **illr**)

verst *avv superl* peggio (*cfr.* **illa**)

verstr *agg superl* il peggiore, pessimo (*cfr.* **illr**)

vestr *n* ovest; *avv* verso ovest; **í vestr** in direzione ovest)

vetr (*gen* vetrar; *pl* vetr) *m* inverno; year (*nel computo del tempo*); **um vetrinn** durante l'inverno

Vé *m* Ve, fratello di Odino (*nome mitologico*)

vér (*acc/dat* oss, *gen* vár; *cfr.* 3.6) *pron* noi

Vésteinn *m* (*nome proprio*)

við *prep* [+ *acc*] con; a, presso, accanto a; secondo; **lifa við** campare di, nutrirsi di; **mæla við** dire a, parlare con; **taka við** ricevere; **vera nǫkkut við** essere in qualche modo collegato a

viðr (*dat* við(i)) *m* albero

Vilhjálmr Guglielmo (*nome proprio*)

vilja (vill; vildi; viljat; *pret inf* vildu) *vb* volere desiderare

vinátta *f* amicizia

conquistare; lavorare, fare; coltivare (terra); **vinna at [e-m]** far fuori [qlcn]

vinr (*gen* -ar; *pl* -ir) *m* amico

vinsæll *agg* popolare, con tanti amici

virðask (-rð-) *vb rifl* [+ *dat*] cfr.m, sembrare (*impers*); **mér virðisk** mi pare

vissi, vissu *vb*, *cfr.* **vita**

vist (*gen* -ar; *pl* -ir) *f* cibo, provviste

vit (*acc/dat* okkr, *gen* okkar; *cfr.* 16.3) *pron* noi due

vit *n* buon senso, arguzia, intelligenza; **vel viti borinn** intelligente, dotato di buon senso

vita (veit, vitu; vissi; vitaðr) *vb* sapere

vitja (-að-) *vb* [+ *gen*] visitare

vitr (*gen* vitrs) *agg* saggio

vígja (-ð-) *vb* ordinare, consacrare

víking *f* pirateria; **vera í víking** essere dedito alla pirateria

víkingr *m* a viking, sea-raider

Vílir *m* Vili, fratello di Odino (*nome mitologico*)

vísa *f* verso poetico

víss *agg* certo, sicuro

vænn *agg* bello, attraente

væri *vb*, *cfr.* **vera** (*cfr. anche* 16.2)

vættr (*dat* vætti, *gen* vættar, *pl* vættir) *f* creatura, essere; **ekki vætta** proprio niente

vǫllr (*dat* velli, *gen* vallar; *pl* vellir, *acc* vǫllu, *gen* valla; *cfr.* 11.5, 17.6) *m* campo

Vǫlsungr *m* (*nome proprio*); padre di Sigmundr

vǫxtr (*dat* vexti, *gen* vaxtar; *pl* vextir, *acc* vǫxtu, *gen* vaxta; *cfr.* 11.5, 17.6) *m* dimensione, stature; **mikill vexti** grande, di alta statura

Y

yðar *pron*, *cfr.* **þér** (*cfr. anche* 3.6)

yðarr *poss agg* vostro

yðr *pron*, *cfr.* **þér** (*cfr. anche* 3.6)

yfir *prep* [+ *acc/dat*] sopra; **konungr yfir** re di

yfirkonungr *m* re supremo

yfirkussari *m* archipirata, capitano pirata

yfirlit *n* look, aspetto fisico

yfirmaðr *m* condottiero, capo

Ynglingar *m pl* antica dinastia di re svedesi

yztr *agg superl* estremo, il più esterno (*compare* **út**)

Þ

þaðan *avv* da lì

þak *n* tetto

þagði *vb, cfr.* **þegja**

þangat *avv* (to) verso lì,; **þangat til** fino a lì

þann *pron dim/agg, cfr.* **sá** (*cfr. anche* 12.1)

þar *avv* lì; **þar eptir** da lì in poi, di conseguenza; **þar sem** lì dove

þat (*dat* því, *gen* þess; *pl* þau; *cfr.* 5.1) *pron* (*n*) it

þat (*dat* því, *gen* þess; *pl* þau; *cfr.* 12.1) *pron dim/agg* (*n*) quello, ciò (*cfr.* **sá**)

þau (*dat* þeim, *gen* þeira; *cfr.* 5.1) *pron* loro (*n e misto*)

þau (*dat* þeim, *gen* þeira) *pron dim/agg* quelli (*n*) (*cfr.* **þat** *e* **þeir**; *cfr. anche* 12.1)

þá *pron, cfr.* **þeir** (*cfr. anche* 5.1)

þá *pron dim/agg, cfr.* **sú** *e* **þeir** (*cfr. anche* 12.1)

þá *avv* dunque, allora; **þá er** *cong* quando

þáttr (*dat* þætti) *m* racconto, episodio

þegar *avv* subito, immediatamente; *cong* nonappena

þegja (þagð-; *part pass* þagat) *vb* tacere; **þegja við** restare in silenzio

þegnskapr (*gen* -ar) *m* generosità, prodigalità

þeim *pron, cfr.* **þeir** (*cfr. anche* 5.1)

þeim *pron dim/agg, cfr.* **sá** *e* **þeir** (*cfr. anche* 12.1)

þeir (*f* þær, *n* þau; *acc* þá, *dat* þeim, *gen* þeira; *cfr.* 5.1) *pron* loro, essi (*m*)

þeir (*f* þær, *n* þau; *acc* þá, *dat* þeim, *gen* þeira) *pron dim/agg* those (*m*) (*cfr.* **sá**; *cfr. anche* 12.1)

þeira *pron, cfr.* **þeir** (*cfr. anche* 5.1)

þeira *pron poss* di loro

þeira *pron dim/agg, cfr.* **þeir** (*cfr. anche* 12.1)

þeirar, **þeiri** *pron dim/agg, cfr.* **sú** (*cfr. anche* 12.1)

þekja (þakð-) *vb* coprire

þenna *pron dim/agg, cfr.* **þessi** (*cfr. anche* 12.1)

þess *pron dim/agg, cfr.* **sá** *e* **þat** (*cfr. anche* 12.1)

þessi (*f* þessi, *n* þetta; *cfr.* 12.1) *pron dim/agg* questo; **þenna tíma** in questo periodo

þetta *pron dim/agg, cfr.* **þessi** (*cfr. anche* 12.1)

þér (*acc/dat* yðr, *gen* yð(v)ar; *cfr.* 3.6) *pron* voi

þér *pron, cfr.* **þú** (*cfr. anche* 3.6)

þiggja (þiggr; þá, þágu; þeginn) *vb* accettare

þik *pron, cfr.* **þú** (*cfr. anche* 3.6)

þing *n* assemblea

þingbrekka *f* pendio sul quale si tenevano le assemblee

þingheimr *m* i partecipanti ad un **þing**

þinn (*f* þín, *n* þitt; *acc m* þinn, *f* þína, *dat m* þínum, *n* þínu, *gen m/n* þíns; *pl m* þínir, *f* þínar, *n* þín, *acc m* þína, *dat* þínum; *cfr.* 16.4) *poss agg* tuo (*sg*)

þit (*acc/dat* ykkr, *gen* ykkar; *cfr.* 16.3) *pron* voi due

þín *pron, cfr.* **þú** (*cfr. anche* 3.6)

Þjóð *f* popolo (*toponimo*, attuale provincia di Thy nello Jutland, Danimarca)

þjóna (-að-) *vb* servire

þola (-d-; *part pass* þol(a)t) *vb* patire, subire

þora (-ð-) *vb* osare

Þorgeirr *m* (*nome proprio*)

Þorgerðr *f* (*nome proprio*)

Þorgils *m* (*nome proprio*)

Þorgrímr *m* (*nome proprio*)

Þorkell *m* (*nome proprio*)

Þormóðr *m* (*nome proprio*)

þó *avv* yet, sebbene

Þóra *f* (*nome proprio*)

Þórarinn *m* (*nome proprio*)

Þórbjǫrn *m* (*nome proprio*)

Þórdís *f* (*nome proprio*)

Þórðr *m* (*nome proprio*)

Þórir *m* (*nome proprio*)

Þórólfr *m* (*nome proprio*)

þótt (= þó at) *cong* [*con congiuntivo*] sebbene, anche se

þótti, þóttu *vb*, *cfr.* þykkja

þrettán *num* tredici

þriði *num ord* terzo

þrír (*f* þrjár, *n* þrjú; *acc m* þrjá, *dat* þrim(r)/þrem(r), *gen* þriggja; *cfr.* 14.1) *num* tre; **þrír tigir** *num* [+ *gen*] trenta

þrǫngr *agg* stretto

þurfa (þarf, þurfu; þurfti; þurft) *vb* [+ *gen*] avere bisogno di, necessitare

þú (*acc* þik, *dat* þér, *gen* þín; *cfr.* 3.6) *pron* tu; **ór hendi þér** via dalle tue

því *pron dim/agg*, *cfr.* þat (*cfr. anche* 12.1)

því *cong* poiché (*n dat di* þat); **(fyrir) því at** perché

þvílíkr *agg* tale

þykkja (þótt-) *vb* [+ *dat*] *cfr.m* (*impers*); **Ásum þótti ørvænt hans heim** agli dèi sembrava improbabile il suo ritorno a casa; **okkrum mundi þykkja** ci sembrerebbe; *rifl* þykkjask sembrare, considerarsi; **þykkjask vita** sentirsi convinti

þyldi *vb*, *cfr.* þola

þysja (þust-) *vb* affrettarsi

þær (*dat* þeim, *gen* þeira; *cfr.* 5.1) *pron* loro (*f*), esse

þær (*dat* þeim, *gen* þeira) *pron dim/agg* those (*f*) (*cfr.* **sú** e **þeir**; *cfr. anche* 12.1)

þœtti *vb*, *cfr.* þykkja

þǫkðu *vb*, *cfr.* þekja

Æ

æpa (-t-) *vb* urlare

æptu *vb pass di* æpa

Æsa *f* (*nome proprio*)

Æsir *pl di* Áss

æti *vb*, *cfr.* eta

ætla (-að-) *vb* pensare, intendere, accordarsi

ætt (*pl* -ir) *f* famiglia; **sem hon átti ætt til** che era tipico della sua famiglia

ætti *vb*, *cfr.* eiga

ævi *f* tempo, arco di vita, epoca

Œ

œðri *comp agg* superiore

œgir (*gen* -is) *m* spaventoso

œgishjálmr *m* elmo del terrore

œrinn *agg* sufficiente, abbastanza

œska *f* giovinezza, infanzia

œxla (-t-) *vb* moltiplicare, aumentare

Ǫ/Ø

ǫðru, ǫðrum *agg*, *cfr.* annarr

ǫflugr *agg* forte, potente

ǫld (*gen* aldar; *pl* aldir) *f* age

ǫll, ǫllu, ǫllum *agg*, *cfr.* allr

Ǫlvir *m* (*nome proprio*)

ǫndurðr *agg.* iniziale

ǫnnur *agg*, *cfr.* annarr

Ǫnundr *m* (*nome proprio*)

ǫr (-v-) *f* freccia

ǫrn (*dat* erni, *gen* arnar; *pl* ernir, *acc* ǫrnu, *gen* arna; *cfr.* 11.5, 17.6) *m* aquila

ørvænt *agg* oltre ogni speranza, improbabile; **Ásum þótti ørvænt hans heim** agli dèi sembrava improbabile un suo ritorno

øxn *m*, *cfr.* oxi

Øxna-Þórir *m* Þórir 'dei Buoi' (*nome proprio*)

Questo eserciziario è concepito per accompagnare il volume *Norreno-Antico islandese: Manuale di base.*

Norreno – Antico Islandese: Eserciziario è un libro di esercizi pensato per coloro che intendono affinare ulteriormente la propria conoscenza dell'antico islandese, leggendone le saghe e imparando la lingua parlata nel periodo medievale. Esso offre un numero consistente di esercizi in norreno, comprensivi di vocabolario e soluzioni (scaricabili dal sito www.oldnorse.org) così da poter correggere il proprio lavoro individualmente.

www.oldnorse.org e juleswilliampress.com